U0492511

致敬！

人民教育家卫兴华教授

中国人民大学经济学院 编

中国财经出版传媒集团

经济科学出版社

Economic Science Press

卫兴华教授参加中国人民大学经济学院2017届硕士、学士学位授予仪式

致敬！人民教育家卫兴华教授

2019年9月29日，卫兴华教授荣获"人民教育家"国家荣誉称号

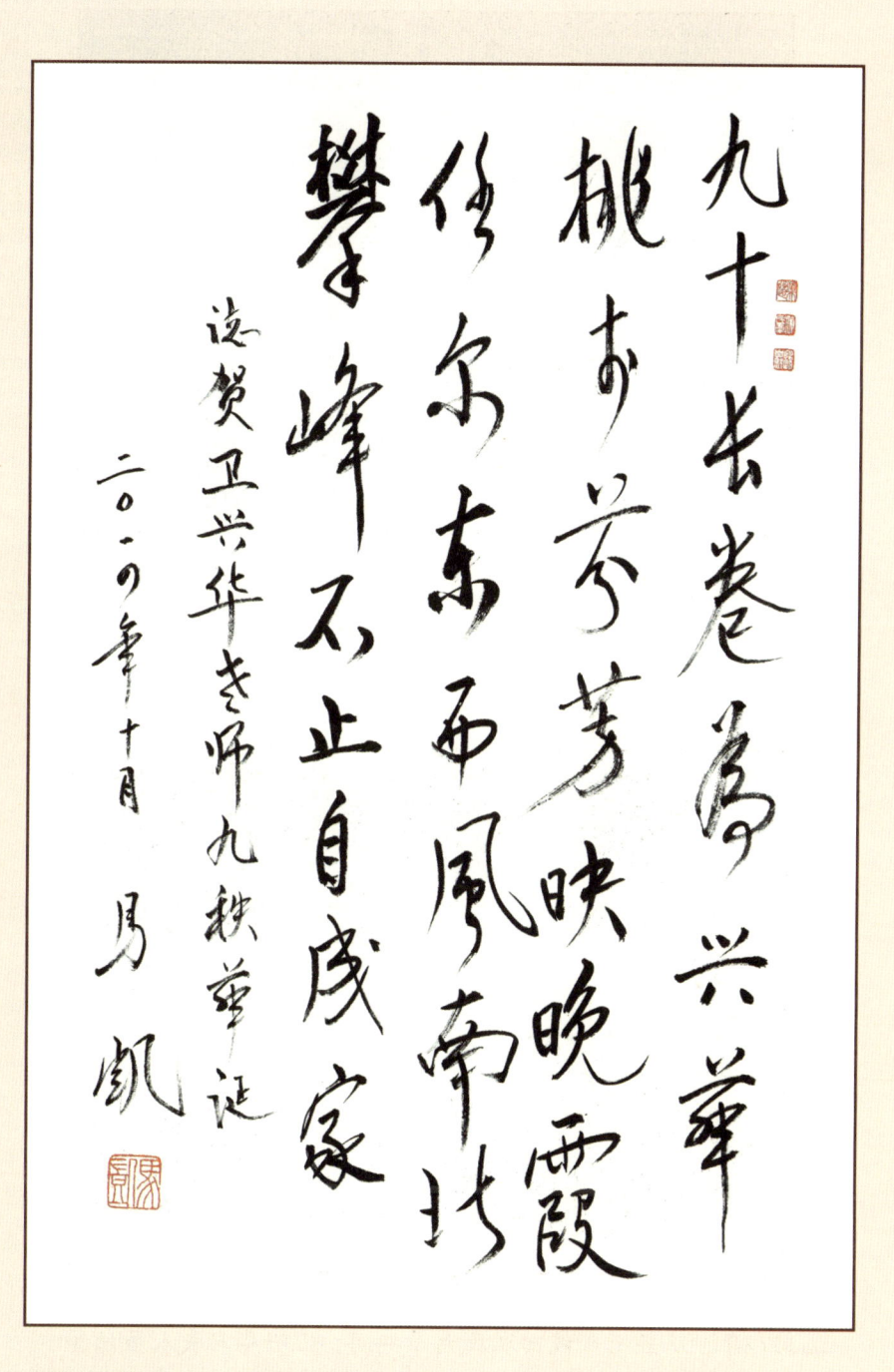

九十长卷写兴华
桃杏芬芳映晚霞
任尔东西风南北
攀峰不止自成家

敬贺卫兴华老师九秩华诞
二〇一〇年十月 马凯

2014年10月6日，马凯同志手书《七绝——诗贺卫兴华老师九十华诞》

致敬！人民教育家卫兴华教授

1947年，卫兴华与进山中学革命社团投枪社成员（前排右一为卫兴华）

1972年，从五七干校回人民大学期间，卫兴华与夫人孟氿蘩、女儿卫灵、卫兰在人民大学校园

2004年，卫兴华教授八十寿辰与博士生一起在中国人民大学合影

八十寿辰与博士生在一起的合影

致敬！
人民教育家卫兴华教授

2014年10月6日，"庆祝卫兴华教授九十华诞暨政治经济学创新与发展学术研讨会"在中国人民大学召开，大会合影留念

卫兴华教授参加2016届经济学院毕业典礼

2016年4月8日，卫兴华教授捐赠100万元设立马克思主义政治经济学发展基金

卫兴华教授出席2017年全国社会主义经济理论与实践年会

致敬！
人民教育家卫兴华教授

卫兴华教授获奖证书与代表成果

序一

靳　诺
中国人民大学党委书记

　　卫兴华教授是我国杰出的马克思主义经济学家,"人民教育家"国家荣誉称号与"最美奋斗者"荣誉称号获得者。他的一生,是为共产主义事业奋斗的一生,是为马克思主义经济学教育与科研事业奋斗的一生,更是为中国人民大学的建设和发展事业奋斗的一生。

　　卫兴华先生少年立志兴华,青年投身革命,沐浴着马克思主义信仰成长,与新中国的建立、改革、发展同频共振。1950年秋,中国人民大学成立政治经济学教研室,卫兴华被遴选为首批政治经济学专业研究生,于1952年毕业留校任教。从教68年以来,他始终以执着和饱满的热情,为新时期社会主义经济理论的传播和发展付出了极大的精力和心血。他关照现实,"做人民的经济学家",强调为劳动人民、为弱势群体讲话,致力于推动马克思主义政治经济学中国化。他直面国家改革和发展中的重大现实问题,其研究成果具有浓厚的时代性和现实性,与新中国的改革和发展历程息息相关。他提出的许多理论观点都有自己独特的见解,特别是在与时俱进地推动马克思主义原理中国化、现代化方面作出了突出的贡献。

卫兴华教授治学严谨，"不唯上、不唯书、不唯风、不唯众，只唯实"，倡导理论是真理的喉舌，"树起了一面讲真话的旗帜"。卫兴华对任意歪曲马克思主义原理和社会主义理论与实践的观点从不容忍，敢于亮剑，在严密论证的基础上表达自己的观点，多数获得了学界的认可。他随时关注理论界动态和最新观点，用马克思主义的立场和方法进行分析，辨别理论是非并予以科学澄清。直至逝世前，他还在写作关于马克思"重建个人所有制"的文章，就学界的不同解读进行理论争鸣。

卫兴华教授春风化雨，"把做人和做学问统一起来"。作为马克思主义经济学领域的著名经济学家，由他主编的《政治经济学原理》是全国影响力和发行量最大的教材之一。他在攀登学术高峰的同时，始终孜孜不倦、悉心授业，为国家培养了大批经济学人才，即便耄耋之年仍活跃在教学的第一线，坚持指导博士生、博士后、访问学者，学生遍布大江南北并成为各行各业的翘楚，其中包括海内外著名的专家学者、博士生导师、著名大学的书记和校长、省部级领导干部，还有银行业、证券业的领军人物以及大型国有企业的高级管理者。他与这个学科、这所学校，与党和国家的命运紧密联系在一起。他说："马克思主义揭示和追求的是真理，我就要用追求真理的精神去坚持马克思主义、发展马克思主义。"

卫兴华教授将生命融入了奉献与求索之中。此前我多次去他家中看望他，九十多岁的老人家仍是笔耕不辍，说"大家都说老同志发挥余热，我不同意这个观点，我还一直在燃烧"。卫老师生病期间，我经常前往医院探望，躺在病床上的卫老仍在殷殷嘱咐，非常关心学校事业的发展。他从事教学科研六十八载，出版论著四十余部，发表论文、文章近千篇，荣获国家级、省部级奖二十余项，在CSSI检索中发表的经济学论文数量多年居中国人民大学之首，先后获得了第四届吴玉章人文社会科学终身成就奖、第九届中国经济理论创新奖，并将200万元奖金悉数捐出，设立马克思主义经济学奖励基金。他为马克思主义经济学理论、中国特色社会主义政治经济学的建设、发展和创新，奉献了他的全部光和热，他的崇高风范赢得了广大师生由衷的爱戴和敬仰。

2019年9月29日上午，中华人民共和国国家勋章和国家荣誉称号颁授仪式在人民大会堂隆重举行，卫兴华教授被授予"人民教育家"国家荣誉称号，这既是对卫兴华教授历史功勋的褒奖，也是对"人大人"的英雄礼赞。卫兴华教授为中国的马克思主义经济学、中国特色社会主义经济学的发展，为中国社会主义经济学的教育，为中国改革开放和现代化理论发展做出了重要的贡献。他坚持真理、实事求是的科学精神，贴近现实、勇于创新的理论气魄，一丝不苟、勤奋自律的治学态度，立场坚定、治学为民的济世情怀是值得总结和学习的，卫兴华教授荣获"人民教育家"国家荣誉称号与"最美奋斗者"称号是众望所归、当之无愧的。

中国人民大学作为中国共产党创办的第一所新型正规大学，孕育和产生两名"人民教育家"，这不是偶然的，而是历史的必然。七十余年来中国人民大学始终与党和国家同呼吸共命运，担当时代的使命，培育了国家栋梁和业界翘楚，也涌现出卫兴华老师这样可爱可敬可感的模范榜样，这是中国人民大学特有的红色基因决定的，这是中国人民大学坚持走中国特色社会主义教育道路决定的。在新的历史条件下，我们要深入贯彻落实习近平新时代中国特色社会主义思想和习近平同志关于教育工作的重要讲话精神，学习卫兴华教授忠于马克思主义的坚定理想信念，进一步做好马克思主义政治经济学的教学与研究工作，通过教学科研、人才培养和学科建设，把中国人民大学真正建设成为马克思主义经济学的坚强阵地，并不断为马克思主义经济学的中国化，为经济学的不断创新做出新的贡献。

先生之风，山高水长；斯人虽逝，烛照万方。值卫老逝世一周年之际，谨以此纪念文集的出版，致敬我们伟大的"人民教育家"卫兴华先生！

序二

刘守英

中国人民大学经济学院党委书记兼院长

2019年12月6日,"人民教育家"国家荣誉称号获得者、我国杰出的马克思主义经济学家、中国人民大学荣誉一级教授、中国人民大学原经济学系主任卫兴华教授永远地离开了我们。卫老一辈子倾力于《资本论》、政治经济学、中国特色社会主义经济理论、经济体制改革理论等的研究和教学,对政治经济学、中国特色社会主义理论体系、中国的改革和发展理论做出了开创性贡献。我于2016年调入中国人民大学,2018年被组织任命为经济学院书记、院长,尽管与卫老的交往不到一年时间,他的一言一行已对我后半场的经济学人生打下深深的印迹。

自1952年研究生毕业后留校任教,卫老师见证并参与了经济学院近七十载的发展历程。作为学者,卫兴华教授着眼理论前沿,秉持实事求是的态度,在科学引证马克思主义原理的基础上,对政治经济学界的诸多理论问题正本清源,在经济学理论方面做出了卓越贡献,推动中国人民大学经济学院成为马克思主义政治经济学的研究重镇。作为师者,卫兴华教授长期从事《资本论》教学,极大地促进了马克思主义政治经济学的传播与发展,他主编的《政治经济学原理》教材是全国影响力和发行量最大的教材之一，他执教的 68 个春秋，为新中国培养了大批经济学人才，其中有不少成为多所高校经济学学科建设的骨干力量。作为长者，卫老师待每个后辈亲如家人，我在与他交往不到一年的时间里，经常去看他，每次他都把山西老家寄来的水果端出来，边吃边聊，每次从他家出来都感到一身温暖。

卫老是马克思主义忠实的信仰者和践行者，他以马克思主义政治经济学理论指导教学研究，运用马克思主义政治经济学基本原理研究中国重大现实问题，推动马克思主义经济理论的创新和发展。卫老能成为"人民教育家"，在于他心中装着百姓，卫老不断叮嘱我，我们做经济研究要有基本立场，就是为老百姓说话；卫老被誉为"《资本论》研究权威"，在于他对《资本论》原著反复研读，准确理解和把握其基本原理和方法，他不止一次地跟我说，他最不能容忍一些人没有读懂甚至没有读过马克思原著，就大放厥词；他与时俱进、对中国重大现实问题发声，在于他对国家有大爱，对中国特色社会主义制度的执着。卫老是"经济学理论的清道夫"，他能包容经济学界涌现的新问题、新理论，但绝不容忍对于马克思主义理论的曲解和错解，在大是大非的理论问题上敢于针锋相对地展开争鸣。卫老也是一位朴素的长者，他始终保持谦逊、淡泊名利，将所获奖金悉数捐出，用以勉励后进；尽管疾病缠身，他仍坚持指导博士生，关怀弟子、传道授业。

2019 年 9 月 29 日，卫老荣获"人民教育家"国家荣誉称号，光耀着中国人民大学经济学院。卫老的荣誉是以习近平总书记为核心的党中央对中国人民大学经济学教育的历史性肯定，更昭示了中国经济学未来的方位。

一是坚持政治经济学的范式和研究定位。中国共产党的领导、中国特色社会主义道路的选择决定了政治经济学方法是分析中国经济问题的基本范式。中国当前和今后相当长时期的基本问题仍然是政治经济问题。卫老始终不渝深化对马克思主义经济学的研究，推动政治经济学理论与体系构建，这使他在一些重大问题上独树一帜。我们要学习卫老"不唯上、不唯书、不唯风、不唯众，只唯实"的治学态度，着力构建基于中国特色、具有中国风格的经济学。

二是坚持问题导向、理论源于实践的学术导向。卫老的研究，充分体现了"时代是出卷人，我们是答卷人，人民是阅卷人。"以此他提倡发展商品经济、重视发挥市场机制的作用；提出了"纵向二层次调节"社会主义经济运行新机制；主张完善公有制经济实现形式；提出以科学的态度看待经济增长与经济发展问题；一贯主张效率与公平并重和统一，积极探索收入分配制度改革……卫老也多次向我表明，我们的经济学研究者一定要立足百姓。

三是立志高远，培养有世界影响力的经济学家。从我第一次去看卫老，他就给我历数人大经济学院一大批在中国乃至世界有巨大影响的经济学家，他声音洪亮而坚定地告诫我，人大经济学院一定要出有世界影响的经济学家，不要跟着人家跑。直到病重期间，躺在病床上的卫老仍拉着我的手，嘱咐我一定要把人大经济学院办成世界一流的经济学院！我们一定牢记卫老的嘱托，不辱使命，学习卫老"严谨的治学精神、求真的科学态度"，建成最好的经济学院，培养建设社会主义现代化强国的经济学人才。

缅怀的最好方式是传承。经济学院将继续发扬卫老终其一生为之奋斗的事业，扎根中国大地，关注重大现实问题，建设"人大特色、经院风格"的中国气派经济学。值卫老逝世一周年之际，我们希望能够编撰一本纪念文集，以使读者更深入地了解卫老治学、教学的风范和细节。倡议一经发出，便得到了卫兴华先生的弟子及学界同仁的热烈支持和响应。纪念文集得以顺利出版，有赖于大家的积极帮助，谨向他们表示衷心的感谢。

向人民教育家卫兴华先生致敬！

目 录

媒 体 报 道

003　卫兴华：经济学理论的清道夫

012　卫兴华：矢志不渝求真理　不做风派理论家

016　卫兴华：求实唯真的理论自信

024　卫兴华：真理在交锋中迸出火花

026　卫兴华：治经世济民之学

027　"人民教育家"卫兴华
　　　——立学为民　治学报国

030　卫兴华：桃李芬芳60年

缅 怀 纪 念

035　洪银兴　在守正创新中发展马克思主义经济学
　　　　　　——简述人民教育家卫兴华教授学术成就

046　李佩洁　传承人民教育家精神，培养马克思主义经济学青年人才
　　　　　　——追忆卫兴华教授

052　卫小溪　生命不息　燃烧不止
　　　　　　——怀念我的爷爷卫兴华

058	魏　杰	追忆恩师的二三事
060	马庆泉	不忘师恩　铭记教诲
		——怀念人民教育家卫兴华教授
064	王国刚	一个理论问题的探讨
		——纪念卫兴华教授逝世一周年
069	杨达伟	深切缅怀卫兴华老师　追忆他教书育人的点滴往事
073	方竹兰	此生怎能忘了您
076	马壮昌	师　爱
079	王元龙	继承和发扬"兴华精神"
		——缅怀恩师卫兴华
091	黄桂田	人民教育家：平凡中显伟大
096	黄家骅	容山纳海，襟天留云
		——怀念导师卫兴华
105	桑百川	难忘的记忆
107	邰丽华	怀念我的恩师卫兴华先生
111	黄　瑾	永远的"90后"
		——纪念卫兴华老师
115	唐未兵	卫老师是一位有大情怀、大格局、大学问的"人民教育家"
119	陈春光	春风化雨　润物无声
		——受教于人民教育家卫兴华先生点滴
122	白云伟	爱生如子
		——追思敬爱的卫老师
124	孙咏梅	信仰之光照耀探索真理之路
		——忆念老师卫兴华先生兼记《卫兴华传》的写作过程
134	陈明生	前行路上的明灯
141	石晶莹	磊落人生终无悔　呕心为国育良才
		——深切缅怀恩师卫兴华

145	申丹虹	奋斗终生的战士
		——忆我的导师"人民教育家"卫兴华
147	侯为民	在人民教育家卫兴华身边的日子
		——追忆恩师卫兴华先生二三事
153	赵兴罗	深切缅怀卫兴华老师
155	郝金洪	一代宗师的格局和情怀
		——怀念恩师卫兴华教授
159	张建君	论"卫兴华精神"
		——纪念"人民教育家"卫兴华先生逝世一周年
165	尹 辉	忆恩师卫兴华教授
168	何召鹏	勤于求索 大爱育人
		——怀念恩师卫兴华
173	黄 林	师恩如山 微以致远
		——缅怀恩师卫兴华教授
177	闫 盼	春风化雨育英才 一生唯实为兴华
		——深切缅怀恩师卫兴华教授
180	冯志轩	润物虽在无声处 风骨更在久长时
		——忆恩师卫兴华教授
184	庞庆明	爱国 创新 包容 厚德：卫兴华教授给我的精神财富
188	聂大海	先生之风 山高水长
192	武 志	一生兴华 立为山峰 俯为大海
		——怀念人民教育家卫兴华教授
199	田超伟	"90后"的我与恩师的"90后"
		——缅怀卫老师
204	张满闯	缅怀恩师卫兴华教授
207	谭 璇	教诲常存梦里 师恩永志心中
		——纪念恩师卫兴华教授
210	王涵枫	忆恩师卫兴华教授

214	王 晗	"小同学"眼中的卫老师
218	刘钊汐	怀念我的导师卫兴华先生
221	张耀军	要是能见卫老师一面那该多好
225	张宝贵	寻路凭义薄云天
		——挽人民教育家卫兴华教授

封 笔 之 作

| 231 | 卫兴华 | 新中国70年的成就与正反两方面的经验 |
| 253 | 卫兴华 何召鹏 | 必须澄清"重建个人所有制"的解读中的理论误区 |

生 平 介 绍

| 287 | | 卫兴华同志生平 |

媒体报道

卫兴华：经济学理论的清道夫*

1989年日本《中国研究月刊》称他为"中国稳健的改革派经济学家"。

《中国社会科学》评价他是"始终坚持理论研究的科学性和严肃性，即使在'左'的理论和政策盛行的情况下，也不随'风'转""坚持实事求是的科学态度和严谨的治学学风""从不人云亦云，而是执着地追求真理"。

"不唯上、不唯书、不唯风、不唯众"，不做权势的奴仆，不做"风派理论家"——他就是中国人民大学荣誉一级教授、博士生导师、中国著名的马克思主义经济学家卫兴华。

3月21日，89岁的卫兴华先生在人大宜园家中接受了《中国经济时报》的采访。老人银发稀疏，腿脚不便，视力下降严重，但仍然语言清晰、思维敏捷，回顾自己求学、治学的经历，梳理自己的研究成果，老人淡泊平静，健谈而睿智，给记者留下了深刻的印象。

求学之路

"虽然苦读书、读书苦，但当自己弄懂和把握了博大精深的马列主义的有关基本理论和方法，并获得成绩时，又会有苦中有甜、苦中有乐的收获感。"

卫兴华1925年出生于山西省一个穷乡僻壤的农村——五台县善文村，祖辈世代务农。卫兴华自称："我是在母亲穷愁的眼泪和叹息声中长大的"。为了"转换门风"，6岁时卫兴华的父亲送他读小学。不久后，父亲又送卫兴华

---

* 本文部分转载于《中国经济时报》2014年4月2日A09版。

到离村30里的东冶镇沱阳高等小学读书。"七七事变"后日本人占领东冶镇，卫兴华被迫辍学回村务农，但想读书上学的念头片刻未息。

后来，卫兴华在东冶镇济生恒药材店当了一名小伙计，不是正式店员，而是打杂的临时工，只供伙食，没有报酬。"我给人家做饭，给掌柜的提茶壶、倒夜壶，有时也帮助卖药丸。"因为读书求学的渴望，1942年卫兴华考入东冶镇一所中学补学班，失学4年后又进入学校读书。当时东冶镇驻扎着日本侵略军，考入补学班，卫兴华将以前小学老师给他起的官名"卫显贵"改为"卫兴华"，以表示抗日救国，复兴中华之意。

因为不愿受到奴化教育，卫兴华离开补学班，通过日军封锁线，到了晋西隰县，考入进山中学。这所学校的负责人是中共地下党员、情报战线的先驱、教育家赵宗复，受其影响，在这里，卫兴华系统地、有选择地阅读学习了进步文艺书刊和社会科学读物，接受了革命思想教育。抗战胜利后，进山中学迁回太原，卫兴华被选为学生会理事长，参加了进步社团"投枪社"。

1948年11月，卫兴华进入华北大学读书。解放后中国人民大学成立，卫兴华转读于该校经济系。1950年中国人民大学成立政治经济教研室，前苏联专家要培养研究生，卫兴华被挑选上，成为人民大学的首届研究生。1952年，卫兴华研究生毕业留校任教，开始了自己教学、研究的治学之道。

在改革开放前的30年中，卫兴华经历了政治生活和教学与研究工作中的风风雨雨、坎坎坷坷。他曾先后被下放劳动、参加"四清"运动，在"文化大革命"中遭受迫害，经历了走"五七"道路的特殊历史时期。

改革开放后，卫兴华的教学研究工作重新焕发了活力，他以执着和饱满的热情，为新时期社会主义经济理论的传播和发展，付出了极大的精力和心血。随着改革的推进和深入，一系列新的理论和实践问题提了出来，经济理念与社会实践的结合日趋紧密，卫兴华的研究内容也逐步扩大。在继续研究马克思的基本理论与方法的同时，他的研究领域更多地转向社会主义商品经济和市场经济理论、经济运行机制理论、所有制理论、经济体制改革理论、经济增长与发展方式理论、收入分配理论、公平与效率理论、中国特色社会主义经济理论等领域。

卫兴华历任中国人民大学经济学系主任、校学术委员会副主任、校学位委员会理论经济学分会主席、《中国人民大学学报》总编辑等职。出版论著30余本，发表论文、文章约900篇，获省部级奖20多项。2013年获世界政治经济学学会马克思经济学奖。

学问之争

"作为一个知识分子，我很理解、很了解需要讲什么、该讲什么……但我还是要讲真话。做学问、做理论搞投机、讲假话，不是真正的学者。"

卫兴华长期从事经济理论研究，他尊重权威，而不迷信权威。"我要求自己，也要求我的学生，做学问要'不唯上、不唯书、不唯风、不唯众'。要解放思想、独立思考，实事求是、追求真理。"卫兴华认为，理论是真理的喉舌，而不是权势的奴仆，在研究中不能做"风派理论家"。

"作为一个知识分子，我很理解、很了解需要讲什么、该讲什么……但我还是要讲真话。做学问、做理论搞投机、讲假话，不是真正的学者。"改革开放前，卫兴华一直被认为是"右翼"学者，而现在，继承马克思主义的他又被看成是"左翼"学者。"偏右的人认为我左，偏左的人认为我右，其实，认为我是右，因为他左；认为我是左，因为他右。"卫兴华笑言。

卫兴华说："我提出任何一个新观点后，总会有反对的声音，'大家都那样讲，怎么你这样讲呢？'但我讲的观点都有我的理论根据，慢慢地很多人就赞同我的观点了。"

年轻时代的卫兴华喜欢在经济理论上思考是非对错，20世纪50年代，前苏联教科书在干部、高校中被当作真理在学习。当时还是一位年轻教师的卫兴华首先对前苏联教科书在三个问题上提出不同意见：一是货币没有阶级性；二是抽象劳动不是商品经济范畴；三是反对"固定资本的周转快慢影响利润率高低"的观点。这三个意见后来都被认为是正确的。"我搞马克思主义研究，坚持马克思主义，但我不迷信马克思主义，马克思的话也不是句句是真理。"卫兴华说。

如今回过头再梳理卫兴华的一些理论主张，我们发现，事实上他的一些观点都得到了实践的检验而被证实是具有前瞻性的、正确的。譬如：

以科学的态度看待增长与发展的问题。

20世纪90年代中期，卫兴华就提出，需要以科学的态度看待增长与发展的问题。他不赞成追求超高速度，他认为中国经济增长中片面追求高速度带来了诸多弊端，导致中国经济的大起大落，不利于资源的科学利用和经济比例关系的合理化，应更重视质量和效益。

卫兴华主张中国不应将高增长速度作为首要政策目标，而应实现"由数量扩张型的快速增长方式转为质量效益型的快速增长方式"，而且不要超高速度。"8%就是中高速度，我们现在实际上就回到这个速度了。我是在20年以前讲的这个道理。"卫兴华说。

关于计划与市场问题。

20世纪50年代，从中央政策到学者研究都不提市场经济问题，认为市场经济是资本主义。世界银行、联合国在划分国家性质时，把资本主义划分为市场经济国家，把社会主义划分为计划经济国家。很长一段时间里，马克思主义和西方的政治家们，在别的问题上对立，却在"市场经济是资本主义，计划经济是社会主义"这个观点上意外的意见一致。

改革开放初期，陈云提出"计划经济为主，市场调节为辅"，邓小平明确赞同这个观点。实际上是把"市场经济"与"市场调节"画了等号。"市场经济"与"市场调节"在内部讲话都是通用的，但公开发表文章时，则把"市场经济"换成"市场调节"。

及至全面推进市场经济之后，这个提法表现出了自身的局限性，有学者批评"计划经济为主，市场调节为辅"的提法，卫兴华认为批评得不当，应该用历史的观点来看。"改革开放、经济转型需要一个过程，从计划经济一统天下到'计划经济为主，市场调节为辅'，是打开了一个缺口，是转向市场经济的起步。马克思主义是历史唯物主义，要用历史的、发展的观点分析问题。"卫兴华说。

卫兴华说："我们在 1986 年提出'计划调节市场，市场调节企业'。1987 年，十三大提出'计划和市场是覆盖全社会的，国家调节市场，市场引导企业'，这与我们的研究观点是一致的。'市场调节企业'，就是资源配置由市场决定，但这个市场不是盲目、混乱的，是由国家引导的。"

"现在我们不敢讲计划，而讲规划，规划不是计划吗？好像'计划'这个词是瘟神似的，要避开它。这是没有道理的。"卫兴华说。

关于劳动价值论的争论问题。

20 世纪末，有一段时间"马克思主义经济学过时"论成为一种特别流行的观点。最主要的表现就是"曾经兴起过一阵重新评价、认识劳动价值论"的争论。

对"否定劳动价值论"的争论，卫兴华、原厦门大学党委书记吴宣恭等经济学家，都在各种会议上表示反对，不赞成"否定劳动价值论"的观点。

当时也有不少人主张"否定劳动价值论"，双方争论激烈。后来江泽民同志在中央党校讲，关于重新评价、认识劳动价值论，学界可以继续讨论，我们从政治上作出结论。

关于重视分配公平问题。

对分配问题，中国流行多年的是"效率优先、兼顾公平"的提法，党的十六大进一步讲"初次分配重效率，再分配重公平"。卫兴华认为，"效率优先"作为对生产领域的要求是理所当然的，但在分配关系中让效率优先于分配公平，即初次分配只注重效率、不重视公平，是存在问题的。

"贫富分化主要就是初次分配产生的。在社会主义制度还不健全的情况下，靠再分配是不可能取平的。"卫兴华认为，"效率优先、兼顾公平"是西方右翼经济学家虚设的观点，不应该把这种观点作为社会主义的分配原则。他一直主张在分配领域中应效率与公平并重，实现二者的统一与结合。"生产重效率，分配重公平"。

当时包括经济学家刘国光在内的很多学者也提出要改变"效率优先、兼顾公平"的提法，不过，维护"效率优先、兼顾公平"观点的人极力反对，认为想要改变这个提法的人是"否定邓小平理论、否定改革开放、否定市场经济","给扣上了'反改革'的帽子。"卫兴华说:"我是学者,追求的是真理。"他在《光明日报》(2006年9月1日)发表《实现分配过程公平和效率的统一》,以及其他多篇论文,系统论述了自己的观点,主张调整流行多年的"效率优先、兼顾公平"的提法。

到中共十七大,这个提法做出了改变,提出了"初次分配和再分配都要重视公平,再分配要更加注重社会公平"的新提法。

理论之著

"经济学界的好多基本概念、原理,事实上都没有被真正搞清楚。"

"有时候经济理论界很多概念混淆在一起,很难搞清楚。"卫兴华举例说,例如"沽"这个词,可以是买也可以是卖,在"待价而沽"里就是卖,在"拿上酒葫芦去沽酒"里就是买。大家都知道买和卖是不一样的意思,所以要具体看这个词用在什么地方。"这就要求我们必须分清很多理论、概念的是非,真正将其搞清楚。"卫兴华说。

卫兴华认为,在经济学方面,包括马克思主义经济学、社会主义经济理论、中国特色社会主义经济理论、改革开放理论,都涉及"基本概念、基本原理都没有真正搞清楚"这个问题。

事实上,卫兴华的研究一直都是建立在"搞清楚"理论概念的基础之上,并因此有同行称他为"经济理论的清道夫"。梳理卫兴华的理论著述和学术贡献,除前文所述之外,还可以概括为以下几个主要方面:

一是深化对马克思主义经济学的研究。

(1) 关于发展生产力问题。卫兴华主张,社会主义应将发展生产力放在重要地位。针对批判所谓"修正主义的唯生产力论"和宣扬生产关系决定生产力论,卫兴华认为,片面强调生产关系而不注重发展社会生产力,不利于社会主义事业的发展。

(2) 关于社会主义的评价标准问题。针对改革中过于重视生产力发展而忽视社会主义生产关系的发展与完善，忽视分配公平的倾向，卫兴华提出，社会主义的改革和发展，都应辩证把握好"两个标准"：即生产力标准和价值标准，在社会主义制度下这两个标准应该完全统一起来。他认为，中国改革开放以后，扭转了忽视"生产力标准"的局面，生产力发展了，财富增长了，总体上说人民生活水平提高了。但是在发展生产力过程中，需要同时继续贯彻社会主义的"价值标准"，既破除平均主义，也要适当缩小收入差距。

（3）主张重视对马克思的财富论的研究。卫兴华认为，财富的生产离不开劳动要素，但财富的增加并不与劳动成正比，在社会主义条件下，不应是重在延长劳动时间和提高劳动量，来创造更多的价值。而应是重在应用新的科技，提高劳动生产率，用更少的劳动时间，生产出更多的财富。

（4）准确把握马克思的地租理论。地租理论是马克思主义政治经济学的重要组成部分。直至20世纪50年代后期，中国在政治经济学的教学和教材中，对地租理论的某些问题阐述还不够准确，还存在一些纰误。卫兴华在《经济研究》1956年第1期发表了《关于资本主义地租理论中的一些问题》一文，澄清了理论是非，特别是对级差地租Ⅱ的来源和计量问题以及将级差地租与绝对地租加总计算的问题，进行了正本清源的理论研究与论述。

二是关于社会主义商品经济和市场经济的研究。

卫兴华在《学术月刊》1959年第11期发表了《社会主义制度下商品生产的研究方法问题》，认为否定全民所有制经济中的生产资料是商品，"是忽视了不同国营企业之间的独立权利和利益，只看重了它们的统一面，而看落了它们的矛盾面。如果否认生产资料是商品，那么必然导向否认价值规律在生产资料生产中的作用"。这个观点是国内较早提出的。1984年8月在太原市作报告时，卫兴华积极主张发展商品经济，不赞同回避和反对使用"商品经济"概念。

关于非公有制经济与社会主义市场经济的关系问题。卫兴华提出，广义的社会主义市场经济，除公有制经济外，还应包括非公有制经济。卫兴华早在1980年就提出了发展非公有制经济的必要性。他在发表于《新湘评论》的《关于个体经济存在和发展的若干理论问题》中，论述了"允许多种经济成分同时存在的客观依据"。

尽管卫兴华赞成积极发展非公有制经济，但反对将"社会主义经济"与"社会主义市场经济"两个概念相混同，他认为前者只以公有制为基础，不包括非公有制经济，而后者则包括。

三是主张完善公有制经济实现形式和推进国有企业配套改革。

卫兴华认为，国有经济和集体经济是公有制的存在形式，不是其实现形式。针对有些学者和官员认为"国有经济和集体经济是计划经济时代公有制的实现形式，股份制是市场经济时代公有制经济的实现形式"的认识，卫兴华认为这种理解和宣传不正确。他肯定股份制作为公有制实现形式对于推动国有企业改革的重要作用，但认为股份制本身并没有否定国有经济和集体经济的存在形式，更不赞同"一股就灵"、一股风、一刀切、下指令完成股份制改革的做法。而是主张使公有资产真正通过股份制这种新的实现形式发挥更大的作用，主张重视完善国有资产监管体制和相关的法律法规，规范国有企业的股份制改革和改制工作。

在国有企业改革的模式上，卫兴华主张应因地制宜、因企制宜，不要将一种模式绝对化。他认为，许多国有企业的亏损与管理不善有很大的关系，不能笼统地认为只是产权问题造成的。

治学之论

"错解马克思主义经济学的人很多，错解西方经济学的人也很多。"

"我觉得我们经济学界的意见、观点的差别还是很大的，各自为战、人以群分。很难团结起来共同研究怎样建立社会主义政治经济学、建立有中国特色的经济学，不利于我们社会主义经济学的发展。"对于经济学界的理论争论和治学态度，卫兴华认为要宽容对待，以理服人。

他认为，中国对待西方经济学有两种不好的、不应该有的倾向，一是改革开放以前，把西方经济学"骂倒"，认为那是资产阶级经济学、都是错误的。其实当代西方经济学不完全是过去的原教旨主义经济学，资本主义社会化生产、资本主义市场经济体制通过一百多年的制度创新、科技创新，已然不是马克思看到的资本主义了，在理论上已经有了很大的变化和发展。很多理论适应了社会化大生产的需要、生产力发展的需要、经济发展的需要，这些都是我们应该吸收的方面。

20世纪80年代初，我们开始引进西方经济学，有很多搞西方经济学的学者出来办讲座，包括北京大学的胡代光、厉以宁，也有越来越多的西方经济学被翻译过来，高校也越来越多地开设西方经济学课程。但是，卫兴华认为，现在又走到了另一个极端，对西方经济学由"骂倒"变成"拜倒"，用西方经济学排挤马克思主义经济学，马克思主义经济学被边缘化了。不少高校大量开设西方经济学，有的高等学校的经济学科不开马克思主义经济学、不学《资本论》。

错解马克思主义经济学的人很多，错解西方经济学的人也很多。卫兴华认为，要学好马克思主义经济学，同时也要学好西方经济学。这样才能判断是非，才能对我国改革开放以来经济发展过程的一些理论观点、政策的是非对错做到心明眼亮，看得清楚。

"经济学要创新、发展，不要搞派系斗争、互相拆台。不要无理纠缠，要摆事实、讲道理，以理服人。"卫兴华说："争论是有必要的。经济学的发展、理论的发展是不怕交锋的。有时候真理就是在交锋中迸发出火花的。派别存在不可避免，但要以理服人、互相交流，不要意气用事地互相攻击，不要以势（政治）压人。"

卫兴华：
矢志不渝求真理　不做风派理论家*

卫兴华，1925 年生，中国人民大学荣誉一级教授、博士生导师，著名马克思主义经济学家。

初夏，叩开卫兴华先生的家门，一股书香扑面而来，从书架到几案、再到屋子的每个角落，摆的满满都是书。卫先生已 90 岁高龄，依然活跃在学术界，关注经济热点问题，每年都有新作问世。

3 个多小时的采访，他从童年时代谈到参加革命，从求学谈到治学，令人感佩至深的是他的民族大义和丰硕的学术成就，以及他对马克思主义不变的信仰和对真理的执着追求。

把马克思主义信仰深深融入生命，从未动摇过

解放战争期间，卫兴华曾是一名地下革命工作者。1946 年，卫兴华在太原进山中学读书期间参加地下革命工作，1947 年加入中国共产党，后因被人出卖而被捕入狱。狱中，他严守党的机密，没有暴露身份。出狱后，他于 1948 年 6 月经组织安排到北平继续从事革命活动。

卫兴华出生在山西五台县善文村一个农民家庭，小时亲眼目睹日寇烧杀抢掠的暴行，立志要抗日，不当亡国奴。1942 年秋，他把名字从"卫显贵"改为"卫兴华"，以表抗日兴华之志。1943 年，卫兴华考入进山中学。在校

---

* 本文原载于《人民日报》2015 年 5 月 15 日 06 版。

长、地下党员赵宗复的关怀与影响下,接受革命思想,走上了革命道路并开始了对真理的毕生追求。

1948年11月初,卫兴华回到解放区,进入华北大学读书。新中国成立后中国人民大学成立,卫兴华转读于该校经济系。1950年秋,中国人民大学成立政治经济学教研室,卫兴华被遴选为首批政治经济学专业研究生,于1952年毕业留校任教。"读研究生的时候,刻苦研读《资本论》,没有任何辅导材料,除了吃饭睡觉,几乎全部时间都用来上课和读书。越读越为马克思主义真理所深深折服,越读越有理论自信。"卫兴华感慨道。

为培养国家所需人才,卫兴华在教学研究岗位上一干就是63年。他不仅桃李满天下,而且坚持挖掘、探索、继承、创新马克思主义经济学,取得令人称道的学术成就:出版论著30余本,发表论文、文章900余篇,获省部级奖20多项,2013年获得世界政治经济学学会马克思经济学奖。

"对马克思主义的信仰给了我最大的人生动力。"卫兴华说,"有人问我,为什么你在'文化大革命'期间遭受到不公正对待和冤屈,还对马克思主义和共产党满怀信心。我说,因为我不是从个人角度考虑,而是从国家和人民利益得失的角度考虑。新中国成立后,中国站起来了,敢和最强大的西方国家抗衡,这在以前是无法想象的。共产党本是追求真理、为人民谋福利的,即使一时犯了错误,也一定能改正。改革开放后,中国创造了世界史上前所未有的经济奇迹,让全世界看到了中国特色社会主义的优越性。"

把对真理的追求化为个人气节,做四"不唯"学者

"马克思主义揭示和追求的是真理,我就要用追求真理的精神去坚持马克思主义、发展马克思主义。"卫兴华说。对真理的执着追求,使他具有过人的理论勇气。

1956年1月,卫兴华在《经济研究》发文纠正了苏联和我国经济学界在资本主义级差地租与绝对地租加总计算上普遍存在的纰误。1959年,他在国内学界提出社会主义商品经济论,主张全民所有制经济中的消费资料和生产

资料都应是商品。他还对苏联政治经济学教科书中的某些观点提出不同意见。

改革开放后，卫兴华的研究工作焕发新的活力，在国内较早提出一系列具有创新性的理论观点，为推动马克思主义经济学发展和改革开放作出新探索。比如，1980年，他在《哲学研究》发表文章，提出应突破生产力二要素或三要素论，发展多要素推动的生产力。同年，他论述应发展多种所有制经济的理论和实际依据；还提出社会主义公有制企业间也应开展竞争。1986年，他提出社会主义经济运行机制理论，提出公有制经济的实现形式问题。1993年，他提出非公有制经济是社会主义市场经济的组成部分。针对之后出现的认识误区，他又进一步提出不能混淆"社会主义经济"和"社会主义市场经济"。

2006年，他对混淆公有制的存在形式和实现形式的错误观点作了理论澄清。2010年，他提出发展和完善社会主义，应将生产力标准和社会主义价值标准（主要是生产关系标准）统一起来。在前些年关于劳动价值论的讨论中，他旗帜鲜明地主张应坚持与发展马克思主义劳动价值论，提出一系列创新观点和严格论证。他始终主张社会主义公平与效率的统一与并重。

"不唯上、不唯书、不唯风、不唯众"是卫兴华的座右铭，"把理论作为真理的喉舌，在研究中绝不做'风派理论家'"是他始终不渝的坚守。

这位被同行和媒体称为"经济理论的清道夫"的马克思主义学者，多年来致力于澄清马克思主义经济学中被误解或错解的基本概念、基本原理和有关问题，他的观点既有思辨性又有批判性，主张以理服人，大多得到学界的认同。

把教书和育人结合起来，
让马克思主义经济学的精髓传承下去

作为一名有着63年教龄的老教师，卫兴华深深关心着我国马克思主义经济学教育事业的发展。改革开放后，随着社会思想日趋多样，马克思主义经济学在一些高校有被边缘化的倾向，出现了迷信西方经济学的现象。

卫兴华认为，当代西方经济学有许多可借鉴的东西，但不能把它看作是完全科学的东西。如果我们的学生、年轻人不学不懂马克思主义经济学，只学西方经济学，显然不能适应我国社会主义事业发展需要。

如何让马克思主义经济学的精髓传承下去，是卫兴华近年来苦苦思索的问题。在多年的教学中，他坚持把教书和育人结合起来，既教授知识，也传递信仰，这可作为一条经验。打铁还需自身硬，卫兴华觉得这对马克思主义经济学的教学同样适用。

他认为，增强马克思主义经济学课程的吸引力和影响力，必须抓住两个相互影响、相互促进的重要方面：一是紧跟时代脚步创新马克思主义经济学，用科学理论回答时代和实践课题；二是培养一支学贯中西，既熟悉西方经济学又掌握马克思主义经济学精髓，并且真正信仰马克思主义的教学和研究队伍。无论对西方经济学的借鉴和评判，还是对马克思主义经济学的教学和阐释，都要结合国内外的经济社会实际来进行，要让学生们真正认识到马克思主义经济学的科学性和与时俱进的品格。

谈到未来，卫兴华眼中满是希冀："我年岁大了，虽然身体状况不如以前，但是从没想过要停止研究。希望把接力棒交给年轻人，让年轻人进一步把马克思主义经济学发扬光大。"

卫兴华：求实唯真的理论自信[*]

学人小传

卫兴华，马克思主义经济学家，中国人民大学荣誉一级教授。1925年出生于山西五台县善文村。1946年他在太原进山中学投身地下革命工作，被捕后严守党的机密。1948年由组织安排转赴北平，后回解放区在华北大学学习。

新中国成立后，中国人民大学随之成立，卫兴华转读于该校经济系。1950年转政治经济教研室做研究生，1952年以全优成绩毕业留校任教至今。改革开放后，卫兴华历任中国人民大学经济学系主任、校学术委员会副主任、校学位委员会理论经济学分会主席、《中国人民大学学报》总编辑等职。曾任国务院学位委员会经济学学科评议组成员、全国综合性大学《资本论》研究会会长。出版论著40余本，发表论文、文章约1000篇，荣获国家级、省部级奖20余项。1981年获北京市劳动模范称号，两度荣获孙冶方经济科学奖。1991年担任全国哲学社会科学规划小组成员。还曾获世界政治经济学学会马克思经济学奖，2016年获吴玉章终身成就奖。

编者按

党的十九大报告指出，意识形态决定文化前进方向和发展道路。必须推进马克思主义中国化时代化大众化，建设具有强大凝聚力和引领力的社

---

[*] 本文原载于《光明日报》2017年11月9日14版【大家】栏目，作者洪银兴，经济学家，南京大学原党委书记。

会主义意识形态，使全体人民在理想信念、价值理念、道德观念上紧紧团结在一起。前不久，著名马克思主义经济学家、中国人民大学荣誉一级教授卫兴华特地为本报撰写《中国特色社会主义政治经济学的创新与发展》一文。他在文中指出，十九大报告提出了一系列创新性的理论思想，是对中国特色社会主义政治经济学的创新与发展。作为一名年逾九旬的知名学人，卫兴华为《资本论》研究付出了毕生心血，在与时俱进推动马克思主义原理中国化、现代化方面成果颇丰。他对任意歪曲马克思主义原理和社会主义理论与实践的观点从不容忍，敢于亮剑，不做"风派理论家"，体现了一位中国马克思主义经济学家的道路自信、理论自信、制度自信与文化自信。

中国人民大学荣誉一级教授卫兴华先生九十华诞之时，他的一位学生曾作《七绝——诗贺卫兴华老师九十华诞》祝贺：九十长卷为兴华，桃李芬芳映晚霞，任尔东西风南北，攀峰不止自成家。

诗后有四点注解：第一句是讲老师的人生追求——振兴中华；第二句是讲老师的教育成果——桃李天下；第三句是讲老师的理论品格——求实唯真；第四句是讲老师的学术成就——无愧大家。

这是吾师一生的光辉写照。

一

1983年，卫兴华被评为政治经济学专业的博士生导师。我和魏杰、李连仲有幸成为其第一批博士生。在进校后第一次拜见卫老师时，他就对我们提出要求，不仅要拿到博士学位，还要成为有作为的经济学家。

在校期间，卫老师每周都会指导我们讨论经济理论问题，为我们上《资本论》和社会主义经济理论研究课程，并合作发表论文，出版著作，参加全国性的学术会议。这为我们后来的学术发展奠定了基础。

卫老师反复讲学风和治学态度，那就是不唯上、不唯书，不唯风、不唯众，只唯实，敢于和善于独立思考、探索真理。他叮嘱我们，不能做"风派理论家"。

卫老师不要求学生的理论观点与其一致，主张教学相长，鼓励大家提出不同意见。他强调，理论应是真理的喉舌，要为劳动人民、为弱势群体的利益讲话，把做人与做学问统一起来。正是在他这种教学思想的培育下，魏杰、李连仲、黄桂田、张宇、马庆泉、王国刚、王元龙、唐未兵等一批著名学者成长起来。

《中国社会科学》曾刊发一篇文章，这样评价卫老师学术观点："始终坚持理论研究的科学性和严肃性，即使在'左'的理论和政策盛行的情况下，也不随'风'转""坚持实事求是的科学态度和严谨的治学学风""从不人云亦云，而是执着地追求真理"。

20世纪50年代，我国将苏联科学院经济研究所编写的《政治经济学》教科书作为权威性著作进行学习。当时，卫兴华还是一名年轻教师，他对这本教科书提出三个不同意见：一是认为货币没有阶级性；二是认为抽象劳动不是商品经济范畴；三是认为"固定资本的周转快慢影响利润率高低"的观点不能成立。最终，这三点意见均被国内学界认同。

卫老师始终以科学的态度研究经济学。从教60余年，他发表了一批关于马克思主义经济学和社会主义经济理论有学术价值的研究成果。他运用马克思主义经济理论分析现实经济生活中的问题。例如，20世纪50年代，他运用马克思主义的地租理论，分析初级农业合作社的地租形态和土地报酬问题。他还运用马克思的价值规律，分析我国的价格体系、按质论价等问题，运用按劳分配理论分析我国工资制度的弊端，等等。改革开放后，他发表多篇文章批评"左"的理论与实践，后来又转向对社会主义经济理论与现实问题的研究，现在又在系统研究中国特色社会主义政治经济学问题。

卫老师对不同学派的理论探讨和创新是赞同和宽容的，但他对任意歪曲马克思主义原理和社会主义理论与实践的观点从不容忍。他提出的许多理论观点都有自己独特的见解，特别是在与时俱进地推动马克思主义原理中国化、现代化方面作出了自己的努力。

卫老师曾以李大钊为人治学的事例激励学子。在一次给全校新入学研究生讲话时，他引证了李大钊的两句话，即"铁肩担道义，妙手著文章"。他说："铁肩担道义，就是肩负钢铁般的担当意志，担当国家道义、民族道义、人民道义。妙手著文章，就是要立志成才，成为具有深厚理论和学问抱负的社会栋梁。"

还应提及的是，卫老师在全国高校社会主义经济理论与实践研讨会中发挥了重要作用。该研讨会是教育部高教司于1985年发起的，由国内一批著名经济学家组成领导小组，从1986年起至今，已举行30次全国性学术研讨会，在团结全国高校从事马克思主义政治经济学的教师研究社会主义经济理论问题、坚持和创新马克思主义政治经济学、推动马克思主义中国化等方面作出了重大贡献。

这一研讨会持续这么久，尤其是始终坚持马克思主义方向，卫老师在其中的组织指导作用为大家所公认。2016年，在获得吴玉章终身成就奖后，他将100万元奖金全部捐出，设立研讨会的优秀论文奖。

二

卫老师的著述不仅停留在对马克思主义经典著作的准确解读上，更重要的是紧扣时代的脉搏，应用马克思主义政治经济学的基本原理研究现实问题，推进马克思主义政治经济学的中国化、时代化。以下列举几个他在学术界产生重大影响的基本理论问题。

关于按劳分配与按要素贡献分配问题。卫老师不赞同有些学者宣称按劳分配以劳动价值论为理论基础，按要素贡献分配就是肯定要素价值论。为此他进行了理论争鸣，私营和外资企业应是实行按要素所有权分配。自然力作为生产要素也有贡献，但并不参与分配，因为没有被私人占有。从这一意义上，可不提按生产要素贡献分配。马克思明确讲过，资本主义经济是按生产要素所有权分配的。

关于商品经济与市场经济及其运行机制理论。从社会主义商品经济到社会主义市场经济,是卫老师研究最为深入、成果甚多的领域。在20世纪50年代,国内学界存在着社会主义非商品经济论、生产资料非商品论、全民所有制内非商品关系论,但他力排众议,成为较早提出社会主义商品经济论的经济学家。1959年,卫老师就在《学术月刊》发表论文,提出社会主义商品经济论,认为消费资料和生产资料都应是商品。他指出,否定全民所有制经济中的生产资料是商品,"是忽视了不同国营企业之间的独立权利和利益,只看重了它们的统一面,而看落了它们的矛盾面。如果否认生产资料是商品,那么必然导向否认价值规律在生产资料生产中的作用"。他还指出,我国可以逾越资本主义历史阶段,但不能够逾越商品经济充分发展的阶段。

改革开始后,卫老师研究的重点转向计划和市场关系的研究。他与其指导的博士生在《经济研究》(1987年第1期)上发表论文,提出"计划调节市场,市场调节企业"的运行机制模式,主张直接调节企业生产的是市场,而不是计划,"计划调节市场"与政府宏观调控市场是一致的。他在《改革日报》(1990年1月18日)上发表论文指出:"这种调节机制是二层次的纵向结合关系,并不是何者为主何者为辅的关系。计划调节的导向作用,不会把市场调节降为'为辅'的作用"。1990年10月20日,《光明日报》发表了卫兴华和周叔莲、吴敬琏的谈话,卫兴华明确表示,"市场取向的改革应当肯定。这是相对于传统体制下排斥市场体制和否定市场调节的作用而言的,是从经济运行机制转换的方面讲的"。

卫老师曾写过中国不能完全实行市场经济的论文,但当中央决定实行社会主义市场经济体制后,他很快转向这方面的研究,并提出了有新意的见解。1993年,他在《阵地》(现为《前线》)上发表论文,肯定非公有制经济也是社会主义市场经济的组成部分。他指出,实行社会主义市场经济,市场不管是哪种经济成分参与,都一样起资源配置的作用。市场机制与市场体系是统一的,不能按不同经济成分划分不同的市场和市场经济。从这个意义来讲,社会主义市场经济体制,是由以公有制为主体的多种经济成分共同构成的。当然,从市场经济主体来看,依然有社会主义经济与非社会主义经济的差别。

但是，当1997年党的十五大报告强调，"非公有制经济是社会主义市场经济的重要组成部分"，并提出社会主义初级阶段的基本经济制度包括非公有制经济时，有些学者错解中央文件的原意，宣称非公有制经济也是社会主义经济，是社会主义经济制度的组成部分，由此混淆了社会主义经济和社会主义市场经济的区别，混淆了"社会主义经济制度"与"社会主义初级阶段基本经济制度"的区别。对此，卫老师发表多篇论文进行辩驳。

关于公平与效率的关系。在改革开放后的一段时期曾流行分配领域"效率优先，兼顾公平""初次分配注重效率，再分配注重公平"的提法。卫老师一开始就对这种提法产生怀疑，并多次发表论文进行讨论。他认为，生产领域应是效率优先，优先于产值或 GDP，但是分配领域不能效率优先于公平。社会主义应重视分配公平，分配公平有利于促进效率。重效率轻公平，有利于资本而不利于劳动，收入差距过分扩大，正是从初次分配不公形成的。

三

卫老师的理论贡献不仅在于准确解说和应用马克思主义经典著作的学说，更重要的是对中国特色社会主义政治经济学的探索，体现了他勇于创新的科学精神。他较早对我国发展非公有制经济的必要性和社会主义国有企业之间可进行竞争进行了论证，较早提出了经济体制改革不应限于管理体制改革，还应探求公有制经济和按劳分配的实现形式。2015年，中国财政经济出版社出版了其《中国特色社会主义经济理论体系研究》一书，共计72万字。可以看出，他对中国特色社会主义经济理论研究的贡献是多方面的。

关于中国特色社会主义政治经济学的理论体系构建。早在2011年，卫老师就在《经济学动态》上发表了《中国特色社会主义经济理论体系研究》一文，阐述了中国特色社会主义经济理论体系的具体内容。他提出，创建和发展中国特色社会主义政治经济学需要解决的几个重大理论是非问题，其中包括：新民主主义制度与单一公有制社会主义制度的理论是非；社会主义初级阶段与中国特色社会主义的关系；不能混同"社会主义经济制度"与"社会主义初级阶段的基本经济制度"的不同内容；中国特色社会主义所包括的内容是否都具有社会主义性质；不能混同公有制的存在形式及其实现形式；社会主义应把大力发展生产力和发展与完善社会主义生产关系结合起来；分清生产力决定论、生产力标准论与唯生产力标准论和唯生产力论的区别；由计划经济体制转向社会主义市场经济的是是非非；商品经济与市场经济的异同；关于社会主义经济增长和经济发展的诸多问题等。

从 2008 年起，卫老师与宣扬中国特色社会主义应摒弃"传统社会主义"的学者展开了论战，一直延续到 2011 年，他发表交锋论文十几篇。对否定所谓"传统马克思主义"观点，他也进行了辩驳。他指出，中国特色社会主义和当代马克思主义，是经典马克思主义和科学社会主义的继承、创新与发展，二者是源与流的关系，不能将二者对立。

卫老师认为，社会主义政治经济学的任务和资本主义政治经济学的任务不同，后者是服务于革命的任务，前者是要服务于社会主义建设的任务。因此对马克思所讲的政治经济学对象要有所发展。中国特色社会主义政治经济学的对象既要系统研究中国特色社会主义生产关系，这方面的研究还很不够，理论认识方面还存在诸多误区和混乱；同时，也要研究怎样更好更快地发展生产力。但是，生产力有两个层面：技术层面和社会层面。比如怎样采煤、炼钢、织布等，这是生产力的技术层面。中国特色社会主义政治经济学不研究这个层次上的生产力，而是研究生产力的社会层面。比如，全面协调可持续发展、转变发展方式、中央提出的新发展理念等，要研究怎样更好地发挥生产力诸要素的能力。

关于社会主义初级阶段与中国特色社会主义的关系。卫老师指出，社会主义初级阶段是建设中国特色社会主义的一个特定历史阶段，二者虽有交叉，但不能等同。随着生产力和生产关系的发展，我国社会主义事业将经历初级阶段、中级阶段，最后达到高级阶段，即成熟发达的阶段。中国特色社会主义道路将贯穿于我国社会主义各个发展阶段，而不仅停留在社会主义初级阶段。中国特色社会主义理论和制度将在我国整个社会主义发展历程中不断接受实践的检验，从而得到丰富发展和完善，并且引领中国特色社会主义实践。

今年，卫老师已 92 岁高龄了，而且病痛缠身，但其研究的步伐并没有停下来，几乎每年都有论著问世，在 CSSI 检索中发表的经济学论文数量多年居中国人民大学之首。当时正逢北京炎热的盛夏，我晚上去他家拜访，推门进去，只见卫老师正穿着背心短裤伏案写作，他正在给经济科学出版社撰写关于社会主义初级阶段的理论著作。

卫老师是带着腰疼在写作的，这让我想起他曾经的一句话："我不赞同流行的什么老年同志要发挥余热的话，余热，表示炭火燃尽了。而我还在继续燃烧呢！"

卫兴华：真理在交锋中迸出火花*

【致敬共和国勋章　国家荣誉称号人物】

9月17日，经济学家、中国人民大学荣誉一级教授卫兴华被授予"人民教育家"国家荣誉称号，他是三名"人民教育家"之一。他的师友们表示，"教师"正是卫兴华最为珍视的身份。

卫兴华当老师和别人不同，他不喜欢简单地传授知识，他要教的是"独立思考的能力"。他的学生同样是经济学家的洪银兴还记得，卫兴华的第一课就是反复讲学风和治学态度。"不唯上、不唯书、不唯风、不唯众，只唯实，敢于和善于独立思考、探索真理。他叮嘱我们，不能做'风派理论家'。"洪银兴说。

他不要求学生的理论观点与其一致，主张教学相长，鼓励大家提出不同意见。"争论是有必要的。经济学的发展、理论的发展是不怕交锋的。有时候真理就是在交锋中迸发出火花的。"在接受采访时，卫兴华这样说。卫兴华认为，理论应是真理的喉舌，要为劳动人民、为弱势群体的利益讲话，把做人与做学问统一起来。

可以说，求真务实，贯穿了卫兴华追求学问的始终。早在20世纪50年代，我国引进苏联科学院经济研究所编写的《政治经济学》教科书作为权威性著作，当时，卫兴华还是一名年轻教师，他就直面问题，对这本教科书提出三个不同意见：一是认为货币没有阶级性；二是认为抽象劳动不是商品经济范畴；三是认为"固定资本的周转快慢影响利润率高低"的观点不能成立。

---

* 本文原载于《光明日报》2019年9月29日03版。

最终，这三点意见均被国内学界认同。

也正是他求真的特质，让他在经济学领域成就斐然。他最早提出社会主义商品经济理论，最早系统研究和论述了社会主义经济运行机制理论，最先提出非公有制经济是社会主义市场经济的组成部分，他被媒体誉为"《资本论》研究权威"。

尽管研究的是经济学，卫兴华却对个人收入很不在意。他回忆起这样一件事："比如外面请我们出去讲学、作报告，我从来不讲价钱。他们问需要多少报酬，我说我不讲这个。一次他们通过经济学院的行政人员请我，问卫老师报酬该给多少。我对学院行政人员说千万别跟人家讲价钱，可对他们说'卫老师从来不讲这个，给不给都可以'。"

对于个人荣誉，他也始终谦逊，他说："如果说中外学界的大师们是参天大树，我也许是其中的一根细细的枝条，或许是其中的一片树叶。"

但是，作为教师，他对自己的学生却有希冀和要求。洪银兴甫一报到，卫兴华就表示，希望他不仅拿到博士学位，还要成为有作为的经济学家。

他在一篇文章中谈到自己对青年学生的希冀。"人总要朴素一点，学风也要朴素一点，不能夸夸其谈……学生应该有正确的人生观、价值观，应该在行动上更多地考虑弱势群体的利益，更多地考虑国家的利益、人民的利益，为他们做一些工作，为他们服务。我们在行动时应该时时有这样一个信念：怎么把我们国家的经济工作搞得更好，怎么使我们的民族更加强盛……我们应该成为人民的经济学家，应该成为人民拥护的经济学家，替老百姓、替人民说话的经济学家。"

卫兴华：治经世济民之学*

他是我国《资本论》的研究权威，一生致力于将马克思主义政治经济学中国化，曾经提出商品经济论、生产力多要素论等重要主张。系列报道《共和国不会忘记》，我们来认识国家荣誉称号获得者，人民教育家卫兴华。

在今年 3 月份举行的中国人民大学新经济学院成立大会上，94 岁的卫兴华教授连发三问，每一问都凝结着他长久以来的思考。

用理论破解实际问题，是卫兴华一生的追求。1925 年，卫兴华出生于山西五台县一个农民家庭，1946 年，他投身地下革命工作。

解放后，卫兴华在中国人民大学经济系学习，以全优成绩毕业留校任教。《资本论》是他一生学术研究的重点，更是他理论思想的源泉。20 世纪五六十年代，我国实行计划经济，卫兴华提出应该利用商品经济促进社会主义经济发展，突破性地提出了商品生产的概念。70 年代末，针对如何正确理解马克思主义经济理论，他又撰写多篇文章澄清概念，为推进马克思主义政治经济学的中国化、时代化做出了突出贡献。

尽管年事已高，卫兴华仍然笔耕不辍，几乎每年都有论著问世。他特别关注人才培养，目前还在带博士生，经常鼓励大家提出不同意见，参与现实问题的讨论。

---

* 本文摘录于央视网（新闻联播）2019 年 10 月 20 日【共和国不会忘记】栏目。

"人民教育家"卫兴华

——立学为民 治学报国*

"不唯上、不唯书、不唯风、不唯众",不做"风派理论家"——这就是中国人民大学荣誉一级教授、博士生导师、中国著名马克思主义经济学家卫兴华。

卫兴华从事马克思主义经济学和社会主义经济理论的教学和研究工作已经60余年,在我国经济学界地位和学术影响力非同一般。

1925年,卫兴华出生在山西省五台县的一个农民家庭。小学时,老师给他取名"卫显贵",希望他将来荣华富贵。从小目睹日军暴行的他,在读中学补习班时,把名字改为"卫兴华",立志抗击日寇、振兴中华。

1946年,卫兴华参加了党的地下工作,1947年在解放区正式入党。后被捕入狱。他在狱中严守党的秘密,出狱后转到北平继续从事地下工作。此后,卫兴华先后在华北大学和中国人民大学学习,1952年中国人民大学政治经济学教研室研究生毕业后留校任教至今。

在长期的理论研究工作中,卫兴华提出了诸多前瞻性的理论观点:较早提出社会主义商品经济理论,较早系统研究和论述了社会主义经济运行机制理论,较先提出非公有制经济是社会主义市场经济的组成部分……

卫兴华始终认为,自己的研究工作要与国家的需要结合起来。

他运用马克思主义经济理论分析现实经济生活中的问题。20世纪50年代,他运用马克思主义的地租理论,分析初级农业合作社的地租形态和土地

---

* 本文原载于《人民日报》2019年10月8日06版。

报酬问题；运用马克思主义的价值规律理论，分析我国的价格体系、按质论价等问题。改革开放后，他转向对社会主义经济理论与实践问题的研究，并系统研究中国特色社会主义政治经济学问题。

中国人民大学副校长、经济学院教授刘元春说，卫兴华老师的著述并非只停留在对马克思主义经典著作的解读上，更重要的是紧扣时代脉搏，运用马克思主义政治经济学的基本原理研究现实问题，推进马克思主义政治经济学的中国化、时代化。

60余年来，卫兴华笔耕不辍，发表《中国特色社会主义经济理论体系研究》等文章1000多篇，出版《走进马克思经济学殿堂》等著作40多部，成为中国最多产的经济学家之一。他主编的《政治经济学原理》教材是全国影响力和发行量最大的教材之一。

这位马克思主义经济学中国化的奠基人之一，于2013年获得世界马克思经济学奖。

如何让马克思主义经济学的精髓传承下去，是卫兴华做学问的一项重要使命。

在多年教学中，他坚持教书和育人相结合。他认为，对马克思主义经济学的教学和阐释，要结合国内外的经济社会实际，让学生们真正认识到马克思主义经济学的科学性，且具备与时俱进的品格。

2015年底，卫兴华获吴玉章终身成就奖，他把100万元奖金无偿捐赠，用于支持马克思主义政治经济学的教学研究、人才培养及优秀成果奖励。

如今，94岁的卫兴华虽病痛缠身，但仍坚守在教学一线，担任博士生导师，每天坚持学习、工作。

中央财经大学教师何召鹏是卫兴华的学生。他告诉记者，跟随卫老读博士期间，卫老已接近90岁高龄，依然坚持每隔一到两周上一次专题讨论课，一讲就是两三个小时。"即使卧病在床，他也坚持工作。他把我叫到床边探讨学问、写论文，让我拿着笔和纸，他来说，我来记。"

在卫兴华二儿子卫宏的记忆中，父亲除了上课就在自己的书房待着。"学生登门和他探讨问题时，他最随和。"

卫兴华卧室床头柜边，有张黑白照片，这是当年他从事党的地下革命工作时与两位同事的合影，他一直保存到现在。

"当时参与地下革命的很多同志都牺牲了。我活了下来，就要用全部的精力去做一个学者应该做的事，为祖国建设奉献力量。"卫兴华说，"我还在燃烧！"

刘元春表示，立学为民、治学报国的精神在卫兴华身上体现得淋漓尽致。"卫老与时俱进的创新品格，持之以恒、脚踏实地、日复一日的奋进精神，值得新一代学者传承。"

"为学当如金字塔，要能博大要能高。"卫兴华这样寄语年轻学人。

卫兴华：桃李芬芳 60 年*

卫兴华（1925—2019 年），著名马克思主义经济学家，"人民教育家"国家荣誉称号与"最美奋斗者"荣誉称号获得者，著作有《政治经济学研究》《我国新经济体制的构造》《市场功能与政府功能组合论》等。

1925 年，一个孩子在山西五台县善文村呱呱坠地。由于他家世代务农，长辈实在想不出文采斐然的名字，便用所能想到的最好祝福，为孩子起名为"显贵"。这孩子也不负众望，深受长辈喜爱。谁知，小显贵念中学时，却自作主张，改了名字。原来，他目睹日军侵华恶行，心怀振兴中华的宏望，便更名为"卫兴华"。80 年后，卫兴华成为享誉全国的"人民教育家"，不仅实现了自身抱负，也实现了卫家长辈光宗耀祖的心愿。

由卫兴华的出身，便知他早年求学的艰辛。他曾因日军入侵而辍学，也曾因参加地下工作而被捕，但他始终没有中断自我研习、自我提升，而是在有条件时一本一本地"啃"书，坚持学习、思考，直到生命的尽头。外界常赞卫兴华为"马克思主义经济学研究泰斗""经济学理论研究大师"。他本人却不以为意，反而最怕听到"泰斗"这样的叫法："这些是外面朋友给我戴的高帽子。我知道是对我的鼓励，但是这帽子太大了。"正是秉持这样谦虚、勤奋的作风，卫兴华辛勤耕耘，一生从教 60 载，为经济学界培养了大量人才。学生回忆他的教导时，总能想到他反复强调的"不唯上、不唯书、不唯风、不唯众，只唯实"的学风和治学态度。

不唯上。卫兴华常说："人总要朴素一点，学风也要朴素一点。"他在采

---

* 本文原载于《中国教师报》2020 年 9 月 23 日第 13 版，作者杨阳，敬德书院。

访中不时提到"国家""人民"这些词汇,"我们这一代,更不用说老一代,首先考虑国家的利益、民族的利益、人民的幸福"。他总是对学生强调,理论应是真理的喉舌,要为劳动人民、为弱势群体的利益讲话,把做人与做学问统一起来。因此,他常为缩小地区、城乡之间收入差距进行呼吁。

不唯书。卫兴华虽然爱看书,但是不迷信书。他更注重理论上的争论与论辩。在他看来,马克思主义研究者要敢于批评和争论,只有通过争辩才能使得错误的东西免于以讹传讹,交锋才能碰撞出真理的火花。马克思主义揭示和追求的是真理,我就要用追求真理的精神去坚持马克思主义、发展马克思主义。而在他60多年的学术生涯中,人们已经不记得有多少次,他为坚持、维护和发展马克思主义经济学发声。

不唯风。卫兴华时常叮嘱弟子,不能做"风派理论家"。他本人虽不特立独行,但也绝不跟风。他在94岁时,虽然病痛缠身,但仍坚守在教学一线,每天学习、工作不止,原因是:"我不赞同流行的什么老年同志要发挥余热的话,余热表示炭火燃尽了。而我还在继续燃烧呢!"此外,在中国人民大学的领导来探望他时,卫兴华还特意嘱咐道,一定要把人民大学经济学院办成世界一流的经济学院,一定要出有世界影响的经济学家,不要跟着人家跑。面对经济学家出场费越来越高的社会现实,当有活动主办方向经济学院行政人员询问卫兴华的"出场费"时,卫兴华告诉行政人员:"千万别跟人家讲钱,跟他们说'卫老师从来不讲这个,给不给都可以'。"

不唯众。卫兴华常常教导学生,要敢于独立思考、善于独立思考、勇于独立思考。他在与学生交流时,主张教学相长,鼓励大家提出不同意见。他的弟子几乎都知道,卫兴华有时写了文章会让学生提意见,还说"大胆提,提得好我给你们发红包"。

只唯实。卫兴华说:"我常跟学生讲,做学问、理论研究,要独立思考、实事求是、追求真理。"在多年教学中,卫兴华始终坚持实事求是,始终坚持教书与育人相结合。他认为,对马克思主义经济学的教学和阐释,要结合国内外的经济社会实际,让学生真正认识到马克思主义经济学的科学性,且具备与时俱进的特点。

正是基于上述教学研究理念,卫兴华在勤于治学的同时,始终勤勤恳恳、悉心授业。他在耄耋之年,依然坚持带博士生、博士后、访问学者。他的弟子中,有不少人成为教授、博士生导师,还有的在政府部门任要职,有的成为大学校长、著名经济学家。因此,在他晚年过生日时,南京大学教授洪银兴赋诗《七绝——诗贺卫兴华老师九十华诞》曰:"九十长卷为兴华,桃李芬芳映晚霞,任尔东西风南北,攀峰不止自成家。"

缅 怀 纪 念

在守正创新中发展马克思主义经济学
——简述人民教育家卫兴华教授学术成就

洪银兴

卫兴华教授在新中国成立70周年之际获得"人民教育家"国家荣誉称号，2019年11月又获第九届中国经济理论创新奖。可以说是实至名归。他一生坚持求实唯真的治学态度，坚持守正创新的探索精神，正是基于这种治学态度和创新精神，他成为我国经济学界成果最为卓著的经济学家，而且他的科学研究成果都能经受历史的检验。他的一位学生在卫老师90华诞时亲自手书了《七绝——诗贺卫兴华老师九十华诞》：九十长卷为兴华，桃李芬芳映晚霞，任尔东西风南北，攀峰不止自成家。马凯在诗后对这首诗做了四点注解：第一句是讲老师的人生追求——振兴中华；第二句是讲老师的教育成果——桃李天下；第三句是讲老师的理论品格——求实唯真；第四句是讲老师的学术成就——无愧大家。这四句话正是人民教育家的品质。

卫兴华教授是我国老一辈马克思主义经济学家，改革开放后历任中国人民大学经济学系主任、校学术委员会副主任、校学位委员会理论经济学分会主席、《中国人民大学学报》总编辑等职。曾任国务院学位委员会经济学学科评议组成员、全国综合性大学《资本论》研究会会长。卫兴华教授出版论著40余本，发表文章约1000篇，荣获国家级、省部级奖20余项。1981年获北京市劳动模范称号，曾获两届孙冶方经济科学奖。2016年获吴玉章终身成就奖。

一、坚守马克思主义科学阵地

我和魏杰、李连仲有幸成为卫老师的第一批博士生。在校期间他每周都指导我们讨论经济理论问题，给我们上《资本论》和社会主义经济理论研究课程，并合作发表论文，出版著作，参加全国性的学术会议。

卫老师给我们反复讲学风和治学态度问题。这就是不唯上、不唯书、不唯风、不唯众，只唯实，敢于和善于独立思考、探索真理。不能做"风派理论家"。

卫兴华在学术研究上不迎合、不拉扯。从不看气候表态。即使在"左"风年代，从他发表的论著中，找不到迎合"左"风的东西。《中国社会科学》的一篇评价卫兴华学术观点的文章，这样讲："始终坚持理论研究的科学性和严肃性，即使在'左'的理论和政策盛行的情况下，也不随'风'转""坚持实事求是的科学态度和严谨的治学学风""从不人云亦云，而是执着地追求真理"。

他还以李大钊的为人治学的事例激励学子，在一次给全校研究生讲话时，他引证李大钊的两句话，即"铁肩担道义，妙手著文章"。他说："铁肩担道义，就是肩负钢铁般的担当意志，担当国家道义、民族道义、人民道义。妙手著文章，就是要立志成才，成为具有深厚的理论和学问抱负的社会栋梁。"

卫兴华强调，搞经济理论研究，必须坚持马克思主义科学态度，切忌用主观随意性削弱和取代科学性，应严谨治学。卫兴华认真研究原著，一遇到有疑之处，就反复查证原版，以求准确。对马克思主义和西方经济学原著都持这种严谨态度。例如，过去有的论著中批判马尔萨斯《人口论》是鼓吹用战争和瘟疫消灭过多人口，卫兴华指出这不符合马尔萨斯原意。《人口论》有错误，是另外的问题。

20 世纪 50 年代，我国将苏联科学院经济研究所编写的《政治经济学》教科书作为权威性著作进行学习。当时卫兴华还是一位刚研究生毕业的年轻教师，他对教科书在三个问题上提出不同意见：一是认为货币没有阶级性；

二是认为抽象劳动不是商品经济范畴；三是认为"固定资本的周转快慢影响利润率高低"的观点不能成立。这三个意见最终被国内学界认同。

卫兴华教授始终以科学的态度研究经济学。他从教 60 多年中，发表了一批关于马克思主义经济学和社会主义经济理论有学术价值的研究成果。他运用马克思主义经济理论分析现实经济生活中的问题。例如，在 20 世纪 50 年代他运用马克思主义的地租理论，分析初级农业合作社的地租形态和土地报酬问题。他运用马克思的价值规律分析我国的价格体系问题、按质论价等问题，运用按劳分配理论分析我国工资制度的弊端，等等。

卫兴华在理论与学术研究中，始终不渝地自觉坚持马克思主义经济学的基本原理，有坚定的信念和立场，是因为他有深厚的理论基础。有许多重要的学术观点和真知灼见，是在学术争鸣中获得的。他认为学术交锋可碰撞出真理的火花。马克思主义经济学需要发展，但必须首先把握其本意。不能错解、曲解，甚至编造马克思的观点。故有媒体称他为理论界的"清道夫""保洁员"。

对马克思关于重建"个人所有制"的解读。让我永远不能忘怀的是，2019 年 5 月卫老师重病住院，还在抢救中。我去医院看他，他抓住我的手整整讲了半个小时马克思的所有制理论，尤其是对《资本论》中关于消灭资本主义私有制后重建个人所有制论述的解释，他认为理论界对此存在不同的认识。尤其是理解为消费资料个人所有制的解释，他认为这种理解不准确，他要正本清源。他特别讲，这个问题不搞清楚他还不能死。讲过后，他的身体奇迹般地好转了，没多久就出院了，一出院，他就把 2 万字的关于马克思个人所有制的理论论文完成了。在文中他指出需要辨明是非的是相对立的两种解读：一种是解读为"重新建立消费资料的个人所有制"；另一种解读是指生产资料由众多个人联合起来共同占有的社会所有制。卫兴华认为，马克思提出的这个问题，是要说明社会主义取代资本主义后应建立什么样的生产资料社会所有制（公有）问题。这个问题与我国建立什么样的社会主义公有制，或以什么原则改革国有企业的实践密切相关。因此，不应仅仅作为一个抽象的学理问题进行争论，要联系社会主义实践来进行讨论。据此，卫兴华明确指出三点：第一，从总体上把握《资本论》中的有关论述。所谓改造为"联合起来的社会的个人所有制"，也就是归全体劳动者所有的生产资料社会所有制。第二，在马克思的著作中，始终讲取代资本主义私有制的是生产资料公有制即社会所有制。没有在所有制中涵盖消费资料所有制。第三，在马克思的著作中，讲社会制度的更替，首先和主要着眼点是生产资料所有制的变更，以及与所有制相联系的生产资料与劳动力相结合的生产方式的区别。划分社会制度或生产关系的差异，根本不存在消费资料个人所有制的"重新建立"问题。卫兴华在作出这些解释后结合我国实际指出：当前，我国的非公有制经济的占比已处于优势，它们的兴衰会直接影响我国国民经济的兴衰，所以，对它们产生的经营中的各种困难，政府要伸手帮助解决，大力支持其发展。马克思所讲的社会主义所有制，与我国社会主义初级阶段的基本经济制度是两回事。不能教条主义地对待马克思的理论著作。

关于生产力的要素问题。理论界长期流行生产力要素是马克思在《资本论》中关于简单劳动过程三要素的观点，劳动、劳动对象、劳动资料。卫兴华于1980年在《哲学研究》发表论文就明确认为这种三要素概括偏离了马克思主义的有关论述。他根据马克思在《资本论》中讲的提高劳动生产力的要素包括"工人的平均熟练程度，科学的发展水平和它在工艺上应用的程度，生产过程的社会结合，生产资料的规模和效能，以及自然条件"①，明确提出生产力多要素论。科学、分工协作、管理、自然力等也是生产力要素，并且随着生产的发展会有新的生产力要素加入。长期以来，把生产力的内容理解得很狭窄，致使我国的生产力的发展成为跛足的东西。例如，片面强调人的因素而忽视物的因素；在物的因素中片面强调生产工具的作用而忽视原材料、电力和其他能源等的作用，不重视自然资源的保护和生态平衡。强调群众运动，而忽视甚至鄙弃科学技术和科技人员的作用，还不断批判"技术至上""专家路线"，还批判科学是生产力的观点。因此，明确认识和遵循马克思的生产力多要素论，特别是把握马克思强调科学的独立作用，有利于我国推动

---

① 马克思. 资本论（第1卷）[M]. 北京：人民出版社，2004：53.

生产力的快速健康发展。

对十九大社会主要矛盾的解读。党的十九大明确进入新时代后社会主要矛盾变化了，主要矛盾成为人们日益增长的美好生活需要和不平衡不充分的发展之间的矛盾。众多著名理论家用区域不平衡、城乡不平衡、收入不平衡、生产力落后，还有原始生产工具等来解释主要矛盾。卫兴华发表几篇文章，大胆地反驳这个观点。他认为，十九大文件没有他们讲的这个观点。所谓不平衡不充分的发展，本意是指，随着我国生产力快速发展，人民收入显著提高，消费需求也随之提高了。需求方是"人民日益增长的美好生活需要"，要求有更高质量、更方便、更安全、更科技化、更个性化的消费品。虽然生产与供给的水平也提高了，但低端产品过剩，高端产品还不能充分满足人民日益增长的美好生活需要，因而形成供求双方新的不平衡。解决的途径是提高生产质量和效益，以供给侧结构性改革为主线，搞科技创新，建立新的经济体系等。

二、对社会主义经济理论的科学探索

卫兴华教授的著述不是停留在对马克思主义经典著作的准确解读上，更重要的是紧扣时代的脉搏应用马克思主义政治经济学的基本原理研究现实问题，推进马克思主义经济学的中国化、时代化。可以说是与时俱进的马克思主义经济学家。以下列举几个在学术界产生重大影响的基本理论问题。

关于商品经济与市场经济理论。从社会主义商品经济到社会主义市场经济，是卫兴华教授研究最为深入、成果甚多的领域。在20世纪50年代，国内学界存在社会主义非商品经济论、生产资料非商品论、全民所有制内非商品关系论的情况下，他力排众议，是较早提出社会主义商品经济论的经济学家。1959年卫兴华就在《学术月刊》发表论文提出社会主义商品经济论，认为消费资料和生产资料都应是商品，他指出，否定全民所有制经济中的生产资料是商品，"是忽视了不同国营企业之间的独立权利和利益，只看重了它们的统一面，而看落了它们的矛盾面。如果否认生产资料是商品，那么必然导向否认价值规律在生产资料生产中的作用"。① 他还指出：我国可以逾越资本主义历史阶段，但不能够逾越商品经济充分发展的阶段。卫兴华对社会主义市场经济的认识也有个过程。他曾写过中国不能完全实行市场经济的论文。当中央决定实行社会主义市场经济体制后，他从中发现社会主义市场经济规定的许多方面同他所认为的社会主义商品经济是一致的，很快转向这方面的研究，并提出有新意的见解。1993年，他在《阵地》（现为《前线》）发表论文，肯定非公有制经济也是社会主义市场经济的组成部分，他说："实行社会主义市场经济，市场不管是哪种经济成分参与的，都一样起资源配置的作用。市场机制与市场体系是统一的，不能按不同经济成分划分不同的市场和市场经济。从这个意义来讲，社会主义市场经济体制，是由以公有制为主体的多种经济成分共同构成的。当然，从市场经济主体来看，依然有社会主义经济与非社会主义经济的差别。"② 但是，当1997年党的十五大报告提出"非公有制经济是社会主义市场经济的重要组成部分"，并提出社会主义初级阶段的基本经济制度包括非公有制经济时，有些学者错解中央文件的原意，宣称非公有制经济也是社会主义经济，是社会主义经济制度的组成部分。混淆社会主义经济和社会主义市场经济的区别；混淆"社会主义经济制度"与"社会主义初级阶段基本经济制度"的区别。对此卫兴华发表多篇论文进行辩驳。社会主义市场经济有广义、狭义之分。如果从狭义的角度讲，社会主义市场经济就是市场经济和社会主义公有制经济相结合。但不能按照不同的经济成分分别建立不同的市场和市场经济。因为我们以公有制为主体，可从广义上构成统一的社会主义市场经济。从资源配置上来讲，不管是私有还是公有，进入市场，对经济都起资源配置的作用。因此非公有制经济也是社会主义市场经济的组成部分。

  关于社会主义市场经济运行机制理论。卫兴华是国内较早提出社会主义商品经济论的经济学家。1959年他就在《学术月刊》发表论文提出社会主义

---

① 卫兴华. 社会主义制度下商品生产的研究方法问题［J］. 学术月刊，1959（11）.
② 卫兴华. 关于建立社会主义市场经济体制问题［J］. 阵地，1993（6）.

商品经济论,认为消费资料和生产资料都应是商品,他指出,否定全民所有制经济中的生产资料是商品,"如果否认生产资料是商品,那么必然导向否认价值规律在生产资料生产中的作用"。他还指出:我国可以逾越资本主义历史阶段,但不能够逾越商品经济充分发展的阶段。在市场化改革开始以后,卫兴华研究的重点转向社会主义商品经济运行机制的研究。他与他指导的博士生在1986年第2期《经济理论与经济管理》发表的《论社会生产比例的调节机制》一文中指出在调节社会生产比例时,要充分发挥市场机制的调节功能,经济的宏观控制由直接控制为主转向间接控制为主,计划调节的一个重要内容,就是完善市场机制,保证市场机制能对企业进行充分调节。卫兴华和他的博士生在1986年《学术月刊》第1期发表的《论企业活力和企业行为约束》提出,增强企业作为商品生产者和经营者的活力,必须纳入社会主义经济的运行轨道。该文获1986年度孙冶方经济学奖。1986年卫兴华和他的博士生合著《社会主义经济运行机制》(人民出版社),以马克思主义政治经济学基本原理为指导,从我国的实际情况出发,在国内第一次对"经济运行机制"概念作出界定,并明确提出计划调节市场、市场调节企业的思想。后来被经济学界广泛采用。当时卫兴华和他的博士生多角度全方位研究和论证"国家调节市场,市场引导企业"的运行机制。得到了经济理论界的广泛认同,并且写进党的十三大报告。后来中央先后确认的社会主义市场经济的定义:市场在国家的宏观调控下对资源配置起基础性作用,以及市场对资源配置起决定性作用和政府更好发挥作用实际上都包含这种经济运行机制,因此,卫兴华在社会主义商品经济背景下提出的"国家调节市场,市场引导企业"的机制也可以说是社会主义市场经济的运行机制。卫兴华研究组荣获2019年中国经济理论创新奖就是对其原创性成果价值的肯定。

关于收入分配的理论。卫兴华强调理论应是真理的喉舌,要为劳动人民、为弱势群体的利益讲话,把做人与做学问统一起来。治学态度反映在他的收入分配理论中。卫兴华的收入分配理论要从他对共同富裕的认识开始。在我看到的文献中,卫兴华可以说是最早阐述马克思在《1857—1858年经济学手稿》中提出的在未来的新社会制度中,"生产将以所有的人富裕为目的"的观点的。卫兴华认为，从科学社会主义的理论逻辑看，通过快速发展生产力逐步实现共同富裕，是科学社会主义的本质规定。马克思主义致力于社会主义事业，其初衷是要让劳动人民摆脱受剥削受压迫的境地，成为社会的主人，过上有尊严的富足的生活，获得自由而全面的发展。所以，通过快速发展生产力逐步实现共同富裕，是实现社会主义初衷和根本目的的唯一途径。基于这种认识，卫兴华认为实现共同富裕不能等到赶上和超过发达国家的人均GDP水平。现阶段就要推进这个过程。其路径除了发展生产力外，再就是制度建设。卫兴华明确认为实行公有制是逐步实现共同富裕的制度保障。公有制、按劳分配都是服从于社会主义本质规定的，都是围绕通过快速发展生产力逐步实现共同富裕这一主线运行的。

在改革开放后的一段时期曾流行分配领域"效率优先，兼顾公平""初次分配注重效率，再分配注重公平"的提法。卫兴华教授一开始就对这种提法产生怀疑，并多次发表论文进行讨论。他认为，生产领域应是效率优先，优先于产值或GDP，但是分配领域不能效率优先于公平。社会主义应重视分配公平，分配公平有利于促进效率。重效率轻公平，有利于资本而不利于劳动，收入差距过分扩大，正是从初次分配不公形成的。因此卫兴华主张在初次分配领域就要处理好公平分配问题，不能等到再分配领域才去解决公平问题。此外，卫兴华对按劳分配和按要素分配也有独到的见解。他不赞同有些学者宣称按劳分配以劳动价值论为理论基础，按要素贡献分配就是肯定要素价值论，进行了理论争鸣。他指出，私营和外资企业是实行按要素所有权分配。自然力作为生产要素也有贡献，但并不参与分配，因为没有被私人占有。

三、构建中国特色社会主义政治经济学理论体系

卫兴华教授的理论贡献不仅在于准确解说和应用马克思主义经典著作，更重要的是对中国特色社会主义政治经济学的探索，体现了他的勇于创新的科学精神。2015年中国财政经济出版社出版了他的《中国特色社会主义经济理论体系研究》，共计72万字。2019年10月又在《人民日报》发表《中国

特色社会主义政治经济学的主线和逻辑起点》一文。

中国特色社会主义政治经济学的主线和逻辑起点。从已经发表的论著来看，有的认为主线是社会主义市场经济；有的认为主线是发展生产力；有的认为我国公有制和非公有制并存；有的认为应以生产力和生产关系的相互作用为主线；还有的认为应以政府和市场的关系为主线；等等，各抒己见。卫兴华认为，科学社会主义政治经济学和中国特色社会主义政治经济学的主线应该是统一的。科学社会主义已经提出的政治经济学的主线，也应贯彻于中国特色社会主义政治经济学之中。卫兴华明确指出，结合实现全体人民共同富裕和生产力快速发展两个方面，中国特色社会主义政治经济学的主线可以表述为：通过快速发展生产力逐步实现共同富裕。由于公有制和公有制为主体是现阶段中国特色社会主义的"普照的光"，现阶段中国特色社会主义政治经济学的逻辑起点应是社会主义初级阶段的基本经济制度。

构建中国特色社会主义政治经济学的理论是非问题。早在2011年卫兴华就在《经济学动态》发表《中国特色社会主义经济理论体系研究》一文，阐述了中国特色社会主义经济理论体系的具体内容。他提出创建和发展中国特色社会主义政治经济学需要解决的几个重大理论是非问题。包括：新民主主义制度与单一公有制社会主义制度的理论是非；社会主义初级阶段与中国特色社会主义的关系；不能混同"社会主义经济制度"与"社会主义初级阶段的基本经济制度"的不同内容；中国特色社会主义所包括的内容是否都具有社会主义性质；不能混同公有制的存在形式及其实现形式；社会主义应把大力发展生产力和发展与完善社会主义生产关系结合起来；分清生产力决定论、生产力标准论与唯生产力标准论和唯生产力论的区别；邓小平提出的三条"是否有利于"的标准不是判断姓"社"姓"资"的标准；由计划经济体制转向社会主义市场经济的是是非非；商品经济与市场经济的异同；关于社会主义经济增长和经济发展的诸多问题等。

卫兴华旗帜鲜明地反对用"中国特色社会主义"摒弃所谓"传统社会主义"，用"当代马克思主义"否定所谓"传统马克思主义"。从2008年起，他与宣扬中国特色社会主义应摒弃"传统社会主义"的学者展开了论战，论战延续到 2011 年，他发表交锋论文十几篇。对否定所谓"传统马克思主义"观点，他也进行了辩驳。他指出，中国特色社会主义和当代马克思主义，是经典马克思主义和科学社会主义的继承、创新与发展，二者是源与流的关系，不能将二者对立。

卫兴华认为，社会主义政治经济学的任务和资本主义政治经济学的任务不同，后者是服务于革命的任务，前者是要服务于社会主义建设的任务。因此对马克思所讲的政治经济学对象要有所发展。中国特色社会主义政治经济学的对象既要系统研究中国特色社会主义生产关系，这方面的研究还很不够，理论认识方面还存在诸多误区和混乱；同时，也要研究怎样更好更快地发展生产力。但是，生产力有两个层面：技术层面和社会层面。比如怎样采煤、炼钢、织布等，这是生产力的技术层面。中国特色社会主义政治经济学不研究这个层次上的生产力，而是研究生产力的社会层面。比如，全面协调可持续发展、转变发展方式、中央提出的发展新理念等，要研究怎样更好地发挥生产力诸要素的能力。

关于财富论。卫兴华认为，在新的历史条件下，在中国特色社会主义制度下，马克思的财富论的理论和实践意义应引起学界重视和深入研究。财富论与价值论不同，适用于一切社会经济形态。马克思的劳动价值论适用于一切商品经济，包括小商品经济、资本主义商品经济和社会主义商品经济。但商品价值关系不是永恒范畴。马克思曾预计，在社会主义制度下，商品生产和价值将消亡，因而是历史范畴。但实践证明，社会主义要继续存在并发展商品经济。可以预计，未来进入共产主义社会时，实行各尽所能，按需分配，就不需要商品价值关系插手其间了。马克思的财富论适用于一切社会形态，更适用于社会主义和共产主义社会。马克思曾预计，当未来社会主义制度下，商品生产消亡了，以使用价值为内容的财富将以实物形式满足社会成员的物质文化需要。社会主义将最终实现使"集体财富的一切源泉充分涌流"，达到"以所有的人富裕为目的"。在马克思的著作中，价值与财富是两个既相联系又有区别的概念。根据历史唯物论，人类生存与发展，离不开吃穿用的需要，这就需要通过劳动生产物质财富。人们的生活需要满足的程度，取决于财富生产的多少。社会经济越发展，社会的财富越增进；而社会财富越增进，人类社会也越发展，二者相互依存与相互促进。由使用价值构成的财富，会以产品的形式独立存在。这意味着，在卫兴华的中国特色社会主义政治经济学体系中，财富论将替代分析资本主义的价值论，成为基本的经济学理论。①

卫兴华教授是高产的经济学家，以上综述的只是他近期影响较大的理论观点。最后用卫兴华在《学术前沿》2019年第12期中的一篇文章中的一段话来结束本文："我是在中国共产党创建的中国人民大学学习了马克思主义政治经济学的，深知马克思主义的初心。这样，党的初心，马克思主义的初心，烈士先驱们的初心，都融合于我的心中。不管顺境逆境，不管受过多少挫折和委屈，初心不改。在习近平新时代中国特色社会主义思想指引下，我将继续为增进劳动人民的福祉'鼓与呼'，为坚持和发展马克思主义经济学，为创建中国特色社会主义政治经济学贡献一份力量。"② 足见他无愧于人民教育家的国家荣誉称号。

（作者系 1984 级博士，南京大学原党委书记）

---

① 卫兴华. 马克思的财富论及其当代意义 [J]. 经济问题, 2019 (2).
② 卫兴华. 我怎样不忘初心、牢记使命 [J]. 人民论坛·学术前沿, 2019 (12).

传承人民教育家精神，培养马克思主义经济学青年人才
——追忆卫兴华教授

李佩洁

在新中国成立70周年之际，作为全国经济学界唯一被授予"人民教育家"国家荣誉称号的卫兴华教授，是一位无比坚定的马克思主义者，是极具感染力的人民教育家，走近他的老师和学生都会被他所吸引、所影响、所带领，最终成为马克思主义信仰的追随者。他强大的思想感召力和人格魅力，除了来源于他深厚的理论功底和坚定的理想信念，还来源于他对所有人的坦荡无私与真诚善良。他的一生不唯上、不唯书、不唯风、不唯众，只唯实，致力于传播马克思主义科学真理，为中国特色社会主义经济理论的创新与发展作出了卓越的贡献。他有教无类，宜园二号楼那一小方天地始终为探求马克思主义真理的年轻人敞开着。数十年来，无论寒暑春秋，每天都接纳着各位专业的与非专业的学生、老师、学界朋友与社会人士。夜深人静甚至疾病缠身的时候，他依然在读书、思考、写作，把毕生精力都献给了推动马克思主义政治经济学中国化的伟大事业。他是如此的伟大，又是如此的亲和，作为他的学生和同事，我们多少年来沐浴在他春风化雨的关照之中而不察时光的飞逝，仿佛他永远这么年轻、永远都不会离开。

2019年8月6日，是国家荣誉称号授予前考察谈话的日子，也是我最后一次收到卫老师微信的那天。一年后的今天，怀着对卫老师浓浓的思念和崇高的敬意，我记录下向卫老师学习的点点滴滴。在接下来的工作中，我都将

以卫老师的精神激励自己，传承他的教育理念，在中国人民大学经济学院为新时代中国特色社会主义事业青年人才培养贡献自己微薄的力量。

我从2009年起留在学院做党务工作，有幸服务卫老师。最初联系时他专门提醒我，他因为返聘不参加学院离退休教师座谈会，所以他要单独缴纳党费。党员按期缴纳党费，这是他认为最重要的一件事情。在他腿脚比较好的那几年，他总是主动来学院办公室交党费，不让我们去他家收，还说顺便来看看大家。前几年他摔跤后卧床期间，经常提醒我不要忘记去收他的党费。每一次去，都见他坐在客厅的小桌子前、开着桌灯在埋头看书或写作，见到我们，一定要放下手中的事情，跟我们聊聊近期的情况，也不时就会讲到他在关注的理论问题。

我作为学院的专职党务干部，卫老师非常关心我的思想和学习。他常对我说，作为党的干部，一定要学好马克思主义；在人大经济学院工作，要对马克思主义政治经济学有比较正确和深刻的掌握，行政干部同样如此。2012年我考上国民经济学的博士生，师从胡乃武教授，他为我感到非常高兴，说胡老师也是始终坚持马克思主义的，我更要打好理论基础。2012年6月，卫老师的著作《理论是非辨析：误解错解马克思主义理论事例评说》（经济科学出版社）出版后，他专门把我叫去，给我送了这本书，希望我认真读完之后，在胡老师的指导下写一篇书评。我开始很惊讶，说："我怎么有资格给您写书评，在您面前我就是个小辈学生啊。"卫老师说，写书评是为了检验我的学习效果、敦促我练习写作，他说他的经验就是勤读书、勤思考、勤写作，如果只是看书，不把思考过程写出来的话，学习效果是不会好的。接下这个任务，我非常慎重，生怕写不好而辜负了卫老师的期待，当年的整个暑假，我都在反复阅读卫老师的这本书，还补充阅读了其他相关论著，直到8月底才写出初稿，给胡老师审阅后，卫老师也认真提了修改意见，最终于当年10月刊发在《教学与研究》上。对此我感到十分荣幸，这个过程锻炼了我对马克思主义政治经济学基本理论的学习和理解。尤其常听卫老师说，真理越辩越明，对于马克思主义理论是非的辨析，是学习理解运用马克思主义理论的入门法宝。

在理论学习和研究方面，由于行政事务繁杂，我经常会对自己缺乏信心。卫老师鼓励我说，他三十多岁才开始有条件认真地学习，后来又遇到很多波折，五十多岁才得以继续全身心投入工作；我比他当时还年轻，即便是从现在开始从头学起都是来得及的，何况现在学习条件那么好，我的基础也很好。每当我有所懈怠的时候，想起卫老师的鼓励，就感觉很愧疚，又有了动力和信心。所以即便是在日常的行政工作中，尤其是在协办学院相关学术会议的时候，我也会认真聆听和学习，带着问题与思考去工作，而不是陷于事务中。这样的训练，也明显地提升了我的工作绩效，让我受益颇多，更重要的是，让我形成了一种良好的学习习惯，始终保持着求知若渴的心态。我想，这就是卫老师指导我的良苦用心。

卫老师在鼓励后辈学习方面，不仅有他的办法，而且非常上心。2014年卫老师出版了《〈资本论〉简说》（中国财政经济出版社），他非常爽快地签上名字送了我一本，并强调这本书特别适合年轻人学习，让我读完之后再写一篇书评。卫老师当时已经年近90，写出这样简明轻快的读本，可谓是厚积薄发，又可见他对培养年轻人的马克思主义素养真是煞费苦心，令我十分感动。这篇书评发表在2014年11月10日的《人民日报》上。作为一名党员，自己的名字出现在《人民日报》这样最高级别的党报上，而且能跟卫老师这样令人尊敬的学界泰斗有关联，我感到特别荣幸，更深知卫老师主要是为了激励我不断努力学习，早日成为一个具有扎实理论功底的马克思主义者。

当时我们都觉得卫老师90有余仍然笔耕不辍，已经创造了奇迹，时常劝他要放慢节奏、保重身体。可是没想到卫老师并未有一刻歇息，坚持他不是发挥余热，而是要继续燃烧！随后几年又有《中国特色社会主义经济理论体系研究》《中国特色社会主义经济理论的发展与回顾》等多部新著和论文面世。92岁的时候，卫老师摔了一跤，有好几个月都只能卧床。有一次关于订阅党报党刊的事情我去家里找他，他正躺在床上写字，竟然独创了一种躺着写作的方法，令人叹为观止。那个时候我们只觉得他这么用功不可思议，多年来他一直雄踞学院高产学者排行榜的前列，可以算得上是空前绝后的成就了，是不是可以不要再对自己有那么高的要求，我们当时没有完全体会到老先生时不我待的那种急切心理，因为在我们看来他比年轻人还要朝气蓬勃！他总说还有很多重大理论与社会现实问题要研究，正是需要马克思主义经济学者贡献力量的时候，他要抓紧时间多出成果。

2019年4月卫老师突然生了一场大病，我作为学院的工作人员有幸经常能去医院看望他，但心里始终很紧张。好在有惊无险，特别是卫老师有着极强的意志力和生存力，5月下旬他病愈出院，还跟我们开玩笑说他去见了马克思，马克思让他回来继续研究马克思主义。2019年，卫老师又有新著《马克思与〈资本论〉》（中国人民大学出版社），他刚从积水潭医院回家，让我为这本新书写篇书评，同时最好还能与他一起写篇关于新中国70周年经济发展的理论文章。我担心自己水平有限，合写文章让他太辛苦，就说先把书评写出来，文章再另外找时间请他指点。他每次与我见面都会再提及此事，鼓励我一定要坚持读书与写作。6月16日我把书评初稿写好打印了给他送去，他将其中对他的赞扬之辞全部删去才定稿，之后见我就经常问起，什么时候可以发出来。我劝他不要着急，编辑会有自己的安排，等发出来的时候是9月5日，他已经又在病房，偶尔从重症监护室转到普通病房。那时还有很多更重要的事要跟他汇报，我想着等卫老师出院了我把报纸带给他看，等他彻底好转了我再问他希望我写一篇怎样的文章，没想到却再也没有了这样的机会，我与他的聊天也就永远地定格到了那一天。

卫老师发自内心地信仰马克思主义科学真理，发自内心地期待新中国建设取得更多更好的成就，发自内心地希望能够培养出一批又一批建设社会主义现代化强国的经济学人才。为此，他一直在燃烧自己。2019年3月26日，他参加中国人民大学经济学院（新）重组成立大会，发出了灵魂三问：怎么样培养新人才？怎么样加强我们的理论经济学队伍的建设？怎么样提高我院理论经济学教材的建设？这是我们需要解决的问题，我们要有危机感。卫老师主编的教材《政治经济学原理》是全国影响力和发行量最大的教材之一，马克思主义政治经济学人才培养是他付诸毕生心血的事业，饱含着他对后辈经院人的殷切期待。在生病期间，刘守英院长前去看望时，卫老师还不忘特意嘱咐，一定要把人民大学经济学院办成世界一流的经济学院，一定要出有世界影响的经济学家，不要跟着人家跑。

多年来，卫老师始终关心着学院，他是我们的大家长，也是新老经院人感情的纽带与精神的寄托。他特别关心学院的人才培养，说经济系从宋涛老师传承下来，作为其中的一份子和学院历史见证者他终生都要努力。2018年前后，有一股打着马克思主义旗号的激进思想影响到部分学生，他从微信上得知，询问我详情后，说这就是极"左"思想，学生不懂真正的马克思主义，被利用了，他经历过很多事，需要的话可以把学生叫到家里，他亲自跟他们讲，这总是有说服力的吧。某一天，在从学校得知我负责学院学生工作以后，他特别高兴，在师门微信群里发了一条信息来表示他对我的祝贺与认可，让我受宠若惊。他说我们要培养更多信仰马克思主义的年轻人，就要让他们真正懂得马克思主义理论，对理论是非有足够的辨识力，对人民、对国家有发自内心的热爱，成为坚持科学真理、以人民为中心的青年人，他相信我的立场是坚定的，也激励我要不断努力学习与提高。我认识到，卫老师对我的关心，倾注着他对事业的热爱，这超越了同事与师生的普通情谊，是一种忘年的信任，让我感到使命在肩、责任重大。过去几年，学院陆续举办了"政治经济学大讲堂""全国马克思主义政治经济学青年论坛""九零后对话九零后""筑梦中国新征程主题党课"等各类学生活动，卫老师总是有求必应，还说只要他还能出门，学院活动邀请他都会来参加。记得2016年6月的毕业典礼，我邀请他参加毕业生大合影，当他穿着宝蓝色带玉兰花的学院毕业衫出现在明德广场时，清晨的一缕阳光正好洒在他脸上，他慈爱的笑容闪耀着智者的光芒，我们觉得这一幕太美了，他不仅是国家的"最美奋斗者"，更是学院文化衫的最美代言人。

2016年卫兴华老师将所获第四届"吴玉章人文社会科学终身成就奖"的100万元奖金全部捐出，用于支持马克思主义政治经济学的教学科研、人才培养以及优秀成果奖励，并设立了"兴华优秀论文奖"。2019年9月在病床上，由于听力受损而且经常插着呼吸机，卫老师能说出来的话已经不多，但当庄宗明老师提及正在评选新一届卫兴华优秀论文奖时，他赶紧纠正"不要卫、不要卫"，一开始大家还不知道他指的是什么，后来恍然大悟，不禁潸然泪下。最初设立这个奖项时，他就反复强调，不能以他冠名，在他当年投身革命初将名字从"显贵"改为"兴华"起，他的一生就是为了振兴中华，他心目中从来没有个人名利与得失，而只是想培养"振兴中华、复兴中华"的人才。他家的书桌上一直保存着一张黑白照片，在做纪念画册时他特意交代我说这张照片特别重要，是他年轻时候与"战友"的合影。他说，当时参与地下革命的很多同志都牺牲了，他活了下来，也是替他们活着，要用全部的精力为祖国建设奉献力量。振兴中华，这应该就是卫老师矢志不渝、终生奉献的原动力。

卫老师的性格是鲜明的，面对理论谬误和不正之风是勇于斗争的；他对人民和弱势群体是无比热爱的，强调经济学家应该成为人民的经济学家。在日常生活中，他对学生无比宽容和慈爱，经常为学生的困难慷慨解囊。而几十年以来，他要求自己倾力奉献，却对集体和他人毫无诉求，总强调不能给组织添麻烦、不搞任何特殊化。2017年郑新业教授去澳大利亚出差时，看望邓世敏校友并代为赠送了卫老师的新著，邓世敏校友十分感动，根据卫老师的照片创作了一幅油画。这幅油画非常大气、传神，展现出卫老师作为一名坚定的马克思主义者的气魄，也倾注着学生对卫老师的深厚感情。校友不远万里邮寄到学院由我代收，我们原本是打算展示在学院的陈列室，但是卫老师表示坚决反对，他说宋涛老师都没有油画呢，他的画不能挂在学院。因此，我荣幸地保存了这幅画，至今还悬挂在我的办公室。每当我迷茫的时候，看着他凝视的目光，仿佛在说，"年轻人要努力多做贡献啊，你看我还在燃烧呢。"每当我路过宜园楼下，特别是传统节假日，想到再也不能上到1602去看看可爱的卫老师，心中便充满了忧伤和怀念。再看到卫老师凝望的眼神，想起2019年12月10日雾霭沉沉的八宝山公墓前排着长队从全国各地自发前来悼念的人群，便理解了什么叫永远活在人们心中。

（作者系中国人民大学经济学院党委副书记）

生命不息　燃烧不止
——怀念我的爷爷卫兴华

卫小溪

爷爷在耄耋之年说过一句"名言":"炭火熄灭后是余热,我不是发挥余热,我还在继续燃烧呢!"2019年北京冬天的初雪还未尽数消融时,大雪节气的头一天凌晨,那位被推入手术室前都"一直在燃烧"的老人,在顽强地与死神抗争了4个月后,熄灭了他的生命之火。

转瞬10个月有余过去了,然而作为儿孙,我们还是未能完全适应这个现实。经过了失去爷爷后的第一个元旦、第一个春节、第一个中秋、第一个国庆(爷爷生日在国庆假期),父亲和我总是还会在某个时刻突然想:"爷爷在做什么呢?他穿得暖和么?这个东西他爱吃给他带……"然后惊觉:哦,他已经不在了。这是一种习惯,也是一种自觉,是常年以来养成的、深入骨髓的生活状态,总会惦念起他是否安好,之后想起事实怅然失落。此文久久未能完成,只因每次提笔,眼泪模糊视线不得已又放下。

在爷爷刚刚去世的7天里,无论是醒着看书看手机时,还是睡着梦里,我总会突然发觉——我已经没有爷爷了!爷爷不在了。随时随地,只要不加控制,都会哭出来。10年前失去奶奶时的痛,10年来已经减淡了很多,直到爷爷去世我才意识到,心中那个被生生挖了一个大窟窿无可填补的痛感,再次出现了。10年前,我们还可以压抑住失去奶奶的痛,把心思都用在照顾爷爷身上。现在,奶奶爷爷的家空无一人,我们再不用频繁回去,电话、冰箱、电源、网络,都逐一停掉。每一项举动都在不断提醒我们:爷爷不在了。焉能不痛!

在我的认识里，爷爷一直是一位老神仙一样的存在。起码在85岁之前，他几乎没有生过病吃过药，精神面貌、心态、学术水平和热情，一直处在一个比四五十岁的青壮年还要年轻有活力和高产的状态。我一直以为，他会活到起码100岁，无疾而终。然而现实却是如此残酷，他生命的最后4个月，承受了那么多痛苦。在还可以说话时，他说年轻时被抓捕拷问、被关挨打，都没现在这么难以承受！后来，他意识清醒，却说不出话、写不了字，不能吃饭也无法自由呼吸，有那么多想交代的事情未尽！身在ICU，因医院规定无法有家人时时陪伴。每次探视，看他皱着眉头吃力举着浮肿不已的手焦急地想说话的样子，看着监测仪血压心跳的飙升，我每一次都恨不得自己去替他躺在那里承受这份痛苦。

在生命的最后时光，他是多么坚定地想要活下去、顽强地与疾病抗争，他坚持再坚持、努力再努力，遗憾的是没有再次创造生命的奇迹。他的学术研究、理论思想，都戛然而止，他的几名尚未毕业（有的甚至未及见他一面的）2017级、2018级、2019级博士生，一下子像失去了母亲的孩子，没了着落，失了方向。生理的生命，与学术生命，同时戛然而止，这是让我最心痛也最无法释怀的。

其实，从小到大，爷爷在我心里更多的只是一位工作起来不知疲倦的人。工作、学术方面的事情，他从不让晚辈参与。比如他获得的大大小小的奖项，都严禁我和哥哥妹妹在公开场合对他夸奖，甚至刻意回避。奶奶说过，7个儿孙加起来，也不及爷爷一人的勤奋。等身的著作、每年数十篇的论文发表自不必说，单说我从小到大，每当住在爷爷家，深夜和清晨，总能看到他在书桌上伏案奋笔疾书的背影，仿佛一夜未眠。90岁时，爷爷因腰部疼痛无法坐着，不得已在床上躺着休息。那时他突然对我感叹道："90岁了我才知道躺着比坐着舒服呀！"我说："爷爷，不用90岁，我20岁就知道啦！"然后爷孙一起大笑。和朋友讲起时，他们不能理解——躺着当然比坐着舒服了呀！实际上，这是因为爷爷从未因"犯懒"或仅仅为了休闲而躺着。人生几十年，躺着对他来说，只是完成睡觉任务的一个姿势而已。

然而，即便是腰痛无法坐起，90多岁的爷爷让家人找了个硬质小板子，自己拿着躺在床上继续阅读、写文章、指导学生。爷爷的意志力总让人惊叹，似乎是强大到坚不可摧。在2019年4月14日第一次被送进医院抢救后没有多久，他就坐起来继续研究学术了，写出了多篇论述。

和爷爷真的亲近起来，是在奶奶去世后的这将近11年间。奶奶是我身边第一个去世的亲人，自那之后我就更加懂得了珍惜，也明白了长辈还健在时，无论我们做了什么、付出了多少，过后想来都是不够的。于是这10年，我对自己的要求就是至少一周要去爷爷家陪他住上一晚（已有其他人陪伴除外）。很多个夜晚，我在爷爷家，他并不怎么和我说话，总是埋头看自己的书籍杂志报纸，整理撰写文章。最近三四年，夜晚早晨，爷爷就寝、起床，保姆会帮他穿脱衣服，总不让我插手。爷爷就会对保姆说："你让她去做，我孙女是想对我尽尽孝心。"爷爷心里当然什么都明白。中国人讲究养儿防老，都说老时儿孙绕膝是老人的福气，我却渐渐明白，为孙辈的我们，能一直有老人可以侍奉伺候，才是我们的福气。

爷爷是直率、幽默的。他爱唱歌、爱讲话、爱和年轻人一起，他从来都是看破就要说破。他怕我找不到对象，总是要求我减肥，但又总把肉推到我面前给我吃。当我有次吃饭时告诉他我有了新男友后，他立刻夹了一大块儿肉扔到我碗里说："那你现在可以随便吃肉了！"爷爷93岁那年，我跟他说我要拔智齿，他说他都不知道有智齿这回事，"咱们老家没有人说过。"又说："你长出没有用的牙，给我多好呀，我牙都掉了。"紧接着说："你看你胖本来脸就圆，现在多出颗牙就更圆了哈哈哈哈哈……"他就真的在那里自己哈哈哈哈笑了半天。看到我一脸无奈的样子，又补充道："没关系，我不仔细看看不出来更圆！我仔细看一下……也看不出来哈哈哈哈……"几周后我拔了智齿，因伤口过深脸整个肿起来，几天无法吃饭，一下子瘦了10斤，高高兴兴汇报给爷爷。想不到他一如获得国家级奖项时的云淡风轻，丝毫不以为意地说："那不算数，你牙好了会吃回来的。"

如果时光能一直停留在这一刻该多好，我愿拔掉所有牙齿以彩衣娱亲。

生命的意义是什么？2019年12月10日那天，在八宝山爷爷告别仪式和在学校的追思会后，我突然从他历届学生（上至年逾七十下至二十出头）对他的怀念讲述里了解了。叛逆期的少年，总会追问生命的意义，总想知道生命背后的秘密。后来有一天，我看到一段话说：生命本没有意义，你活着，只是因为你被生下来了。深以为是。然而 12 月 10 日那天，我突然领悟了。就像爷爷的学生刘斌大哥说的："亲情，和传承，就是生命的意义。"亲情，是生物学上血缘的延续；而传承（那些积极的美好的正面的），是精神上的、人类繁衍生息最伟大的行为。爷爷曾说过，与其说我是经济学教育家，我更愿意被称为经济学者。这也是数十年来我对爷爷的理解，但就在那天，我从爷爷学生李叔叔口中得知的一件事，让我改变了这一观点。李叔叔说在他生活与事业最低沉的那段日子，爷爷不顾八九十岁高龄，不避讳外界的风言风语，一定要坐火车去看望他。这让我想到几年前确实有一次爷爷不听我父亲和姑姑们的劝阻，坐着轮椅也执意要出北京。最后拗不过，父亲一路陪同照顾。当时的我只觉得爷爷任性，不顾父亲的辛苦，直到那天我才了解了背后的故事，也理解了爷爷。

爷爷传下去的不只是学问、学术，他的学生们承接来的还有他的治学理念和人文风骨。爷爷学生们的讲述，以及后来多日他们写的一篇篇怀念文章，让我心中爷爷的形象，突然如拼图一般拼完整了，我看到了更多面的他（不仅醉心学术更对学生乃至所有爱学习的年轻人有着细腻深厚的关爱），更加全面、立体、真实了起来，方知"人民教育家"的称号当之无愧。

我忘不了也不想回忆的，真正的恐惧与窒息，来临/始于 2019 年 12 月 2 日那个晚上。那一夜，爷爷（虽然一直危险）刚刚恢复稳定一点。医生突然说他可能过不了那一晚。小姑将衣服和鞋子都带来了，我和父亲、小姑三人就在 ICU 的示教室用椅子拼接，熬了一宿，随时准备被叫去隔壁。爷爷的坚强不放弃，让他那晚并没有离去。赶去上班的我虽则年轻，却实在是熬不了第二夜了，可我年逾花甲的父亲一直还在坚持不愿远离 ICU。大家都说让他在医院附近找个旅馆休息一下，但他不肯，怕来不及。事实也证明了他的担忧，6 日凌晨 1 时许，仍在 ICU 示教室椅子上小憩的父亲被医生叫醒。爷爷心率骤然下降，一切只在瞬息间。父亲用他的体力和坚持，换来了爷爷"离去时身边有亲人"。10 年前，奶奶去世时，他也在。我说是爷爷心疼父亲，不忍看他再熬下去了。

那阵子，我们最怕听到电话铃声，经历过的人都知道那是怎样的一种悬心。6日凌晨，家中电话在漆黑的深夜响起时，我的心就一下子沉到了谷底凉透了，就知道那一切无法挽回的一刻到了。那个凌晨，以及那漫长的一天，我不想回想。正如本文开头一般，我心里的大窟窿，瞬间回来了，无法填补。那天晚上，我给爷爷微信发了一条信息："爷爷，我很想你。"其实那一刻，他的手机就在我手里，我不敢打开，也不想。很多人都劝慰我说，95岁老爷子也是喜丧了。但我的痛——他的学生们最大的痛，我想和我一样，是因为他的治学、他的思想、他的传承，这丰富的精神花园，还有那么多等待绽放，还有那么多未尽，就戛然而止了。

没有任何背景的爷爷能取得今天的学术地位，完全是靠他个人贯穿生命始终的勤奋努力。他欣赏的是学习好的人、他喜欢的晚辈是勤奋的。我曾多次问过他，是不是我再去考一个博士他会很高兴。爷爷每次的回答都是一样的："高兴那是当然的，但比起学历文凭，爷爷更希望你有自己喜欢的事，愉快地、丰富地生活，不一定要把全部精力都放在工作学习上。"

10月有余过去了，所有的一切都要慢慢适应。爷爷走后，一场新冠肺炎疫情突如其来蔓延全球。时至今日，虽尚未结束，但所有人的生活都在慢慢恢复。我经历了没有爷爷后的第一次看电影、第一次看展览、第一次看昆曲和第一次进故宫。当然，实际上进行这些活动时，并不会有什么不同，但我总会看着看着就突然想到：爷爷不在了，那棵大树倒了。他曾经是我们全家人围绕的中心，也像叶落归根，孙女总会想着她的爷爷，只要他在，她就还有祖父祖母的家可以心向往之、可以作为出发去远方的原点，更可以随时拔腿回去。不存在了。人民大学的校园，我已多日没有踏足，除了给他的牌位上柱香磕个头，16楼爷爷家的那间屋子，我找不到回去的理由。

爷爷去世后，这将近一年间，他的学生都在以各自的方式怀念、祭奠他。当我看到电影版《唐顿庄园》的最后，Grantham老夫人对嫡亲孙女Mary讲述她终会离去时说道："那以后的日子里，我会从每一张肖像上看着你们，在每一本书中与你对话。不，不，不要哭泣，不要为我难过，无论如何，我会坚持到最后一刻。"瞬间泪崩。我知道爷爷，也坚持到了最后一刻。

在经历了2019年4月血氧骤降昏迷在救护车上、家属被告知可能随时会离去却奇迹般2个月恢复，在经历了2019年8月以94岁高龄全麻开腹手术后很快清醒等奇迹后，生命的最后4个月，爷爷一直躺在北医三院那张病床上。但他的努力，我们全看到了。活下去！渴望活着、努力活着，生命不息，燃烧不止。

文尽于此，情犹不及。谨以此文，怀念我的爷爷卫兴华。

（作者卫小溪系卫兴华教授的孙女）

追忆恩师的二三事

魏 杰

2020年10月15日上午9时,我在西藏拉萨接到洪银兴师兄的短信:卫先生仙逝一周年,学生们准备出版一本书作为纪念,希望学生们写篇纪念短文,这个通知是卫先生的学生微信群发出的,今日想起你未开微信,不在这个群里,所以特发短信,希望在10月25日完成。收到洪师兄的短信,特为追忆卫先生,写下了下述的文字。

应该说,我是卫先生最为器重与倾心栽培的学生之一,在攻读博士学位期间,外地有关单位邀请卫先生前去做学术报告,卫先生因为时间问题不能成行,往往会推荐我前去代他完成,对我极为信任,给了我历练的机会。从1985年到1995年这十年中,我是学生中与卫先生共同署名发表文章及出版著作最多的学生。但是后来因为工作变动及研究方向的调整,研究的重点转向了企业经济学及宏观经济政策分析,逐渐离开了政治经济学的研究,连卫先生所主持的每年一度的社会主义经济理论与实践的研讨会,也经常缺席,因而卫先生曾经很伤心地对我说:"你是我最得意的学生之一,但我感到你离我们渐行渐远。"回想起来,确实极为惭愧。

卫先生晚年虽然行动不便,但一直在思考着深层次的问题。2018年10月曾与我有一次深谈,谈到了两大问题:一是要搞清楚什么是社会主义经济,什么不是社会主义经济,有些是我们必须要做的事,但它并不是社会主义经济范畴,例如我们要发展非公有经济,但非公有经济并不是社会主义经济,不能因为要发展它而把它划入社会主义经济；二是要搞清楚什么是马克思主义经济学，什么不是马克思主义经济学，有些事我们要做，但它不是马克思主义经济学，例如我们要发展市场经济，但市场经济并不是马克思主义经济学所讲的社会主义经济，不能因为发展它，要将他列入马克思主义经济的范畴。卫先生的这些深层次思考，我们只能是听听而已，并没有去认真思考。回想起来，我们确实太肤浅了。

我一直认为，马克思主义政治经济学不仅仅是卫先生的工作与职业，而且是卫先生的信仰与生命，因而我一直认为卫先生是一位真正的伟大的马克思主义政治经济学的经济学家。对于他认为歪曲马克思主义政治经济学原理的人，卫先生都写文章加以批评，从不留情。他曾经公开发文批评过一些很著名的学者的观点，有些还是人民大学的教授，是熟人及同事，我提醒他是否要注意人际关系，卫先生批评我说，原则问题不能妥协，要坚持马克思主义，马克思主义是在战斗中发展的，我们太世故了，不是真正的马克思主义。

卫先生晚年非常希望同学生们做些长谈，但是我因为每天忙忙碌碌，而忽视了这个问题，不仅专门看卫先生的次数很少，而且卫先生组织的学生聚会也少有参加，有几次卫先生组织学生聚会，专门请洪银兴师兄通知我，但我却因为不在京而未能参加，所以我对卫门的师弟师妹们都不熟悉，很是遗憾。在这方面，洪银兴师兄做得非常好，不仅在生活上尽力帮助与关心卫先生，而且帮助卫先生承担了许多社会性工作，值得我们称道与学习。

卫先生虽然离开了我们，但师生之情，恩师的希望与教诲，将永存。

（作者系 1984 级博士，清华大学教授）

不忘师恩 铭记教诲
——怀念人民教育家卫兴华教授

马庆泉

敬爱的导师卫兴华教授离开我们一年了。在这个特殊的日子里,作为在卫老师无微不至关怀下走上经济学研究和金融领域实践道路的学生,老师的深恩厚泽,清晰浮现在我的心头。千言万语,都无法表达对老师的感恩之情。

我们作为老师直接授业的中国人民大学较早获得经济学博士学位的人大学子,首先感恩卫兴华老师获得"人民教育家"的称号。走出校门之后,前几年在社会上参加一些学术会议和社会上的活动,好像马克思主义经济理论过时了似的,一些人把我们人民大学视为一个比较保守的学校,我与这些人经常发生争论。在恩师逝世的前夕,习近平总书记亲自授予老师"人民教育家"的国家荣誉称号,这是对我们人民大学经济学地位的一个肯定,真的让我们扬眉吐气。这既是对卫老师数十年如一日捍卫和发展马克思主义经济理论,孜孜不倦在《资本论》研究领域辛勤耕耘的肯定,也是我们作为卫老师带进马克思理论殿堂里的学生,第一要向老师致敬和感恩的地方。

在卫老师带出的较早的几届博士生中,我是少数几位做金融企业的学生之一。我想从我的角度讲讲卫老师对离开院校环境、走向其他经济和改革开放实践领域的学生的教育和影响,以及卫老师对我们生活的关怀和照顾。我和我的家人一直难以忘怀的是,在人民大学临近毕业一两个月的时候,卫老师主动约我到他家里,他说你毕业后的工作去向联系了没有?我当时傻乎乎的,没有在任何单位联系过工作的事。卫老师说:"现在有一个机会,李连仲联系了一个中央党校的指标,但他又去了中宣部,所以中央党校指标就空出来了。小马,你如果要留校,我同意,但是会面临两地分居的问题。中央党校解决这个问题比较容易。"这样,我就顶了李连仲的指标到了中央党校。我是7月毕业,到党校后,9月份就启动调动程序,12月之前我爱人就从河南大学调到北京来了。这是卫老师对我家非常大的关怀。当时在北京解决夫妻两地分居的事情好难好难啊!我家属一个人在家里带两个孩子,工作之外还有许多繁重的家务,还要照顾孩子上学。从离开家到外地读硕士生开始,我那时已经离开家七八年了。拿到盖着"中华人民共和国人事部"大红国徽印章的调令,我自己当时就落泪了。

还有一件事:1992年我在中央党校评了教授,工资才200多元钱,那时正值中央机关房改,我个人要交两万多元,手里真没有钱。我当时有一本著作《新短缺经济学》出版,获得稿费2000多元钱,买了一个冰箱,这两万多的房钱就一点没有着落了。万不得已就找了两个人,一个是卫老师,一个是魏杰师兄。卫老师把他女儿定期存折上的钱换成活期给我了。第二个是魏杰,他也借给我一万块钱。我们这些做卫老师学生的,都感到卫老师对学生不仅是学术上、理论上的培养,在生活上也是无微不至的关心。这是我们共同的感受。

后来我做金融,在我所在的领域,我也像各位师兄师弟一样,以卫老师的教诲为宗旨。在实践方面,1993年我到广发证券,后来到嘉实基金、中国证券业协会、广发基金工作,我时刻提醒自己牢记两个身份:第一是人民大学卫兴华老师的弟子,第二是中央党校的教授。所以在从事金融工作的时候,从来不敢放松对自己的要求:要廉洁,要有追求。

还有就是学习老师的为人处世。与人为善,善于团结,也是很重要的一个方面。金融机构的发展有两件事情很重要,就是企业文化和领导班子是否团结。我曾经担任领导班子成员的几个金融机构,发展都很不错,其中一个原因,我觉得就是卫老师在为人处事上对我的影响非常大。

卫老师身教与言传都是师道的楷模。在《资本论》研究领域,我认为无论中外,他都是前无古人后无来者的泰山北斗。做事做到极致,研究也要做到极致。我们以老师为榜样，尽可能地效法一点一滴。我到广东的时候，卫老师跟中央党校苏星副校长说过，小马是可以搞理论的，到公司去有点可惜了，这句话给我留下了很深的印象，一直不敢忘怀。我到公司以后，在做金融业工作的同时，也还是不断思考新的理论问题，尽量弥补理论研究的缺失。自 2002 年开始，我也出过一些成果。我在中国金融出版社和人民大学出版社分别出版过《中国证券史》（第一、二卷）、《中国基金业简史》、《新资本论纲要》等著作，加在一起有 200 多万字。2020 年主持编写的《广发证券创业史》40 万字，已经完稿，中英文版预计都可以在 2021 年出版。这些，虽然比不了其他师兄，但也是我在做金融工作的同时，时刻以卫老师为榜样、以老师的话作为鞭策的见证。我没有忘记自己作为学术和理论研究者的身份，所以也作了一些微不足道的成果。卫老师是真正的"人民教育家"，他希望每位学生都取得杰出的学术成就。2004 年 4 月，我出版了一本探讨在知识经济条件下发展马克思劳动价值论的小册子，以知识产品的应用所能带来的社会总必要劳动时间的节约来解释知识分子价值创造的特殊方式。卫老师不仅认真地阅读了书的初稿，而且给予热情的推介和客观的评价。老师说：这本"关于劳动价值论的新著，从内容上看，既是继承与坚持，又是创新与发展"。对于这本自题为"政治经济学的童话"的小册子所采取的"与马克思的对话"的表达方式，老师也表示认同，认为"别开生面，采取了一种创新的形式"。在充分肯定这本小册子内容与形式创新的同时，他也指出："愈是敢于创新、走新路的论著，愈不可能臻于成熟和完善。它不可避免地会存在一些不成熟的地方，甚至可能还有些伤痕。但作为理论工作者，作为当代社会中的一个学者，为保平安、保稳妥，老迈八字台步走路，不敢对前人或权威说一个不字，不敢讲一句新话，提一个新观点，那是不可能攀登学术高峰的。"在老师逝世前，有一次我去看望他老人家，他还殷切地说："你之前写过《新资本论纲要》，将来有机会，希望你继续把劳动价值论的研究进行下去。"回顾这些年脱离经济学主流研究阵地的经历，对照老师语重心长的嘱托，自己实实在在地感到惭愧和不安。今天可以对老师作出保证的是，中国改革开放和民族复兴的波澜壮阔的路还很长，在这个伟大征程中，我将永远铭记老师的教诲，永远站在历史的正确一边。

最后说起来，我是1949年10月生的，虽然已经71岁，但是我和年轻的师弟师妹们一起，依然是卫老师的学生。卫老师有一句话给我极大的震撼。年纪大的同志"发挥余热"这个话，我们都经常听到。但是卫老师怎么说呢？他说：什么余热，我还正在燃烧呢！卫老师去世前一年，我们向他祝贺教师节的时候，他非常郑重地引吭高歌了《苏武牧羊》这首古曲，使我能深刻感受到，老师在90多岁高龄，依然壮怀激烈的情怀。

书不尽意。谨以深深的感恩与怀念，在老师的忌日，致祭于他老人家灵前！

（作者系1985级博士，曾任职于中共中央党校、广发证券股份有限公司、中国证券业协会、嘉实基金管理有限公司、广发基金管理有限公司）

一个理论问题的探讨
——纪念卫兴华教授逝世一周年

王国刚

2019年12月6日，噩耗传来，我的恩师——"人民教育家"国家荣誉称号获得者卫兴华先生仙逝。此前，我曾前往北京积水潭医院和北医三院看望恩师，万般祝愿他老人家身体康复。回想35年的恩师教诲，历历在目。恩师一生立足于"立学为民、治学报国"，从教近70年间，始终坚持不唯上、不唯书、不唯风，只唯实的治学方略，潜心研究马克思的《资本论》等经典著作，紧密结合中国实践进程，孜孜不倦地探索理论问题，认真教好每个弟子。我与恩师相识于1985年1月，当时我到北京参加党的十二届三中全会会议精神学习研讨班，利用空余时间，前往中国人民大学，向恩师讨教有关读博事宜。恩师告诉我，读博只是迈上做学问的一个台阶，重要的是如何做学问、如何做好学问？然后，向我提出了理论和实践结合中存在的一系列有待深入研究的问题，不仅令我茅塞顿开，而且使我第一次领悟了"释疑解惑"的深刻内涵。"释疑解惑"是当好教师的一项基本职责，但面对纷繁复杂的实践进程和人云亦云的学术环境，要做好"释疑解惑"，一方面需要对理论和实践结合中的重大问题进行持之以恒的深入系统研究，得出有说服力的独到之见，由此，需要不断地发现问题、认识问题、分析问题和解决问题；另一方面，需要锲而不舍地持续推进已有理论认识的深化，探寻各个理论的内在联系，使之系统化，由此，需要从熟能生巧推进到融会贯通再推进到触类旁通。

35年间，不论是在读博期间、在南京大学从事教学期间还是在中国社科院从事研究工作期间以及回到中国人民银行从事教学期间，研讨中国实践中的理论问题总是恩师与我交谈中的主题。他观察入微，善于将理论问题放到实践中考察验证，也善于从我们忽视的细节中展开理论创新。在交谈中，我既感受到了大家风范，也感受到了平易近人的学术探讨氛围。他所提出的种种需要探讨的问题，体现了恩师对弟子的关爱，也体现了恩师对弟子的期许。2019年我多次到恩师家中看望，交谈中他两次提到，一些人认为"虚拟经济"源于马克思的虚拟资本理论，这与马克思的原意并不一致。但因我工作太忙，未能抽空对这一论题展开寻根溯源式的研究，以至于难以在恩师有生之年"交卷"，终成抱憾。恩师离世已近一周年，我草就一文，以请恩师在天之灵斧正。

"虚拟经济"并非源于"虚拟资本"

1997~1998年，中国经济理论界一些人提出了"虚拟经济"概念，并认为它是马克思"虚拟资本"在当代市场经济中的必然延伸，由此，引致了经济学界的热议。但实际上，"虚拟经济"一词并非来源于马克思的"虚拟资本"，它们在背景、内涵和学理等方面都有实质性差别。

第一，背景差别。虚拟资本是针对股票、土地等既非劳动产品又无票面价值的权益凭证而提出。马克思在《资本论》第一卷中运用劳动价值论科学解释了当时经济金融运行中商品、劳务等的价值和价格现象，在《资本论》第三卷中运用平均利润率形成、货币经营业、借贷资本和银行运作等理论科学揭示了货币、存贷款、借贷关系等现象中的货币创造、利润、利息等的内在机理，但面对股票（尤其是无面值股票）价格、土地价格等难以直接运用劳动价值论予以解释的经济现象，该如何破解？如果不能破解，则马克思的劳动价值论没有贯彻到底，也容易受到敌对方的攻击；但要破解，就需要引入新的概念，展开新的分析。马克思认为，这些权益凭证可获得股息（或地租）之类的收入，在与生息资本相比较的过程中，这些收入可以看做是对应数额资本的收入，由此，它们的交易价格也就成为收入资本化的产物。马克思在分析中引入"虚拟资本"概念的目的在于，进一步完善劳动价值论、剩余价值理论（和平均利润）等在市场机制运行的再分配过程中的运用，同时，揭示股票价格、土地价格等的形成机理。与此不同，中国经济学界提出"虚拟经济"概念的主要背景大致有三：其一，防范金融风险。1997年7月以后，从泰国开始的亚洲金融危机严重冲击了中国经济，这使得金融风险的负面效应引起了中国各界的关注；同时，自1993年7月以后，中国在抑制经济过热过程中展开的金融整顿也暴露出了前期金融发展中存在的一系列风险，加重了人们对金融风险负面效应的担忧。其二，银行等金融机构的商业化改革。1992年10月，中共十四大提出经济体制改革的目标是建立社会主义市场经济新体制。这标志着中国经济改革迈入了新阶段。与此对应，中国的银行业开始了商业化改革进程。1995年，中国出台了一系列金融法律，其中包括《中国人民银行法》《商业银行法》等。按照这些法律规定和随后实施的《巴塞尔协议》的要求来看，中国的主要商业银行中存在着巨额的不良贷款（1999年以后，实施了剥离不良资产的一系列举措），且资本金严重不足（为了补充工、农、中、建四大行的资本金，1998年发行了2700亿元特别国债），这更是增添了人们对金融体系中已经积累的金融风险的种种担忧。其三，互联网经济的发展。美国自20世纪90年代初迈入新经济时期，互联网经济风生水起。但中国的许多人对互联网经济为何物认识尚浅，有的认为互联网经济是在互联网上展开经济活动，有的认为互联网经济是在互联网上模拟的经济活动，还有的认为互联网经济就是一种互联网上的"游戏"。由于在当时，互联网上的一些活动（包括游戏等）具有某种虚构、模拟等特点，所以，一些人就将其称为"模拟经济"或"虚拟经济"。从这些背景情况的差别可以看出，马克思讲的"虚拟资本"和中国一些人提出的"虚拟经济"并非一回事。

第二，内涵差别。虚拟资本（fictitious capital）的内涵，在《新帕尔格雷夫经济学大辞典》中认为：马克思的"'虚拟资本'概念是从贷出的货币资本中产生的，它提出了一个与以劳动价值论为基础的原则相反的评价原则：'虚拟资本的形成被叫作资本化。当人们按照平均利息率计算及将定期取得的各种既定收益的资本总量时，资本化就发生了'。根据马克思的说法，金融收益调节着对各种其他收入的估价"①。从马克思的论述中可以看到，虚拟资本所涉及的主要是证券类金融产品的估价和土地估价，并不包含货币、存贷款、生息资本、商业票据、仓单、租赁、信托、保险等金融产品和金融活动，更不涉及20世纪以后才出现并广为发展的证券投资基金、货币市场基金、互换、远期、期货、期权、资产证券化等金融产品和金融活动，因此，只是全部金融产品和金融活动中的一部分。与此不同，虚拟经济的内涵依各个学者的认识不同而差异甚大，同时，也因他们的认识不同所用英文表述也不同。

一些人认为，虚拟经济（fictitious economy）是与实体经济相对而言的概念（换言之，虚拟经济是除实体经济之外的一切经济活动或经济部门），由此，虚拟经济的内涵取决于对实体经济活动或实体经济部门的界定。在此前提下，有人将金融部门称为虚拟经济部门，而将金融部门之外的其他经济部门称为实体经济部门；有人将金融部门+房地产业称为虚拟经济部门，而将此外的其他经济部门称为实体经济部门；还有人将金融业、房地产业、体育经济、博彩业等称为虚拟经济部门，而将其他经济部门称为实体经济部门。很显然，这些对虚拟经济的认识与马克思对虚拟资本的认识并不一致（甚至马克思明确说道，地产是现实的生产要素，但它也被划入了虚拟经济之下）。他们强调，使用"虚拟经济"一词的目的有三：一是在市场经济中，经济活动将通过价格体系而表现和落实。价格体系大致可分为物质资料的价格体系和金融资产的价格体系，由此，可依据此将各类经济部门划分为实体经济部门和虚拟经济部门。二是虚拟经济部门的运行具有较强的波动性或不稳定性，易于带来泡沫经济，与此相比，实体经济部门的经济活动创造物质财富，更加坚实稳定。三是虚拟经济部门具有高风险性、高投机性等特征，实体经济部门虽有风险，但由于投机性较低，价格大起大落的情形较少，所以，高风险、高投机的现象较少。且不论这些认识存在着诸多内在矛盾、与历史事实不符等瑕疵，但它们与马克思所说的虚拟资本的内涵显然不可同日而语。

一些人认为，虚拟经济（virtual economy）是指以现代信息技术为基础借

---

① 新帕尔格雷夫经济学大辞典（第二卷）[M]．北京：经济科学出版社，1992：341.

助互联网等路径展开的经济活动，如网络经济、互联网经济或线上经济（包括手机经济）等。与此相对应的经济活动，可称为实物经济、线下经济等。这种划分不论从哪个角度看，与马克思所说的虚拟资本在内涵上大相径庭。

最后，还有人认为，虚拟经济（visual economy）是指借助互联网等平台在电脑终端上展开的模拟性（或可视化）经济活动，其中包括"家庭农场"等。与其相对应的是，所有实际的经济金融活动。这种虚拟经济与马克思所说的虚拟资本在内涵上更是风马牛不相及。

第三，学理差别。马克思的虚拟资本理论深刻揭示了股票、土地等价格的形成机制，与他的劳动价值论、剩余价值（利润）的创造和分配、各种金融产品（如国债等）的价格等理论有机地结为一体，密不可分，因此，有其独立的学理性价值。虚拟经济，如果指的是与实体经济相对应的各种金融部门的活动，那么，已经有了"金融业""金融体系"和"金融活动"等概念，再创造一个在内涵和外延并不比这些概念更丰富的新概念，从学理性看，显得缺乏足够的必要（更不用说，"虚拟经济"一词引致的各种混乱）。这也是"虚拟经济"概念难以进入主流经济学领域的主要成因。退一步说，假定"虚拟经济"一词是对现代经济金融活动中的某类现象作出的全新提炼和概括，它的内涵和外延都是科学合理的，既有学理性价值，又有实践性意义，那么，也没有必要非将它与马克思的虚拟资本理论挂钩，以期从后者中找到理论渊源的支撑。

（作者系 1985 级博士，中国社科院学部委员、中国人民大学财政金融学院一级教授）

深切缅怀卫兴华老师
追忆他教书育人的点滴往事

杨达伟

我是恢复高考后的第一届大学生，中国人民大学经济系政治经济学专业77级本科生。在我们本科二年级，系里安排专业骨干卫兴华老师担任我们的班主任。当年刚过知天命之年的卫老师，红光满面、意气风发、精力充沛，不但授课认真、学理通透、循循善诱，而且对学生的思想方面的健康成长也颇为关心，倾注了大量精力教书育人。就是在担任我们班班主任期间，卫老师荣膺"北京市劳动模范"的光荣称号。记得有好多次，卫老师在他课程的最后留出一小段时间，专门就班里同学中出现的问题困惑答疑解惑。他不但对专业上有兴趣、有才干、有发展前途的同学关心提携，予以悉心指导，比如陈秀山同学就是在本科期间，在卫老师指导推荐下，发表了自己的专业处女作，而且对于在专业上、思想上、生活中存在这样那样问题、困难、困惑的同学，满怀热情地予以指导帮助。比如一位同学专业上兴趣不大，还在生活中出现了一些问题，卫老师不但没有嫌弃这位同学，还同他一起讨论问题，指导他探索写文章，使其学习和生活都步入正轨。对我这样既不拔尖，也不算落后的学生，卫老师同样悉心关怀，因势利导地教育指导。比如，对于不善发言、不太积极参与课堂讨论的我，卫老师就直接点名让我回答问题，锻炼我的逻辑思维和表达能力。

我本科毕业后考上研究生，拜在卫老师门下攻读硕士学位，三年直接受教于卫老师，获益良多。卫老师科研方面的成就，已有专家学者从不同方面予以介绍阐释，对此我是高山仰止。而作为教师，卫老师在教书育人方面的做法和业绩，对我这样的曾直接受教于他多年的学生，更是感受多多、受益多多。我们那一届政治经济学专业研究生只有林岗和我两人，卫老师和吴树青老师分别教授我们资本论和社会主义理论课程。虽只有两个学生，卫老师仍然是认真备课，悉心讲授，并且对我们两人还有针对性地进行教学，根据我们不同的长处和短板，布置书目、提出问题、指明方向。卫老师那时担任系主任，有许多行政方面的工作要操心，同时作为教师，他还担任本科生的课程，在科研方面，卫老师也是不断出成果。他确实处理好了教学、科研、行政多方面的关系，各方面工作游刃有余，成果丰硕。这之中对学生的关心关爱帮助提携，真正体现了他是名副其实的人民教育家。

我研究生毕业后留校，与卫老师在同一教研室工作到退休。卫老师无论做系主任还是普通教师，或是兼职做学报主编，在教学上从来都是一丝不苟，倾情讲授，他的课受到各级同学的欢迎。他一贯主张要科研与教学并重，要用有特色、有创新、理论联系实际的科研成果，来充实教学，引领教学。他是这方面的楷模，是教师们学习的榜样。这方面我很惭愧，没能出更多更好的成果为老师争光，反而总是让老师惦记着、督促着、提携着。但卫老师的精神是我永远牢记在心，紧紧追寻的。特别是卫老师晚年身体状况不太好时，仍然是那么敬业、那么勤奋，让我们这些后学感动不已、感奋不已。

卫老师去世了，但他人民教育家、最美奋斗者的风范永存，他的等身著作为我们留下了宝贵的精神财富，我们要继承卫老师的未竟事业，把中国经济学的教学与研究推向世界一流。这也是对卫老师最好的缅怀与纪念。

卫老师六十大寿以后，凡晋五逢十寿辰我都赋诗以贺，这里附上这些贺诗及12月6日写的悼诗。这些诗词联语格律不周，用韵用典也不规范，但却是我的真情实感，肺腑之言。我多么想在他老人家九十五周岁、百岁和百岁以后再多赋几首祝寿诗啊！

祝导师卫兴华教授六十寿辰于首届教师节（1985年）

丽日高天金秋至，教师节里祝赞多。

精心耕耘四十载，受业弟子三千过。

花甲回首诚欣慰，桃李芬芳浪连波。

立雪七年真幸事，长愿随师识金柯。

注：孔夫子有三千徒弟子，七十二贤人，卫老师平生教导过的学生岂止三千！程门立雪乃学生求学受业之故典，卫老师是我的本科班主任、硕士研究生导师，共计从师受业七年，固有是说。

风入松·贺导师卫兴华教授六十晋五寿（1990年）

绛帷设帐四十年，岁岁有深研。

桃李尽在公门拜，祝师尊、福寿绵绵。

杏坛德高望重，学术成就斐然。

何论苜蓿常阑干，心富胜金钱。

今逢厚积薄发日，待书写、宏论名篇。

负笈弟子仍在，捧砚坐沐春暄。

注：绛帷也称绛帐，是对师门、讲席之敬称。公门桃李指老师引进的后辈、栽培的学生。杏坛为纪念孔子讲学而建，后人常用来指教育界。苜蓿长阑干，形容为师者生活简朴的典故。负笈弟子即跟随老师学习的学生。

教师节为卫兴华老师七十寿诞而作（1995年）

古稀今日正当年，从心所欲谈笑间。

由来化境不逾矩，未便悬车暂息肩。

前辈师尊传圭臬，后来学子聆歌弦。

耄耋眉寿再献赋，等身著述早名传。

注：孔子有七十从心所欲不逾矩之语。古人一般至七十岁辞官家居，废车不用，故云悬车，亦借指七十岁。圭臬指土圭和水臬，本是古代的测量仪器，引申为某种事物的标尺、准则和法度。

教师节为卫兴华老师七十五寿诞而作（2000年）

古稀健笔更出锋，坚持真理不放松。

言传身教励后辈，随师力攀新高峰。

卫兴华教授八十寿辰题联（2005年）

深研经典，关注现实，笔耕不辍数十载；

善启后学，提携晚辈，春风尽沐百千人。

卫兴华老师八十晋五寿辰贺诗（2010年）

耄耋犹自攀高峰，经典精微尽在胸。

论辩有力服人望，逻辑严密掷地声。

关注现实献良策，探求真理恤民生。

后生常祷师长寿，好为国家立新功。

卫兴华老师九十寿辰贺诗（2015年）

九秩恩师寿比山，笔耕不辍谱新篇。

百岁期颐再举酒，喜看泰斗领群贤。

深切悼念卫兴华老师（2019年）

恩师仙逝会前贤，仁者高寿享杏坛。

少年即怀兴国志，学府攻读精深研。

马列经典勤求索，实践课题勇克难。

教育大家垂世范，最美奋斗耀人寰。

注：新中国成立70年之际，恩师荣膺"人民教育家"和"最美奋斗者"国家级光荣称号。

（作者系1981级硕士，中国人民大学经济学院副教授，现退休）

此生怎能忘了您

方竹兰

当初硕士生毕业留校后，一心想考博士，很多人告诉我，卫兴华教授是最严格的导师，而且不愿意招女生。由此激起了我的挑战欲。何不去不喜欢招女生的最严格的导师那里修炼自己的学术品格，提升自己的学术能力呢？就这样，我报考了卫兴华教授的博士生并意外地考上了。作为在职女博士生，既要教学搞科研，还要带孩子，同时要跟进卫老师的教学进度，理解卫老师的研究深度，用连滚带爬，甚至用千磨万难来形容不为过，不亲自经历过，体会不到其中的艰辛。但是幸运的是卫老师在学术上对学生的精细培养和对学生长辈般关心相结合，使我渡过那极其艰苦的博士生阶段，在学术研究之路上有了一个高起点。博士毕业后明显感觉到自己学术研究能力的大幅度提升，后来到美国斯坦福大学做访问学者，进行创新经济的研究，直至今天取得的所有学术成果，得益于博士生阶段卫兴华教授对学生理论研究方法的严格训练。我发自内心地想对卫老师说，作为一名您的学生，此生怎能忘了您？

此生怎能忘了您的严格？卫兴华教授的严格有时候让学生不知所措。每星期，他都会亲自给我们讲课，讲课半天，他基本不喝水，甚至一直站着。讲课不是一年两年，而是贯穿在整个博士生阶段，以至于吸引了很多其他老师的博士生到我们这边来听课。我记得写论文那年，我们应该是毕业班了，他还盯着我们要去上课。除了出国那段时间，就是感觉他一直在给我们上课，我们都累了，他好像不累，操着山西口音的普通话兴致高昂。一年又一年，把他对《资本论》三卷的研究用严密的逻辑推理细细地，毫不保留地讲给学生听，每一章节每一名词信手拈来。在教学中反复明确要求我们读原著，为此，我把马恩全集一卷到五十卷认真读了下来。说实话，几年如一日每星期听他讲课，一开始心里嘀咕有必要这么细吗？但是长期学下来，不知不觉自己的逻辑分析能力提升了，理论问题思考严谨了。现在想想，正因为有了卫兴华教授的严格教学，自己的学术研究水平真的是今非昔比。卫老师首先是严于律己，然后是严格要求学生。如果说今天自己能够作为大学教师做了一些工作，也是得益于卫老师的严格要求。想象如果没有卫老师当时的严格要求，怎么会有我今天在创新经济理论研究方面的学术成就？

此生怎能忘了您的淡然？卫兴华教授做学问专心之至似乎是如入无人之境，到他家里看他吃得简单，穿得简单，也没有太多的业余爱好，除了教学以外，唯一感兴趣的是科研与写作。对人生看得很通透，为人处事很淡然，不气馁，不急躁。记得当时我孩子生病，作为教师要给学生上课；作为学生，自己又要听课，总是感觉压力很大。但是每次去见卫老师，他专注淡然的心态给我很大的精神启迪，讲起他自己经历的生死磨难云淡风轻，加上善良的师母轻声细语，总是能使我化解很多紧张情绪，放松心态。如果说作为学生，最终学到的是他的学问，那作为一个普通人，潜移默化学到了他的专注淡然的精神。

此生怎能忘了您的包容？从开始读博士，我与卫兴华教授的很多观点不太一致，每次讨论课，我不太爱说话，老师觉察到我的心情，时常会幽默一下，动员我发言。当我写论文时，很担心自己的观点与导师不同，不一定被认可显得心事重重，但卫老师善解人意，很直接地对我说：我不在意你的观点是否与我的观点一致，只要你自己论证严谨说清楚自己的观点，我一定会同意你参加答辩。记得当年博士论文答辩完，卫老师用自己的课题经费报销了答辩的费用。当我的博士论文以《重建劳动者个人所有制论》的专著在上海三联书店出版时，卫兴华教授一字一句写了两千六百多字的序，现在读来仍然令我感篆五中。毕业以后很多年，我一直从事创新经济理论的研究，除去每年的看望，与老师一起讨论交流的机会比在读博士时少。让我没有想到的是 2015 年在他获得吴玉章终身成就奖的表彰会上，我在后面静静地找了个座位坐下，一直到会议结束。但他专门在前排为我留位置，因为没看到我，事后还专门问我说你怎么没到前面来？他如此在意一个与他观点不完全相同，并已毕业多年的学生，让我深感老师的至诚高洁。

得知卫兴华教授生病的消息，同门师友说重症病房不让探视，一直盼望他平安出院去家中看望，可惜永远没有机会了。当时我在云南褚橙基地调研，站在哀牢山上回望北京，使我哀思如潮，人生为什么总是如此遗憾？卫兴华老师作为人民教育家，一生都在百折不挠地奋斗，"不唯上、不唯书、不唯风、不唯众"，不做权势的奴仆，不做"风派理论家"。作为卫老师的学生没有理由不奋斗，不创新！尊敬的卫老师，您在世时，没有来得及说感谢的话，在此我真诚地说一声，谢谢您！并将我的感谢也带给善良的师母。作为您的学生，此生怎能忘了您？此生永远感谢您！

（作者系 1991 级博士，中国人民大学教授）

师 爱

马壮昌

  人世间的爱多种多样，除了父爱、母爱、友爱和情爱之外，还有一种重要的爱就是师爱，即老师对学生的关怀和爱护。大多数人都能获得父爱、母爱、友爱和情爱，但却不是每一个人都能获得师爱。我是一个幸福的人，当年在中国人民大学当博士生时有幸沐浴到了卫兴华老师阳光雨露般的师爱。

  我是1991年秋天到人民大学当博士生的。想成为卫师的博士生不是件容易的事情，那一年卫师只招一人，却有七八个人报考。卫师是著名的经济学家，是经济学界需要仰视的大师，报考他的考生也绝非等闲之辈，优中选优，竞争的激烈程度是可想而知的。我虽然在党校当了几年教师，对考试的内容并不陌生，但要在强手如林的考生中脱颖而出，却没有什么把握。因此，考完试后，我并没有抱太大的希望。但是，最后的结果是我拿到了入学通知书，圆了我的博士梦。入学后我才知道，我的考试成绩并不理想，专业课成绩虽然不错，但外语成绩却没有上线，是卫师专门打报告，才特批录取了我。成为人民大学的博士，使我的人生步入了金光大道。事情虽然已经过去近30年了，但至今想起我还会在梦中笑出声来。这是我首沐师爱。

  论文是博士生三年学习必须完成的重要任务，我的论文选题是城市土地市场研究。之所以选择这个题目，是因为当时全国各地的土地市场很热，有大量理论和现实问题迫切需要解决。但土地经济学是一个专门的学科，对于我这个长期搞政治经济学理论研究的人来说，在短时间内要完成学科跨越难度是巨大的。卫师一方面鼓励我写好这个题目，他认为只有探讨理论和实践的前沿问题才能出好成果，也只有把理论与现实结合起来才能真创新；另一方面给我引荐了校内外的许多专家，让我当面去聆听教诲。论文初稿写出后，卫师又从各个角度给我提出问题，使我对问题的研究一步步深入。答辩前夕，卫师又跟我一起研究文中的热点、难点和焦点问题，答辩时专家提出的问题，基本都在卫师圈点的范围内，我的论文获得了好评。对此，我如释重负，卫师也高兴异常。据当时在场的一位师妹说，卫师的神情就像一位父亲看到自己的儿子有大出息一样，欣喜溢于言表。在卫师的关心下，我还从博士论文中抽出了两万多字，发表在《中国社会科学》上，成了我学术生涯的一个顶峰。这是我再沐师爱。

博士毕业前夕，卫师曾希望我留校从事教学科研工作，但外面世界的万千气象深深地吸引了我，便没有遵循卫师的意愿，自己联系了一个国家部委的单位。但报到后不久，我就发觉这个单位不适于我的性格和专长。怎么办？要么就将就下去，要么就改弦易张，权衡之下，我选择了后者。这可是件天大的难事，因为各种手续又要重新办理，联系新的工作单位又需要时间，学校对这届毕业生的派遣工作已经完成，新一届毕业生的派遣工作还未开始。这是一段非常痛苦的时期，心里备受煎熬，十分茫然。我只好求助于卫师，卫师并没有责怪我当初对他好意的违拗，而是和我一样着急起来，四处打电话联系，又一次在我人生的十字路口上帮了一把。工作两年多后，在我省的第一次厅级干部公选中取得了较好的成绩，我把这个喜讯告诉卫师之后，他高兴极了，逢人便宣传，许多师友来电来信祝贺都说是从卫师那得到消息。对此，我心生惭愧，觉得工作中没有做出什么成绩回报老师的厚爱。这是我又沐师爱。

卫师从1984年开始招收博士生，在这30多年的时间里，招收的博士生少说也有60多人。新老同学聚在一起，几乎都能说上一段段师爱的动人故事。因此，卫师的师爱是普爱、是博爱。卫师不仅爱学生，也爱山水，爱生活，爱祖国，爱真理。卫师享年九十有四，我想他长寿的一个秘诀就是心底无私，大爱无疆。

师爱,像父爱一样博大,像母爱一样无私,像友爱一样美好,像情爱一样温柔。她是沙漠中行者遇到的甘泉,是烈日下的一片浓荫,是岸边指向远方的灯塔。师爱是人类最美好的品德之一,我要用最美的语言颂扬她!

(作者系 1991 级博士,广东省发展和改革委员会原巡视员)

继承和发扬"兴华精神"

——缅怀恩师卫兴华

王元龙

2020年12月6日，是我们敬爱的导师卫兴华老师逝世一周年纪念日。尽管卫老师离开了我们，但他的音容笑貌经常在我的脑海中浮现；卫老师的谆谆教诲依然不时在耳边回响，卫老师对我的再造之恩，我将刻骨铭心、永志不忘。尽管卫老师已经离开了我们，但他给我们留下了一笔巨大的宝贵财富和丰厚的遗产，这就是"兴华精神"。

2014年9月24日，在庆祝卫兴华教授九十华诞暨政治经济学创新与发展学术研讨会召开之际，卫老师亲笔题写了一个条幅，与他的学生们共勉："胸怀祖国，心系人民；志存高远，廉洁奉公；求真务实，至诚至信；追求真理，勇于攀登"。条幅言简意赅，准确地概括了卫老师的光辉一生，这就是：为共产主义事业奋斗的一生、坚定捍卫马克思主义真理的一生、为马克思主义经济学理论及其中国化事业奋斗的一生、为人民教育事业发展无私奉献的一生、为追求国家富强、人民幸福不懈奋斗的一生。实际上，条幅的内容就是"兴华精神"完整而真实的写照。

一、振兴中华，理想情怀伴随终身

卫老师出生在一个农民家庭，他从小就跟着父母劳动，风里来雨里去，深深地认识到农村的落后和农民的辛苦。上小学、上中学后他对于国家贫弱、任人宰割的状况有了更加深刻地认识。1938年日本侵略者占领了他的家乡，他目睹了日寇烧杀抢掠的罪行，这使他从小就产生了强烈的爱国主义思想。卫老师说："那个时候我觉得当亡国奴、受帝国主义侵略，实在憋气。"卫老师救亡图存的强烈愿望，直接反映在他的改名上。上小学时，老师给他取的学名是"卫显贵"，希望他将来荣华富贵。1942年上中学时，他将自己的名字改为"卫兴华"，借名言志，取"振兴中华、复兴中华"之意。

1939年，只有14岁的卫兴华进入中国共产党开办的峩峰高级学校学习抗日课程，1940年15岁的卫兴华参加党领导的"师资训练班"，1946年21岁的他进入进山中学后开始参与党的地下工作，1947年加入中国共产党。

新中国成立后，卫老师进入中国人民大学政治经济学教研室就读研究生，1952年以全优成绩毕业留校任教。从此卫老师一直在中国人民大学从事教学科研工作，鞠躬尽瘁、死而后已。

卫老师自参加革命以来，历经抗日战争、解放战争、新中国成立后的社会主义建设初期和改革开放等各个时期，始终不忘初心、牢记使命。卫老师经常说："我的历史、我的命运和我们祖国的命运息息相连，经历了风风雨雨、经历了起起伏伏，有顺境也有逆境，无论处于顺境还是逆境，我给自己制定的信条是：逆境时砥砺意志，顺境时不要趾高气扬。'文化大革命'十年，我被当作叛徒、特务被抓，被抄家……当时我给自己定了两条基本原则：一是不被杀，二是不自杀。在连生命都没有保障的时候，三十六计走为上策。我在最困难的时候，想到未来，没有像一些人那样自杀，没有悲观失望。我坚信人类历史的发展总是真、善、美要战胜假、恶、丑，人类的发展总是有希望的、总是前进的。在最困难的时候要看到前途、看到光明。"[1]

卫老师是中国共产党的优秀党员。他自从青年时代就追求真理、投身革命，对马克思主义的信仰是他最大的人生动力，立志终身为实现振兴中华的理想而不懈奋斗。

---

[1] 卫兴华教授九十华诞暨政治经济学创新与发展学术研讨会上的讲话 [C]. 中国人民大学经济学院，2014-10-06.

二、立学为民，当之无愧的人民教育家

立学为民、治学报国，经世济民为兴华。2019年9月29日，中华人民共和国国家勋章和国家荣誉称号颁授仪式在人民大会堂隆重举行，卫老师被授予"人民教育家"国家荣誉称号。卫老师因病未能参加颁授仪式，在得知自己获得国家荣誉时，卫老师表示："愿马克思主义经济理论之树根深叶茂，祝人民教育事业蓬勃发展！"

（一）胸怀祖国、心系人民

卫老师始终保持着对祖国、对人民无限忠诚的责任；他始终保持着脚踏实地、艰苦奋斗的精神。在卫老师一生中，始终与党和人民同呼吸、共命运。卫老师是德高望重的马克思主义经济学家，他从事马克思主义经济学和社会主义经济理论的教学和研究工作68个春秋，将自己的研究工作与国家和人民的需要结合起来，运用马克思主义政治经济学的基本原理研究现实问题，发表《中国特色社会主义经济理论体系研究》等文章1000多篇，出版《走进马克思经济学殿堂》等著作40多部，可谓著作等身，成为中国最多产的经济学家之一。"遍阅卫兴华教授的研究著作，'人民'二字贯穿始终，可以说人民性是卫兴华教授经济学研究的根本立场。"[1]

卫老师强调指出："共产党的初心与马克思主义的初心是相通的，都是要解放劳苦人民，以人民为中心……我是在中国共产党创建的中国人民大学学习了马克思主义政治经济学的，深知马克思主义的初心……我将继续为增进劳动人民的福祉'鼓与呼'，为坚持和发展马克思主义经济学，为创建中国特色社会主义政治经济学贡献一份力量。"[2]

为人民、为弱势群体谋利益是卫老师的信仰，也是他对自己人格的要求。卫老师在谈到他对青年学生的希望时指出："人总要朴素一点，学风也要朴素

---

[1] 余杰，范从来. 卫兴华教授经济学研究的人民性[J]. 经济学家，2020（1）.
[2] 卫兴华. 我怎样不忘初心、牢记使命[J]. 人民论坛·学术前沿，2019（12）：6-7.

一点，不能夸夸其谈……学生应该有正确的人生观、价值观，应该在行动上更多地考虑弱势群体的利益，更多地考虑国家的利益、人民的利益，为他们做一些工作，为他们服务。我们在行动时应该时时有这样一个信念：怎么把我们国家的经济工作搞得更好，怎么使我们的民族更加强盛……我们应该成为人民的经济学家，应该成为人民拥护的经济学家，替老百姓、替人民说话的经济学家。"①

毫无疑问，卫老师对于马克思主义和马克思主义政治经济学的坚持，也就是他对于"人民性"的坚持。而这种坚持，主要体现在卫老师对于社会主义制度的本质的坚持以及对于"效率与公平"并重的观点的坚守之中。② 正是由于卫老师对于"人民性"的执着坚持，他被境外媒体誉为"为人民说话的经济学家"。③

（二）志存高远、廉洁奉公

志当存高远，卫老师从青少年时代就树立了远大的志向，为以后成就一番大事业奠定了坚实的基础。卫老师是中国马克思主义经济学的奠基人之一，是马克思主义经济学的中国化、时代化的主要开拓者。卫老师作为中国杰出的马克思主义经济学家，被学界称作理论经济学泰斗。卫老师在经济理论和经济改革研究方面成果卓著，为构建中国特色社会主义政治经济学理论体系作出了巨大贡献，在中国经济学界具有举足轻重的地位和巨大的学术影响力。

然而，卫老师却非常谦虚，他说："我还是有自知之明的。知识的海洋越来越深、越来越广，自己所学知识，只可以说是其中的一瓢水。如果说中外学界的泰斗、大师他们是参天大树的话，我只是一条树枝，或一片树叶。在新事物新知识快速不断涌现的今天，深感自己学术知识和理论储备不足。想要追赶又心有余而力不足。但我有一点别人称道的长处，那就是勤奋。"④ 卫

---

① 姚晓丹. 卫兴华：真理在交锋中迸出火花［N］. 光明日报，2019－09－29（3）.
② 余杰，范从来. 卫兴华教授经济学研究的人民性［J］. 经济学家，2020（1）.
③ 卫兴华：为人民说话的经济学家［EB/OR］. 凤凰网，http：//tech.ifeng.com/media/lxft/detail.
④ 卫兴华教授九十华诞暨政治经济学创新与发展学术研讨会上的讲话［C］. 中国人民大学经济学院，2014－10－06.

老师在学习与研究上的勤奋在中国人民大学传为佳话。据人民大学经济学院统计，卫老师在 CSSI 检索中发表的经济学论文数量多年居中国人民大学之首，直到他去世之前这项记录仍无人打破。卫老师的座右铭是："人一能之，己百之；人十能之，己千之""别人用一遍能看过来的，我用十遍，人家用十遍能看懂的，我用一百遍。人家用一倍的力量，我用十倍的力量，人家用十倍的力量，我用一百倍的力量。"① 这就是攻书不畏难、勤奋能过关。

卫老师是中国知识分子的优秀代表，在他身上集中体现着老一辈革命家的优良传统和高尚风范：廉洁清白、一心为公。每年报考卫老师博士生的学生都很多，有一年有位中央国家机关的领导亲自给卫老师打电话推荐一名考生，卫老师的答复是：平等竞争，保证质量。卫老师说："我招录博士生，不管生源来自何方，不管何人推荐，都一视同仁，让其平等竞争，我从未内定过任何人，即使本系本专业毕业的硕士生与我素有交情，也不照顾，目的是保证质量。"他进一步强调："录取博士生，要以德才为标准，应认真负责，既不要把素质低的取进来，也不要把素质高的丢失掉。"② 几十年来，在卫老师言传身教之下，学生们耳濡目染，都能很好地做到廉洁奉公。"倾一腔热血，携两袖清风，默默以育人为乐；招八方弟子，探九州方圆，时时凭真诚敬业。"③ 学生送给卫老师的这幅词匾，准确反映了卫老师高风亮节的品格。

（三）求真务实、至诚至信

求真务实，是卫老师在科研教学中始终的追求。所谓求真，就是依据解放思想、实事求是、与时俱进的思想路线，去不断地认识事物的本质，把握事物的规律。所谓务实，则是在这种规律性认识指导之下去实践。求真务实是对马克思主义认识论的精神实质的精辟概括，它体现了马克思主义所要求的理论和实践、知和行的具体的历史的统一。坚持求真务实，就是坚持马克思主义科学世界观和方法论的本质要求，这是卫老师所一贯倡导的："求"中国社会主义初级阶段基本国情之真，"务"坚持长期艰苦奋斗之实；"求"人

---

① 孙咏梅. 卫兴华传：让理论成为真理的喉舌 [M]. 南京：江苏人民出版社，2017.
② 卫兴华. 克尽职守 甘为人梯 [J]. 学位与研究生教育，1995 (4)：26-27.
③ 高毅哲. 卫兴华：为学当如金字塔 [N]. 中国教育报，2020-04-04 (3).

民群众的历史地位和作用之真,"务"发展广大人民根本利益之实。《中国社会科学》曾刊发一篇文章,这样评价卫老师的学术观点:"始终坚持理论研究的科学性和严肃性,即使在'左'的理论和政策盛行的情况下,也不随'风'转""坚持实事求是的科学态度和严谨的治学学风""从不人云亦云,而是执着地追求真理"。①

以诚待人、以信取人是中华民族的优秀传统之一,至诚至信是待人做事的基本原则,即待人处事真诚、老老实实、讲信誉、言必信、行必果。卫老师认为,至诚至信应当是他的学生必备的优良品格,诚信是为人之道、立身处事之本。无论是做人还是做学问,都要至诚至信,要把做人与做学问统一起来。他经常告诫我们:"做学问是实打实的事,来不得半点虚假,没有取巧的捷径……那种看风向、摸气候、投机钻营、弄虚作假的治学态度与方法,为严肃的学者和学子所不取。"②

(四) 追求真理、勇于攀登

卫老师的一生,是胸怀崇高理想、不畏艰难险阻,为追求真理而勇于攀登高峰的一生。卫老师在马克思主义经济学研究上走过的道路,可谓是中国马克思主义经济学发展的缩影,他也堪称中国马克思主义经济学家拓荒奠基的楷模和典范。卫老师对中国特色社会主义政治经济学理论的热爱和百折不挠的拼搏精神,将永远激励后来者为美好未来而努力奋斗。

卫老师不忘初心、牢记使命,为我们树立了光辉典范。他的所作所为,生动诠释了一名共产党员对党忠诚、无私奉献的优秀品质,充分体现了一名共产党员追求真理、勇攀高峰的价值追求。我们学习卫老师,就是要学习他追求真理、勇于攀登的精神,就是要继承和发扬"兴华精神"。

卫老师在他60多年的学术生涯中,一次次为坚持、维护和发展马克思主义经济学发声。他指出,马克思主义研究者要敢于批评和争论。"你看历史上鲁迅先生、马恩敢于争论,批评多少人。只有通过论战才能使得错误的东西

---

① 洪银兴. 卫兴华:求实唯真的理论自信 [N]. 光明日报, 2017 – 11 – 09 (14).
② 孙咏梅. 卫兴华传:让理论成为真理的喉舌 [M]. 南京:江苏人民出版社, 2017.

免于以讹传讹，交锋才能碰撞出真理的火花。马克思主义揭示和追求的是真理，我就要用追求真理的精神去坚持马克思主义、发展马克思主义。"①

卫老师经常告诫学生：做学问不能随风转。我们不培养"墙上一棵草，风吹两边倒"的"学者"。他认为，理论是真理的喉舌，不是权势的奴仆，不唯上、不唯书、不唯风、不唯众，只唯实，敢于和善于独立思考，实事求是，服从真理。他告诫弟子不要看风使舵，随风扬土，不要"好风凭借力，送我上青云"。从事经济理论工作，要对国家和人民负责。靠出风头、投机取巧获得虚名，是不可取的，是会碰壁的。②

三、春风化雨，师恩似海

（一）量身定制培养计划

1992 年 9 月，我来到中国人民大学开始在卫老师门下攻读经济学博士学位。卫老师为我制订了详尽的培养计划，并在一起讨论发展目标、研究方向。本科阶段我在兰州大学经济系政治经济学专业学习，1982～1992 年在兰州商学院财政金融系任教，主讲国际金融课程。卫老师将我的研究方向确定为社会主义经济理论与实践，侧重点为社会主义的对外经济理论，实际上这是他经过深思熟虑而为我量身定制的。卫老师说，这种安排可以发挥我具有马克思主义经济理论基础，又熟悉国际经济和国际金融的优势，以适应中国对外开放的新形势。卫老师对我的博士论文写作提出了明确的要求，不能写成纯粹的国际金融，必须联系社会主义经济理论与实践，分析解决中国在改革开放中存在的问题，要突出宏观性、战略性、前瞻性。从后来我的研究领域和取得的学术成果来看，都是按照卫老师设计的研究方向在进行，证明了卫老师的远见卓识。我主持的国家社科基金项目，都是中国经济发展中亟待研究和解决的重大理论与现实问题，例如《建立社会主义市场经济新体制》《对我国利用外商直接投资宏观调控

---

① 方怡君，侯润芳. "人民教育家"卫兴华走了，建议青年学子要敢于独立思考 [N/OL]. 新京报，2019-12-06，http://www.bjnews.com.cn/detail/157560533115823.html.
② 卫兴华. 克尽职守 甘为人梯 [J]. 学位与研究生教育，1995（4）：26-27.

的研究》《金融全球化与我国金融安全问题研究》等。

卫老师不仅为我规划了研究方向,而且也为我指明了学习的榜样。卫老师说,他招收的第一届三位博士生洪银兴、李连仲和魏杰已经成为国内经济学界的著名经济学家,成为国家的栋梁之材,你要向他们学习,像他们那样坚持马克思主义、坚持面向实际,努力成为人民的经济学家。

卫老师有一个愿望被人们广泛提起——"为学当如金字塔,要能博大要能高。我希望我的学生能够成为人民的经济学家,成为人民拥护的经济学家,替老百姓、替劳动人民说话的经济学家。"

(二) 进入学术理论前沿

卫老师说,"我要求博士生们应有扎实的马克思主义经济理论基础和深厚的西方经济学知识。对他们中的缺点和弱点,不能护短。"[①] 尽管我在上兰州大学时用了三个学期的时间学习《资本论》,但之后没有进一步深化。为了弥补我在这方面的弱点,卫老师在他每周一次的博士生讨论课上加大了对《资本论》内容和观点讨论的力度,特别注重将马克思主义基本原理与中国实践相结合。

这里还需提及的是,卫老师的讨论课是最受他的博士生们欢迎的课程。卫老师在每次讨论课结束时安排下一次的内容,如《资本论》的有关章节和重要观点、热点问题等,让学生用一周的时间去充分准备。按照惯例,每次讨论开始前,都由卫老师通报和评析国内外经济、理论界发生重要事件;或者介绍近期他参加相关会议、研讨会的情况,如会议的主题、参加者及其观点、卫老师自己的观点等。卫老师上讨论课是雷打不动的,有时候他出差刚回来顾不上休息就上课了,这正是内容传达不过夜。卫老师的这种方法使他的博士生们能够以较快的速度进入国内经济学理论前沿。

(三) 言传身教、"三勤四严"

卫老师说:"我提倡和践行三勤:勤学、勤思、勤写。我已年过90,每天用于学习和写作的时间不少于8小时。老骥伏枥,不敢言志在千里,敢言志

---

① 卫兴华. 克尽职守 甘为人梯 [J]. 学位与研究生教育, 1995 (4): 26 - 27.

在百里。我还在继续带博士生,还参加各种学术会议和应邀讲学,还在不断写作。我认为从事经济学教学和研究,应胸怀经世济民之志,民富国强之愿。我深知留给我的时间不多了。愿在有生之年,为国家的经济社会发展,为当代中国马克思主义政治经济学的发展,继续发一点光和热,贡献一点力所能及的微薄力量。"①

2015年12月17日,卫老师荣获第四届"吴玉章人文社会科学终身成就奖"。在颁奖仪式上,时任中共中央政治局委员、国务院副总理马凯在讲话中说,卫兴华老师是我读研究生的导师。因为我们是学政治经济学的,《资本论》是必修课,老师带我们逐段逐句地学,全书都是密密麻麻的标注。这样严格的训练,对我以后分析问题、提炼问题、解决问题,起了很大的作用。卫老师勤奋的学习态度,严谨的治学精神,求实的治学品格,给我留下了非常深刻的印象,也使我受益匪浅。他既坚持马克思主义基本原理,又结合中国实际。卫老师永远是我的学习榜样。②

卫老师经常讲,做学问要力求四严,即严肃的态度、严格的要求、严谨的学风、严密的论证,不断探索新中国富民强国的道路,为中国经济建设贡献智慧力量。受卫老师"三勤四严"治学精神的熏陶,也使我受益良多。

1993年11月,中国共产党十四届三中全会召开,通过了《中共中央关于建立社会主义市场经济体制若干问题的决定》。该决定指出,社会主义市场经济体制是同社会主义基本制度结合在一起的。建立社会主义市场经济体制,就是要使市场在国家宏观调控下对资源配置起基础性作用。卫老师认为,我们要建立的社会主义市场经济体制,是要使市场在国家宏观调控下对资源配置起基础性作用,而不是排斥国家计划和宏观调控的自由市场经济。在社会主义市场经济体制中,宏观调控的内容是什么以及如何有效地实行宏观调控,都是亟待研究解决的重要问题。

卫老师决定对这些问题进行深入研究并写篇论文,他和我就论文的大体设想和基本框架、分析思路进行了探讨。经过一段时间的收集资料和思考,

---

①② 孙咏梅. 卫兴华传:让理论成为真理的喉舌[M]. 南京:江苏人民出版社,2017.

我草拟出论文写作的初步提纲。当时我母亲病重，卫老师同意让我带上他修改过的提纲和收集的材料回家去写。我在家写完初稿就用加急挂号信寄给卫老师，卫老师提出修改意见后再寄回我。就这样反反复复修改了五次之多，每次卫老师在稿纸上都改得"一片红"。最终这篇文章以《论社会主义市场经济中的宏观调控》为题发表在《经济理论与经济管理》1994 年第 3 期，《求是》杂志 1994 年第 11 期全文转载。这篇论文发表后在理论界和社会上引起了较大的反响，后来该论文经中国改革成果通报编审委员会审定，作为我国优秀改革理论成果，被《中国改革成果通报》（1997 年卷）收录并公开发表。

卫老师说："如果是与博士生合作写书写论文，我都要字斟句酌，认真审改，要坚持统一的观点，不能迁就和含糊，因为我要对论著中的政治观点和学术观点完全负责。"① 卫老师的每一位博士生都有过与卫老师合作写书写论文的经历。卫老师用心良苦，就是要用这种"手把手"的方法来培养学生"三勤四严"，以提高学生分析问题、解决问题的能力，提高学生的科研能力与写作能力。从我的情况来看，我也是"三勤四严"的最大受益者之一。1982～1992 年，我在兰州商学院任教的 10 年间，发表的成果也只不过 10 万字左右；而 1992～1995 年我在人民大学攻读博士学位期间，3 年里共出版著作、发表论文 100 多万字。这里边有和卫老师合写的著作，也有卫老师指导的论文，包含着卫老师为我的成长付出的大量心血。

（四）传承马列、培育英才

为进一步推进中国特色社会主义政治经济学的理论研究，全国高校社会主义经济理论与实践研讨会领导小组决定自 2016 年设立"兴华优秀论文奖"。卫老师作为中国杰出的马克思主义经济学家、教育家和研讨会的主要组织者，一直关心关注马克思主义经济学的创新发展和人才培养。设立"兴华优秀论文奖"的目的是激励学者们为创新发展中国特色社会主义政治经济学创作出更为厚重的精品力作，培养造就一大批马克思主义经济理论家特别是中青年经济理论家。2016 年 4 月 8 日，卫老师将自己获得的第四届"吴玉章人文社

---

① 卫兴华. 克尽职守 甘为人梯 [J]. 学位与研究生教育, 1995 (4): 26-27.

会科学终身成就奖"100万元奖金全部捐出作为奖励基金。卫老师说，只有高等院校的青年学生真学真信、踊跃投身，才能为发展当代中国马克思主义注入新鲜血液和生机活力，才能让创新理论为社会主义建设事业服务。

卫老师认为，对马克思主义经济学的教学和阐释，要结合国内外的经济社会实际，让学生们真正认识到马克思主义经济学的科学性，且具备与时俱进的品格。卫老师坚持把教书和育人结合起来，既教授知识也传递信仰，并将其作为一条经验。卫老师特别强调，理论创新必须立足于发展马克思主义，使之能更好地反映现实、指导实践。我们不能只是停留在对马克思主义经典著作的解读上，更重要的是紧扣时代的脉搏，应用马克思主义政治经济学的基本原理研究现实问题，推动马克思经济理论的创新和发展。①

为培育英才，卫老师提出："大学既要有一批名牌教授，也要重视培养一批名牌博士生。培养博士生，质量应重于数量。像中国人民大学，如果每位博士生导师能培养出两三个名牌博士生，加起来就是三四百位，他们在社会上发挥巨大的名牌效应就是导师和学校的重大贡献。"②

（五）爱生如子的师道楷模

古人云：经师易求，人师难得。③ 经师是讲解儒家经典的老师；人师则是教人怎样做人的老师。人师用自己的行为、品行、言语影响学生，使之有道德、有品性，可一辈子效法。有位网友评价卫老师，称赞卫老师是"爱生如子的师道楷模"。"他执教六十多年，如父子般、伙伴般关心学生的学习、生活、工作，家中研修、室中论坛、文中演绎、论文修改、微信电话、学生寄宿，等等，学生、友人对先生的风骨真是美誉叠加。由此，其弟子们也卓有建树，在各行各业中翘楚不少，卫兴华先生可谓教师极品、师德典范。"④ 显而易见，卫老师为人师表是名副其实的人师。作为卫老师的学生，我们很幸运。

---

① 唐景莉等. 用学识和人格魅力滋养学生 [N]. 中国教育报, 2019-09-30 (2).
② 卫兴华. 克尽职守 甘为人梯 [J]. 学位与研究生教育, 1995 (4)：26-27.
③ 周书·列传·卷四十五.
④ 黄承华. 简析人民教育家卫兴华先生的风骨和教师职业的意蕴 [EB/OL]. http：//blog. sina. com. cn/s/blog_44fd12240102ynvm. html. 2020-03-16.

从我进入中国人民大学成为卫老师的弟子开始到卫老师逝世，卫老师始终如慈父般的大爱无微不至地关心着我的工作、学习和生活，时刻关注着我的成长和发展。近三十年来，我已经养成了一个习惯，每逢卫老师生日和节日，都必定要去看望卫老师。在卫老师那里，能够聆听卫老师的亲切教导，向卫老师汇报学习与工作情况，与卫老师讨论经济理论问题和热点问题。2003年11月，我的一部专著《中国金融安全论》在中国金融出版社出版，后来该书获第十四届中国图书奖和第十二届孙冶方经济科学奖著作奖。在撰写该书的过程中，卫老师对研究框架结构、主要内容都提出了重要建议，书中得出的基本结论中绝大部分都是经过与卫老师详尽讨论后形成的。我取得的每一点成绩和进步，都与卫老师的精心指导、鼎力相助密不可分。一日为师，终身为师；一日为师，终身为父。作为卫老师的学生，我们很幸福。

（六）"兴华精神"永存

追忆卫老师光辉的一生，缅怀卫老师的不朽功绩和杰出贡献，我们要学习卫老师为国家富强、人民幸福不懈奋斗的高尚品格和理想追求。

卫老师坚持理论与实践相结合，为中国马克思主义经济学研究工作树立了榜样。卫老师心中一直有人民，一直有学生，一直有振兴中华的雄心壮志。

卫老师经常说，我的信仰就是为新中国而奋斗，为老百姓富裕、安康、和谐生活而奋斗。卫老师，你就像一支红烛，为国家和人民献出了所有的热和光！你的品格和精神，可以用两个字概括——燃烧！

卫老师，你仙逝离我们而去，尽管红烛已经熄灭，但"兴华精神"永存！

（作者系1992级博士，中国银行总行国际金融研究所研究员）

人民教育家：平凡中显伟大

黄桂田

2019年9月17日，国家主席习近平签署主席令，授予卫兴华教授"人民教育家"国家荣誉称号，两个多月后的2019年12月6日1时52分，恩师带着"人民教育家"的荣誉离开了我们。近一年来，从1994年9月正式成为恩师的入门弟子后，与恩师在一起的经历和感受时常回荡在脑海，思绪万千。总想写一些文字，但每一次坐在电脑前，又不知写些什么，从何开头。介绍或评述作为杰出马克思主义政治经济学家的卫老师的学术思想和学术贡献，自己远没有达到这样的高度。今天是2020年的重阳节，就以亲身的体验谈谈恩师是怎样作为"人民教育家"在教书育人的。

一

卫老师是1984年被国务院学位委员会批准为政治经济学博士研究生导师的，10年后的1994年我有幸成为他的博士生。与我相近的是1992级的王元龙师兄和1993级的张宇师兄。自我当年9月份进入中国人民大学开始到1997年6月份毕业，卫老师每周用一个下午的时间给我们上课，几乎从没中断过。上课地点是在中国人民大学林园家里的书房，时间是下午2点开始。避免打扰师母午休，老师事先为我们留好门，轻轻推门后直接进书房。沙发桌上永远是早已为我们沏好的茶，卫老师坐在他的办公椅上正忙着。我开始是与两位师兄共三个人一起,随着他们相继毕业,变成两个人,最后只有我一个人(持续了一段时间,随着1995级二位师弟的到来,恢复到三人)。不管是三个,还是只有一个,卫老师每周的课从没中断(除非整周出差)。不知情的以为这种课,就是让大家围绕某主题讨论一下,甚至闲聊聊,谈谈感受和看法。卫老师则是正正规规地像在教室里那样,以他主讲为主,书桌上摊满了文献,唯一的差别是没有黑板,没用板书。有时讲2个多小时,讲完后他则开始问问题,也就是交流的时间。说实在的,当只有我一个人听讲的那段时间,一个下午下来,累得我要趴下了。老师对着我一个人讲,我哪有分神的功夫?后来我也开始带学生,也学习老师指导研究生的方法,每周开一次组会(讨论课),但我从未对着一个人讲过课。卫老师对教学的认真,对学生培养的尽责,体现在数十年如一日中,体现在每一节课中。

二

潜移默化地影响着学生的学术道路。"不唯上、不唯书、不唯风、不唯众"是卫老师做学问的准则。仅以学术争论为例,卫老师时刻关注学术界的动态,对于在社会上产生有影响的论文,第一时间找相关文献进行研读和考证。我在读博期间,中国人民大学给有些学者配学术秘书(也就是指定博士生做一些事务性工作),我作为卫老师的学术秘书,除每天到校东门边的收发室替卫老师取他订阅的和赠送的大量的报刊和信件外,就是替他到图书馆找他需要的文献。让我找的最多的,是为了解不时引发当时学术界热议文章是否有理论和现实逻辑基础的相关文献。他时常对我说,有的文章尽管成为了热点,但缺乏理论逻辑和经验事实根据,经不起推敲。做学问、发论文、写著作,不能想当然,更不能为博人眼球,为成为热点。即使作为读者,判断一篇他人论文或著作,也不能凭个人的感觉,应该找足根据,尤其需站住理论逻辑的底线。卫老师发表了大量与学术界同行商榷的论文,我近距离地感受到,对拟发表的商榷论文,其严肃认真达到了苛刻的程度(他们那一代学者之间你来我往的真正的学术讨论或商榷,甚至指名道姓的学术批评,现在已经很少见到了,应该说,那才属于真正的学术讨论),他时常说,理论是非需要辩论,真理是越辩越明。然而,对学生,几乎没有直接的、面对面的批评,更没有直接指责。在攻读博士学位期间,卫老师指导我并共同署名发表了多篇论文。一般是他谈主题思想,然后讨论框架,由我出初稿。如果观点上有他不同意的,他不会直接表达他的看法,而是让我再看看相关文献。看过相关文献后,发现自己的想法的确偏颇。记得当年第一篇论文初稿,交给卫老师后,兴奋地也是着急地等待卫老师的回音。一周后,他微笑地对我说,写得不错,但还需润色,并指定了一堆文献,但他没指出论文的任何问题。我认真地研读相关文献后,发现论文的确有漏洞。后来我才体会到,卫老师当时没直接指出论文的问题,是怕挫伤我的自尊心,担心伤害了我刚刚起步的学术自信。前两篇文章基本上是以这种方式让我读大量相关文献由我自己修改完成,尔后的论文,他则大刀阔斧地直接在我的文稿中穿针引线,连错误的标点符号也不放过。我后来回想,在两篇论文发表后,直接指出我论文的不足,就不会挫伤学生。我从来没见到他当面批评学生,更没见到他指责过学生。他以他特有的方式,以平和、平凡、让人意会的方式,影响着学生。

三

作为杰出经济学家,尊严和气派展现在课堂上、学术会议上、发表的论文和出版的著作中,而日常生活,比普通人还简单。当年80多岁的宋涛先生每天提着水瓶到水房打开水,70多岁的卫老师拎着饭碗到食堂与学生一起排队买饭菜。即使出差,也自带途中饭菜。攻读博士学位期间,卫老师连续三年带着我参加"全国高校社会主义理论与实践研讨会"年会,到济南、到成都、到武汉,都是乘坐绿皮火车,白天能到的,坐硬座车厢,隔夜到的才乘硬卧。一般是宋涛先生、卫老师和胡均老师三人同行,他们除带着行李外,还带着饭菜(三人每次带的大同小异,大同的是几个馒头,几个煮鸡蛋,小异仅仅体现在咸菜的差异上)。记得第一次,因我与他们坐的是不同车厢,到午餐时，我提着在车上买的方便面和火腿肠到他们车厢（当时我认为方便面就是高级食品，为他们每人买了一份），发现他们已经吃开了，吃着各自带的馒头、咸菜。宋老见我这架势，调侃说，你自己好好享用吧，我们的胃只能接受馒头咸菜，你那些高级食品让我们的胃起排斥反应。宋老的一席话说得我尴尬无比。后来卫老师每次带两份，其中一份是为我带的，并且出发前一天已与我打了招呼（当时我不是不懂事，本想事前在食堂给他们每人准备一份，但我知道，他们不会接受，因背离了他们的原则）。

卫老师不喝酒不抽烟，逢年过节就为难了作为学生的我，不知用啥礼物表达心意。记得某一年本来身体不好的师母因吃隔年月饼而住院。后来才知道每年中秋节学生们表达心意送的月饼，他俩是吃到第二年，年年陈、新月饼相接，日日有月饼，实际已形成了他们的负担。自知道他俩是通过吃那些不想吃又不得不吃（怕浪费）解决月饼问题的，某天我对他们说，我家都喜欢月饼（实际上我每年一个月饼也吃不了），把没吃完的转送给我吧。于是他俩高兴地四处搜罗，装了几袋子。我装上车拉到我家小区的垃圾桶边拆开包装，大多已发霉变质（恩师和师母在天之灵，在此向您俩忏悔道歉，当时我骗您俩了，请原谅学生实属善意的骗局）。自此后，每年中秋节我不仅不送月饼，而且大包小包地拿回一些卫老师转送的月饼。卫老师说，你家喜欢月饼，多拿些。真让我尴尬无比啊！

我毕业即将离开人民大学的某一天上午，卫老师托人带话（当时没手机可随时联系），让我午餐前11:30左右到他家一趟。我按时到他书房，发现沙发前的茶几上摆了几盘菜，其中最显眼的是一大条红彤彤的松鼠鳜鱼。正在纳闷之时，师母张罗着说，坐下来一起吃吧，今天改善一下生活，这条鱼还是我在食堂小炒窗口排队刚买回的，你看，还冒着热气。作为山西人，他们是不怎么爱吃鱼的，那条足有二斤重的松鼠鳜鱼，在他俩不断地让我多吃的提示下，我全部吃下了，以至于到今天，我见到松鼠鳜鱼就害怕的同时，师恩之情立刻升腾。我深深懂得，他俩精心准备的一餐，是为我送行的，但师母表达出来的是轻描淡写地说成是改善一下生活，以免给我增加压力。

以上点滴，也许是属于平凡小事，但对于我，终生难忘，也从中终生受教受益。我所要表达的是，人民教育家从来不是高高在上，难以企及，不食人间烟火，相反，他以他的平凡、不是说教，而是实实在在、潜移默化的方式在教书育人。

师德师风，不在于口头，而在于身教！

（作者系1994级博士，山西大学党委副书记、校长）

容山纳海，襟天留云
——怀念导师卫兴华

黄家骅

无情未必真豪杰，怜子如何不丈夫？
知否兴风狂啸者，回眸时看小於菟。

1974年初读，不甚理解，尤难上心，直觉革命者哪能婆婆妈妈，儿女情长？1989年冬又遇此诗，仍不讨喜，只觉得难以和鲁迅的硬朗刚毅联系在一起，无法理解人性的二元。2016年秋，再抄此诗，豁然开朗，当时已经跳出经济学圈，读了一些文化社会类书籍，逐渐理解月有阴晴、人有悲欢，也就明白了这首《答客诮》的意境深邃。

咏诗言情，以诗喻人，堂堂男子汉，能俯身示弱，护犊情深，殊属难能；伟岸大丈夫，能收放自如，兼容并包，更是可贵！平生见过大人物不少，但真豪杰不多；大师名师屡见不鲜，但要遇上"先生""圣者"就靠运气了！我很幸运，这辈子遇到了集明师、智师、圣师、恩师为一身的卫老师，让我最感动的并不是他的巨大贡献和惊天业绩，恰恰是许多人并不在意的"从容""宽容""包容"品格，折射出其人品之高，人格之美，每每念及，无不泪目！

一、从容入世，昂扬出世

卫老师是搞马克思主义政治经济学的，是显学，执天时；又是在中国人民大学为师，处于社会人文科学的核心，据地利；又有文章著作等身、从教近70年的影响力，握人和。天时地利人和占尽，本来应该洪福齐天，风光无限，但我从一个学生的角度观察，卫老师过得却是很"苦"，比我们大多数的学生还苦，那是一种坚毅卓绝，砥砺前行的辛苦、艰苦、刻苦，甚至清苦！

卫老师一生著述文章千余篇，著作40余部，可谓字字汗水，篇篇心血！

卫老师一生讲学开课、指导弟子无数，光博士生就有60多名，硕士生上百名，本科生、进修生、访问学者更是不计其数，他对待每位学生都视为儿女，都倾注心血！

卫老师一生主持研究项目无数，大到国家社科、中央委托，小到北京地方、部门交付，每个项目他都超额完成任务，每个项目他都呕心沥血！

卫老师一生获奖数不胜数，国家级功勋奖、最高贡献奖、杰出科研奖、优秀图书奖……令人眼花缭乱，可哪一项不是智慧与勤奋的结晶?！

卫老师一生主持重大会议无法一一列举，他是理论界的灵魂人物，又是国内政治经济学的统领人物，他打造的"全国政治经济学年会"开了33届，仍然无人超越，其学术泰斗地位和人格魅力无与伦比！

卫老师的学术兼职也是无法详列，除了中央和北京高校的横向交叉性学术兼职之外，他还有全国各地的纵向引领性学术和教学兼职，不计报酬地培养各地的政治经济学人才，门生弟子之多更是当之无愧的"桃李满天下"！

……

毫无疑问，卫老师凭其地位可以悠哉悠哉地欢度晚年，或者弄饴儿孙，享受天伦之乐了！然而，我们看到的卫老师却不是这样。

每天，他最多休息五六个小时，全部时间贡献给工作，或讲学、或开会、或写作，几十年勤耕不辍，尤其令我感动的是，他中午从不休息，以顽强的毅力坚持中午写作，乃世间罕见！

卫老师的生活节奏十分紧张，更确切地说，工作节奏总是跟上时代的步伐。每当理论界出现重大动态时，他总是及时表态，起了一锤定音的作用；每当理论界出现严重分歧或者误区时，他又是条分缕析，旗帜鲜明地亮出真知灼见，这不仅需要深厚的理论功底，也需要与时俱进的功力，特别地劳神费力！

卫老师的工作条件十分简陋。一把水笔，一叠陈年的人大绿色方格稿纸，一张小小的书桌，四周包围着经典著作和近期各种专业报刊杂志，便是他笔耕不辍的"方寸之地"，没有丝毫的架势和奢侈！

卫老师的生活条件更是十分简朴。家中没有红木家具，没有时尚电器，简易的木床配上薄薄的旧棉被，身上穿的更是没有一件像样的好衣服，冰箱里除了饺子还是饺子，交通工具就是一辆旧自行车，前些年还在骑着，而他并不缺钱啊！成立"兴华经济学基金"，他将两笔分别为100万元的学术奖金全部捐出，更不用说平日里他资助穷学生大包大揽了！

所以，晚年的卫老师，仍然和青年期、中年期一样，不懈追求理想，不懈攀登高峰，不懈培育栋梁，真正到了呕心沥血、鞠躬尽瘁的制高点。我们只能以左宗棠的那副对联来形容他的境界，即：

发上等愿，结中等缘，享下等福；

择高处立，寻平处住，向宽处行。

纵观卫老师一生何曾不是这样入世为人、出世处事？总是胸怀远大，天下为家，恪守中国传统的君子之道，追求圆满却不完美，不虚骄、不狂妄，总是过普通人的生活，不发威、不作福，既高瞻远瞩，又低调处世，处变不惊，收放自如，妥妥的就是一个"从容人生"！

看庭前花开花落，望天上云卷云舒。

中国古代儒家修身正心的理想境界是"知者不惑，仁者不忧，勇者不惧"，追求一份知天达道的从容；而道家却强调"致虚极，守静笃"，认为只有无为无欲，明心静气，才有一份从容；释家则把"从容"当作一种"自在"，但要求"四大皆空""无我无物"，才能随心所欲，心安气定。前几年，作家贾平凹还写过一本书，就叫作《愿人生从容》，强调"当下就是永恒"；俞敏洪也曾经说过："生命的意义在于从容，强调闲庭信步，宠辱不惊"。

然而，我却认为，所有这些关于"从容"的诠释似乎都有卫老师言行形象的映射，但又不足以概括或揭示卫老师身上特有的那份"从容"：

那是一个最坚定的马克思主义圣徒的自信和尊严，无论风云变幻，信仰从不缺乏，永远有着朝圣者的虔诚与淡定！

那是一个带着中国传统文化烙印，又充满现代思维的杰出知识分子的初心和良知，绝不随波逐流，又能默守道义，也就应了孟子说的"富贵不能淫，贫贱不能移，威武不能屈"的君子风范，达观又坚强！

那是一个岂止学富五车、读书万卷、弟子三千、著作等身的大家风范与睿智，以至于敢讲真话、敢说实话，并且数十年如一日地言行一致，后言与前言也一致！若没有内心的强大、学问的高明、为人的笃实、治学的严谨，又岂能有这种拈花见佛、一苇渡江的从容？！

2010年，笔者曾经参加卫老师85寿的庆贺活动，写过一篇文章，题目就叫作《理论界讲真话的学者》，由衷钦佩卫老师不随风、不信邪，实事求是、敢讲真话。这是学术研究的底线，也是做人做学者必须恪守的红线。然而，放眼理论界，即使是经济学界，有多少人能有首尾一致的学术观点，又有多少人在不同时期坚持做真学问、讲实在话？所以，卫老师的做人真诚、治学真朴、言行真笃，是值得我们赞赏和学习的。

真才实学，方可从容淡定；

真率诚挚，方能服众收心。

二、包容诸学，独树一帜

成大业者，必有大胸襟，包容万物，襟江纳海。

然而，什么叫"包容"？什么才是真正的兼容并包、博采众长？如何才能容人又容物、大人又大量呢？

进寺庙常见一对联：大肚能容，容天下难容之事；开口便笑，笑世间可笑之人。

神秀那里是"身似菩提树，心如明镜台；时时常扫拭，不使染尘埃"，但到了惠能那里，却是"菩提本无树，明镜亦非台；本来无一物，何处惹尘埃？"眼中无物，自然无欲、无争、无是、无非，这是一种逃避现实的"佛系"思维，如今在年轻人中非常流行。

马克思主义者"较真"，着力于"求实"。马克思主义哲学不仅承认物质世界的客观性，而且肯定物质世界的差异性。世界上没有两片叶子是一样的，人不能两次跨入同一条河中。为此，马克思主义的世界观必须承认客观事物的差异性与联系性，当然也承认客观世界是静止与运动的对立统一，也就有了尊重现实与改变现实的权衡与博弈。

前面说过，卫老师是"较真"的，他属于经典马克思主义的阵营，并且是这个阵营的号手和旗手，容不得半点差错。拜读卫老师早年的文章，特别钦佩他的马克思主义功底深厚，尤其对《资本论》第三卷的难点问题梳捋厘定，忠于原著又能放眼当代，令人拍案叫绝！当年，同学们谈起卫老师年轻时对老前辈的三个问题的"纠错"——一是主张货币没有阶级性；二是主张抽象劳动不是商品经济的范畴；三是主张固定资本的周转快慢不影响利润率高低，尤其佩服他的独立思考、真知灼见，也对卫老师产生了"敬畏"感——他的眼睛容不得一粒沙子。

改革开放以后，由于解放思想、言论权下放、多元化兴起，理论界出现了种种思潮，形成了对传统马克思主义的"冲击波"。这种"冲击"主要有两个方面：一是国内经济界部分经济学家出于各种动机"重新解释"马克思主义，特别是一些中老年经济学家，对马克思主义政治经济学也比较"熟悉"，其"重新解释"具有较大的影响力，但也附带了一些"私货"，让部分年轻人不明就里而竞相追随，卫老师看在眼里，急在心里，奋笔疾书写了许多正本清源、拨乱反正的文章，起了"纠偏"作用；二是改革开放之际先后引进了"东欧经济学""西方经济学""发展经济学""西方马克思主义"，虽然对马克思主义在当代的丰富与发展提供了新视角和新养料，但也有许多"水土不服"的现象，同时还出现了"张冠李戴""狗尾续貂"式"新马克思主义"的各种流行版本，一时仁者见仁，智者见智，结果是莫衷一是，莫辩是非。对此，卫老师抱着极大的热忱和耐心，对各种"舶来品"进行概念厘定、外延辨析，做了大量的边界区分、源流追溯的工作，使得政治经济学发展坚持了马克思主义方向,保持了中国特色,他个人在这个过程中应该是功不可没,功在千秋!

当然,必须强调的是,卫老师在做上述两个方面的甄别厘定工作时,内心深处虽然有不安甚至焦虑,但他仍然沉着冷静,慎思明理,坚持做到这五点:

第一,理论是非要辨,但理论创新也要支持。卫老师并非思想保守,他对马克思主义经典学说充满衷情,但同时对年轻人的积极探索、发现新见给了满腔热情的支持,这从他的博士生论文的多元选题中可以看出。

第二,理论应用可以因时因地,但理论概念不应随心编造。卫老师是真正的读书人,对经典著作十分熟稔,可以大段地背诵原著原文,不允许我们做学问时随意发挥、不着边际,同样也不赞成有些人跟风盲从,随便臆断经典论述,甚至断头去尾、偷梁换柱,他总是有一说一,实话实说,坚守学马列做学问的初心,即研究经典必须忠实原著,与时俱进但不可强调强词夺理。例如,党的十五大之后,有些人混淆了社会主义经济和社会主义市场经济的区别,宣称"非公有制经济也是社会主义经济的组成部分"。这种张冠李戴的论点自然逃不过卫老师的法眼,为此他写了好几篇文章辩驳,也为理论界拨去迷雾。

第三,学术论辩要坚持逻辑,不能恣意发挥。对于学术界的跟风炒作,甚至以"马克思的名义"混淆是非,移花接木的现象,卫老师会从道义上、良心上、责任上奋笔疾书,澄清是非。包容不是"纵容",也不是"溺容",卫老师在"容"与"不容"的把握上做到"坚持真理,抵制谬误,引领舆论,发展学术"——我认为这是卫老师参与学术争议坚守的立场。有些人说错话,还不承认,卫老师就会耐心地说清各种经典说法的时间、地点、条件,捋顺其中的逻辑关系,说明各种概念的交叉与重叠的边界,不仅让辩论对手服气,连我们作为旁观者也深受启发和教育。

第四,学术论辩不扣帽子,不强行划线站队,显示了卫老师的定力和自信。对于经典马克思主义政治经济学,卫老师总是身体力行地维护其正统性和纯洁性,遇到断章取义、偷梁换柱的"篡改"行为,他只是旗帜鲜明地还原正确的立场与观点，并不会往政治上计较，也不会扣帽子、划标签，更没有以"盟主"自居而组织力量"反击"。虽然他一直都是国内公认的政治经济学界泰斗、领军大师，要因势立论，据论造势十分容易，但他总是以学术中人的身份公平地进行论辩，这一点深得理论界赞赏，口碑极佳。

第五，学术论辩不打棍子，不伤人，从不害人，难能可贵。"政治经济学"的强烈表征是"讲政治"，观点碰撞时难免"上纲上线"，但要把握好争辩的"学术性"这个度，不必把偏离马克思原意的演绎都看作"背离"马克思主义，也不必将"背离"马克思主义的"学术研究"都当作"反马克思主义"，更不必把怀疑、偏离马克思主义的理论界人士都当作泾渭分明、你死我活的敌我。这三个"底线把握"使得卫老师把论辩的"火候"把握得很准，既明辨是非，又不伤人，更不可能"打棍子"，为学术界正确处理学术与政治关系率先垂范，也为政治经济学的健康发展作出了卓越的贡献。

世界上的难事之一是讲真话，更难的是讲学术研究的真话，最难的是和学术观点不一致的人讲真话。然而，卫老师却都做到了，除了熟读经典，学识超人，最难得是他拥有宽广的胸襟、包容的气度、真诚的人格，也就使得很难的学术争辩变得收放自如了。

林则徐曾言：海纳百川，有容乃大。用这句话形容卫老师的"功业"再贴切不过，这是卫老师最终站在"人民教育家"的高台上的根本原因。

三、宽容体谅，高雅风度

在卫老师身边待过的人都知道，卫老师"严"！

卫老师治学严谨，治教严格；不仅严于律己，同时也严肃对待自己学生的学业要求。严是爱，松是害。——我们都能理解，也十分敬畏他。

往事并不如烟，一切仿佛眼前。

1984年，我的研究生毕业论文写出了初稿，当时国家尚在百废待兴之时，却给每位研究生一笔可观的旅差费，去了五省三市拜师请教。当我敲开卫老师的家门时，心里确实忐忑不安，早就听说这位前辈年轻时就熟读经典，文思敏锐，治学十分严谨。果然，当我把地租理论"炫"了一通之后，就遭到卫老师的一顿"指点"——种种纰漏、条条误解都给一一指出……多年之后，我只记得那又窄又小的书房实在闷热，热得我大汗淋漓！但汗出之后，反而觉得轻松自在，卫老师"严厉"之余给我指出修改方向，给我鼓励和肯定，不正是我需要的"大爱"力量?！

第二次见到卫老师，已是十年后。怀着仰望的心情，报考了卫老师的博士生。虽然卫老师的课我每堂不落都听了，但惭愧的是，我在人民大学的时间只有两年不到，在卫老师身边待的时间更短。若干年后，卫老师曾经语重心长地对我说："家骅，你是我教过博士中读书年限最短的，两年提前毕业答辩，而你实际上连两年都没有，博士没有拿到先去英国做了半年的博士后，后来又多次请假回福建兼职工作，但我仍然让你提前一年毕业，知道为什么吗？是希望你们福建师大加强力量啊！"这一通话说得我无地自容，真是愧对恩师的抬爱和栽培！

弟子虽不才，但感恩之心，未曾有减。毕业之后每年都会因公因私来北京，有时一年还会来多次。赴京必访人民大学，到人民大学就是为了看望卫老师，一出机场的第一件事是给老先生打电话，他无论多忙都会接待我。卫老师请我在他家吃过六次饭，四次是师母做的，一次是卫老师亲自下厨，一次是保姆准备的，这是许多同学所没有的殊荣厚待。卫老师把我当作入室弟子，让我诚惶诚恐，而我才疏学浅，不能为其传道播道，愧对恩师！

外界人们只知道卫老师一生笔耕言传，著作等身，岂知他舐犊情深，护犊恩重。"人民教育家"的最大标识特征是他博爱在心，大爱人间，对所有人、对所有学生都关爱有加。卫老师有个好习惯，到外地讲学开会，总在公务之后召集当地弟子，相聚一堂，让我们聆听教诲，也感受师爱，如春风沐浴，润泽在心。特别是十多年前我的家庭不顺，妻子生病，岳父不理解，一度陷于困厄之中。卫老师趁着福建讲学之际，两年之间四次亲临我家，慰问我的妻女，鼓舞我的信心，让我重新站起，家庭转危为安，重新过上幸福祥和的好日子。所以，卫老师知我、扶我、挺我，是我一生的贵人，是我的重生父亲。

记得宋代蒋捷写有《虞美人·听雨》这首诗，意即少年听雨，不知愁滋味；壮年听雨，不惧天涯远；中年听雨，方觉人世艰。慢慢品味一位圣者、泰斗、恩师的胸襟、气度和格局，也就渐渐体会到"从容""包容"和"宽容"的人文价值和人格魅力，这也就是经济学大师成为"人民教育家"的深厚底蕴所在！

一年之前，卫老师溘然长逝，我心中万分悲痛，在灵堂三叩九拜，行弟子之礼。并且献上了我的书法大字长卷："师恩如山，师慈似海"，确切表达了我的思念崇拜心情。往年，岁末年初我都要给卫老师送上自己写的"寿"联，红纸大字，老师喜欢。2019年赴京却不能献寿联，只能送挽联，心中如刀割，但感恩思念如江如海，竟月竟日！

卫老师，如果有来生，我一定还做您的学生，还拜您为师！

卫老师安息吧，您永远活在我的心中！

（作者系 1995 级博士，曾任职于福建师范大学、宁德师范高等专科学校、福建教育学院，现退休）

难忘的记忆

桑百川

拜在卫老师门下之前，早就对先生仰慕已久。1983 年，我考入中国人民大学政治经济学系读本科，当时卫兴华教授给82 级本科生讲授《资本论》第一卷，常听师兄赞不绝口的敬佩之词，师兄们还把卫老师的授课内容录成录音带，课下反复听。我们班没有机会听到卫老师当面授课，但我找师兄要来录音带，听过卫老师授课的录音。卫老师铿锵有力、鞭辟入里的讲授，深深吸引了我，也让我对《资本论》产生了浓厚的学习兴趣。

1987 年，我考取人民大学经济学系攻读硕士学位。当年秋季，人民大学校庆期间，经济学院举办社会主义初级阶段理论学术研讨会，我旁听研讨会时，看到会议论文是一些油印的资料，其中，就有卫老师的大作。卫老师在主题发言中，阐述了自己的观点。这是我第一次在现场听卫老师做学术报告。卫老师清晰的逻辑分析令人折服。会后，我战战兢兢地向卫老师索要论文资料，卫老师非常痛快地把自己的论文给了我，还问我是哪个系的，几年级了，并让会议组织者把研讨会的全部论文材料给我一套。这是无言的鼓励，满满的对晚辈求知的支持。

得知我报考卫老师的博士生后，卫老师把我叫到家里，了解我的情况。卫老师也不寒暄，开门见山："你是人民大学经济系毕业的？谁给你们讲授的《资本论》？为什么要考博？将来是不是要坚持走学术道路？看过我的文章吗？"我一一作答后，卫老师还问了我一些学术问题，详细了解我的思想状况。最后直言：欢迎你报考，博士生考试公平竞争，你还是有希望的，认真准备吧。并送我一本自己的著作。如今，我也担任博士生导师了，想想自己对考生了解多少？怎样选拔考生、引导学生的学术思想？有些汗颜。

攻读博士学位期间，卫老师坚持每周给学生上半天课。上课时，每次都安排一个主题，卫老师总是拿出一沓精心准备的资料，有讲稿，有简报，先是讲自己的观点，继而对不同的学术观点进行点评，评论到激动时，总是满脸通红，声音铿锵。课间，卫老师都会要求学生们一一发言，谈自己的观点，卫老师做点评。卫老师以严谨的学术态度，捍卫着自己的学术思想，也深刻影响着弟子们。

卫老师上课，要求学生必须到课，实在有事要请假。有一次，我没来得及请假，据说卫老师很生气，此后再不敢旷课。课堂上，有位外地远道赶来的学生，可能是过于疲惫，听着听着就睡着了，还打上了小呼噜，善意的同学偷偷捅了捅酣睡的同学，卫老师看见也不生气。课后我问卫老师："您对我们要求那么严格，他上课睡觉您怎么不管？您是不是太偏心了？"卫老师面带笑意："他从那么远的地方坐飞机赶来上课，平时上班又忙，一定是累了，情有可原。"宽严有度，爱生如子，卫老师用自己的言行诠释着师仁之心。

2011年，我已经毕业12年，并担任了学院院长，一天晚上，突然接到卫老师的电话："你有时间吗？来我家一趟！"听到卫老师严肃的声音，立刻乘车飞奔过来。刚进家门，卫老师马上递给我一张报纸，上面有我的文章，是为纪念我的硕士生导师而写的。"这篇文章是你写的？""是。""你的观点有问题啊！"卫老师非常严厉地指出了文章的问题，并谈了自己的观点，告诫我："吾爱吾师，吾更爱真理！"对于一个毕业多年的学生，仍然不忘关心其学术思想动态，不吝指教，真正做到了扶上马、再送一程。那份感动，长久萦绕在心头！

卫老师离开我们快一年了，卫老师从未离开！

（作者系1996级博士，任职于对外经济贸易大学）

怀念我的恩师卫兴华先生

邰丽华

我的博士生导师卫兴华教授驾鹤西去快一年了,我很想他。老人家离开后,我每次去中国人民大学开会或参加论文答辩,经过宜园二楼楼下,再也不能像以往那样抽空敲开1602的房门,高兴地说,老师,我来了。再也见不到老师端坐在正对门口的沙发上,笑眯眯地看着我,问最近在忙些什么?又写了文章没有?20年的师生之情,有太多值得纪念的点点滴滴。多次提笔又放下,始终无法成文。我对老师的思念,就像心底刻下的一道伤疤,每每将要愈合之时,又突然被人粗暴地撕开。那种直入骨髓的痛,猛烈而又持久。

2019年12月6日清晨的记忆永远无法忘怀。当我从睡梦中醒来,像往常一样打开手机,惊闻老师仙逝的噩耗,大脑瞬间一片空白。我不能相信这是真的。老师的身体于2019年3月出现不适。经过医生的治疗,恢复情况良好。住院和养病期间还在指导博士生,并公开发表多篇重量级学术论文。8月份做了肠胃手术后,老师一直住院休养。同门微信群每天都在公布老师的病情,我因工作关系经常遇见老师的家人,得到的消息都非常乐观。这一切让我对老人家能够再一次战胜病魔康复出院充满信心。如今,所有的侥幸都已烟消云散。一切美好的希冀统统化为泡影。老师永远离开了这个世界,离开了他奋斗一生并为之作出巨大贡献的中国高等教育事业,离开了他倾注全部心血培养的学生们。但是,老师给我们留下了非常宝贵的精神财富。他的教诲和影响,将长久地陪伴着我们,历久而又弥新。

我于 20 世纪 80 年代末毕业于黑龙江大学经济系政治经济学专业，系统学习了马克思主义政治经济学和《资本论》，对老师擅长的专业和研究领域有了初步接触。90 年代初，我考入中国政法大学攻读政治经济学硕士学位，切实感受到老师在政治经济学界和《资本论》研究领域举足轻重的地位和影响。硕士毕业后，我留校从事政治经济学教学工作。当成为一名大学教师的兴奋感散去之后，更多的惶恐和无力袭上心来。为了弥补自身教学能力和理论水平的不足，我决定参加中国人民大学博士研究生入学考试，终于有幸成为老师的一名博士生。在面试现场，我第一次与神交多年、仰慕已久的老师见面。他静静地坐在教室后边的角落里，面目慈祥，笑容可掬。一口浓浓的山西口音，讲起话来声震屋瓦。

追随老师攻读政治经济学博士学位，是我人生中最重大的转折。4 年的学习期间，有了老师在《资本论》和政治经济学研究领域累累硕果的熏陶，以及老人家不厌其烦、耳提面命的悉心指导，我对《资本论》和马克思主义政治经济学理论有了更深刻的理解和认识，学术兴趣也越来越浓厚。我以劳动价值理论为论文选题，一方面简要梳理经济思想史上不同价值理论的演进逻辑与发展脉络，探讨马克思劳动价值理论的形成与深化；另一方面立足于经济社会实践的新变化，研究如何在坚持马克思主义立场、观点和方法的前提下，不断推动劳动价值论的发展与创新，进一步增强《资本论》和马克思主义政治经济学的理论说服力和现实解释力。根据老师的修改意见，论文完稿后，顺利通过中国人民大学首次实行的匿名评审。此后不久，我的博士论文以《劳动价值论的历史与现实研究》为题，获得了北京市社会科学基金的出版资助。

博士毕业后，我继续留在原单位从事《资本论》和政治经济学课程的教学，同时担任政治经济学专业硕士研究生导师。教学和科研工作步入稳定发展期，2004 年获得霍英东教育基金会青年教师奖，与来自全国各高校的获奖者一起，在人民大会堂参加了隆重的颁奖典礼。2005 年破格晋升教授。这些成绩的取得，都离不开老师的言传身教和鞭策鼓励。老师于 20 世纪 80 年代初开始招收博士。他的很多学生早已成为国内外知名经济学家，有的多年担任中央部委、省市机关、著名高校等重要部门的主要领导。老师了解和关心每一位学生,无私助力我们的成长,并为我们的进步表示由衷高兴和自豪。博士入学之初,老师随口对我说,他的学生中没有一个窝囊废。看似不经意的一句话,犹如长鸣的警钟,时时提醒着我要努力工作和学习,不敢有一丝一毫的自满与懈怠。

博士论文出版后,我以《资本论》与社会主义经济理论为研究方向,在多家核心期刊公开发表了专门研究劳动价值论和收入分配的文章,多篇被《新华文摘》《中国人民大学报刊复印资料》转载。2006年3月,我调入马克思主义学院工作,归属国外马克思主义研究二级学科。在原有政治经济学和《资本论》研究的基础上,我进一步拓展了国外马克思主义经济学的研究方向,开始持续追踪西方学者《资本论》和马克思主义经济学的研究成果,一些理论文章陆续问世。老师对此很感兴趣。2019年4月我去积水潭医院看他,临走时老人家专门嘱咐我,要把相关文章打印给他,字号要大一点。因为多年用眼过度,老师不能长时间盯着手机或电脑屏幕看材料,字号小的文稿看起来也很吃力。他还提醒我,关注国外学者的《资本论》研究,理应多看外文文献。老师一语道破了我的弱项,令我汗颜。

学术研究构成了老师生活的全部内容。每逢年节或过生日,我去家里看他,或者在学术会议上遇到,交谈的内容总是离不开《资本论》、政治经济学理论或一些经济热点问题。他时不时把新出版的著作亲笔署名送给我。有时见面他会主动提起我刚刚发表的某篇文章,并动身在书房中上下翻找那本杂志。如果因为工作忙,很长时间没有与老师联系,他就给我打电话、发短信,询问我在忙什么,最近有没有写文章。微信问世后,年逾90的老师很快熟练地掌握了这项高科技,经常在师生圈里发送文字或视频资料。给他发微信,能够在极短的时间内得到反馈,完全可以称之为"秒回"。更让我佩服得五体投地的是,2019年春天我去积水潭医院看他,一时搞不清楚哪个院区,老人家迅速给我发来了手机定位,此时的我刚刚了解到微信有这一神奇功能。

迈入90岁的门槛后,老师的身体大不如以前,经常因为腰疼,需要躺在床上看材料写文章,走路时腿脚越来越不利落,听力也下降得厉害,交流时更多依赖助听设备。2019 年初发病后一度宣告危重，在 ICU 住了多日。我去探视时，他刚刚转入普通病房，身穿蓝白条相间的病号服，仰卧在床上，床头保持大约 30 度左右的倾斜。老人家面色红润，精神很好，只是身体消瘦许多。他的谈兴非常浓，简单回应了我对病情的关切后，就把话题转向工作和科研。老师又一次提到我的博士论文，他不仅清楚地说出文章的选题和基本框架，还提到了论文完稿后遭遇的波折。21 世纪初，国内劳动价值论研究热潮涌动，马克思主义立场、观点和方法面临严峻挑战。因我在文章中批判了某著名学者，其所在高校出版社要求修改或删除相关内容。老师多次提出抗议，认为这一做法违背了"不唯上、不唯风、不唯众、不唯书，只唯实"的科学精神。这也是老师毕生都在坚守和奉行的学术原则。

老师的一生很精彩。小小少年沉浸书海，苦练本领。面对外敌入侵、山河破碎的国难家恨，坚贞不屈，发奋图强，主动接受进步思想的影响和洗礼；青年时代不畏强权，不惧暴政，以笔为枪，奔走呼号，毅然投身抗日战争和中国人民解放事业的伟大洪流，经受住了监禁、背叛与牺牲的严峻考验；壮年岁月致力于学术研究和教学工作，用坚定的信仰和激扬的文字明辨理论是非，以高度的责任感和使命感思考中国经济发展的现实问题，不断促进马克思主义经济学理论与中国经济实践的结合，成为《资本论》和政治经济学领域的一面旗帜；耄耋之年仍然屹立学术前沿，笔耕不辍，著作等身。在科学研究的道路上不断推陈出新和自我超越。老师爱生如子、勤奋刻苦、严谨求实的优良品格，是老人家留给我们最为宝贵的精神遗产。我想，继承老师未竟的事业，努力做好本职工作，就是对老师最好的一种怀念。

愿老人家安息。

下辈子，我还做您的学生。

（作者系 1999 级博士，中国政法大学马克思主义学院执行院长、博士生导师）

永远的"90后"
——纪念卫兴华老师

黄 瑾

卫兴华老师已离开我们近一年时间，但在生活中、在学习中仍时时想起忆起念起老师，尤其面对理论争论，脑海中总掠过一句话：他"逝世以后所形成的空白，在不久的将来就会使人感觉到"。

2000年，我有幸到中国人民大学经济学院从事博士后研究，卫老师是我的合作导师。犹记得20年前的老师，骑着一辆28寸的自行车穿梭在校园，有时车后坐着小孙女；犹记得70多岁的老师，行色匆匆进出食堂，简单地买几个包子馒头果腹。当时的我既惊讶于老师不再只是论文中海报上出现的大家名字，又惊叹于老师那么朴素且简单的生活方式。在人民大学的两年时间，我有机会近距离地受到老师的教诲，更多地领略大家的人格魅力与学识才华。那时但凡在京，老师每两周就给博士们、访问学者们上课，我也积极参与学习讨论。老师对基础理论拿捏精准到位，对经典著作熟稔在心信手拈来，令我叹为观止，也分外向往。2002年，卫老师与我合作发表一篇论文《进一步深化认识和不断完善基本经济制度》（载于《新视野》2002年第6期），这是我与老师一次讨论的成果。整个讨论过程，老师思路如此清晰，逻辑如此严密，论证如此有力，甚至经典的引用都如此准确，我必须承认，我事后所做的工作只是把老师口述的内容整理成文字，就成了一篇好文章！两年的时间，我大多在宿舍"啃"原著，当时人民大学图书馆拍卖旧书，我发现《马克思恩格斯全集》赫然在列，如获至宝。在离开北京的时候，50卷全集，我分批打包，倒了几次公交，从火车站运回福州，直到今天，它们仍是我最常翻阅的书籍。直至现在，我无论授课还是研究，都努力像老师那样一字一句地学习《资本论》，力求全面准确地把握原理和方法。老师的勤勉是众所周知的，"别人用一遍能看过来的，我用十遍；人家用十遍能看懂的，我用一百遍，所谓'人一能之己十之，人十能之己百之'。"在出差的飞机上、在下榻的宾馆里，老师总是随身携带一个塑料文件夹，里面总是装着从报刊杂志上新近剪裁下来的文章以便随手翻阅。老师对学生的"宠溺"是令他人无比羡慕的，即使出站多年，每每见面老师总能说出我最近发表的论文、获批的课题等一点点的成绩，有时因为无所进展，羞于见面，但老师总是给予鼓励，并在遇到问题时，尽所能给予帮助。老师的学术批判是战斗力满格的，敢于挑战权威，勇于辨析对错，许多马克思主义经济学基础理论与实践问题得以澄清，"经济学理论的清道夫"名副其实。这些都是老师留给我们的宝贵财富，虽不能至，但心向往之，并努力践行之。

我的人民大学学习研究之旅，是中国人民大学经济学院与福建师范大学经济学院之间马克思主义"学缘"联系的成果。中国人民大学经济学院既是我国理论经济学的发源地，也是当代中国经济学界的排头兵领头羊。我校被誉为"南方坚持马克思主义教学与研究的阵地"，这是中国马克思主义政治经济学的奠基人、中国人民大学经济学院宋涛教授给予的高度评价。从20世纪80年代起，我校陈征老师与宋老师、卫老师就保持了密切的学术交往。我无数次听卫老师、陈老师回忆他们第一次福州见面的经历。那一年，宋老与卫老在厦门参加会议，陈老力邀他们顺道来福州开展学术交流。那时，厦门与福州之间甚至没有铁路，长途客运汽车票异常紧张，负责购票的学生在汽车站蹲守了几个晚上总算抢到票。尽管路途十分颠簸，招待所十分简陋，饭菜十分粗淡，但讲座十分成功，反响十分巨大。每每忆起这第一次，卫老师与陈老师都洋溢着温馨而甜蜜的美好，难忘陈老师的家宴，难忘福州的茉莉花茶，更加难忘从此建立起来的长达40多年相互欣赏、相互支持的深厚友谊。

2002年博士后出站回校工作后，我几乎年年接待来我校学术指导与交流的卫老师，也有幸亲历了他与陈老师的每次见面。除了嘘寒问暖，二位老人每次都要交换学界动态,交流研究心得。随着年龄的增长,他们愈加珍惜见面的机会,每次都要抢着先到对方的住处去看望。印象最为深刻的是有一年二人见面时的一小段对话:"很高兴今年又见面了。""可不是,有人说老人家是见一次少一次,我认为这是错误的,应该是见一次多一次。你看我们这不是比去年又多见了一面吗。"二位老人说完哈哈大笑,坐在一旁的我,原先看着二位80岁老人不免被一抹淡淡的忧伤笼罩,此时也不禁会意地笑了。每次的见面,在革命乐观主义精神熏陶之下永远充满着欢声笑语。

2017年是马克思《资本论》第一卷德文版出版150周年,为此,陈征老师和李建平老师共同主编了一套《资本论》研究丛书(福建人民出版社,2017年)。丛书共计8种、12册、500多万字。卫老师不仅为丛书作了出版推荐,还在病后初愈不久为丛书新闻发布会手写了一封贺信,并欣然应允把发表在《光明日报》上的文章"《资本论》的当代价值"作为《〈资本论〉永放光芒:纪念马克思〈资本论〉第一卷出版150周年》的代序言。《〈资本论〉永放光芒》是丛书的一部分,也是"中国《资本论》研究会纪念《资本论》第一卷出版150周年研讨会"的论文集。2017年9月23~24日,研讨会在福州隆重召开,全国近200名专家学者出席了本次年会,其中,最闪耀的明星非卫兴华老师与陈征老师莫属。9月21日傍晚,卫老师乘坐高铁一路风尘仆仆到了福州,陈老师坐着轮椅早早在宾馆等候并接风洗尘。二位好友在时隔两年后再次重逢,格外激动与高兴。在北京出发之前,卫老师已表达来福州的两个心愿,除了与多年老友见面外,希望陈老师能与他共同出席研讨会开幕式,而接到邀请的陈老师虽然因腿脚不便,已很少参加活动,但这一次爽快允诺,如果卫老师能来福州参会,他必定陪着卫老师一同上台,二人非常有默契地空中击掌为约。9月23日,当93岁的卫老师与90岁的陈老师携手登上主席台作报告,全场掌声雷动,纷纷致敬二位学界大家,不少与会者饱含激动泪花。这一画面深深地定格在我们所有人的脑海中。在新中国成立70周年的时候,卫老师与陈老师双双获得"最美奋斗者"称号,在全国经济学界唯有他们两人获得了这一称号。

坚定的马克思主义信念,不仅造就了二位老师卓越的学术造诣,也锻造了二人为了马克思主义研究事业而结下的革命友谊，而且推动了马克思主义经济学学缘的源远流长。曾经有人疑惑卫老师为什么几乎每年都要去福建师范大学讲学交流，老师总是很坦然地回答，只要是坚持马克思主义经济学的学校，我都坚定地支持。这就是我们福建师大人永远感念的卫老师，中国政治经济学人永远敬重的卫老师。"我不赞同流行的什么老年同志要发挥余热的话，余热，表示炭火燃尽了。而我还在继续燃烧呢！"90后的老师永远在燃烧！他照亮着坚持和发展马克思主义经济学的革命道路。90后的革命人永远年轻！他点亮着追求和捍卫马克思主义真理的革命热情。身为老师的学生，我们不仅无上光荣与自豪，更承担着无比重大的责任与使命，要为薪火相传，继承创新马克思主义政治经济学贡献我们的力量。

（作者系 2000 级博士，福建师范大学经济学院教授）

卫老师是一位有大情怀、大格局、大学问的"人民教育家"*

唐未兵

今天,我怀着十分崇敬和激动的心情回到母校参加专门为卫老师举办的专题研讨会,共同庆贺卫老师获得"人民教育家"国家荣誉称号。作为"人民教育家",卫老师在各个方面都做出了表率,堪称楷模,值得我们认真学习。由于时间关系,我这里只想用三句话来表达我对卫老师的崇敬与祝贺之情。

首先,卫老师是一位有大情怀的"人民教育家"。

我们都知道,卫老师深爱着师母和家人,深爱着自己的学生,深爱着中国人民大学。不仅如此,卫老师还深爱着自己的祖国,真正做到了家国同构。

卫老师在新中国成立前就加入了中国共产党,因从事地下革命工作被捕坐过牢,"文化大革命"期间受冲击被关过"牛棚",可谓一生坎坷,但他对祖国的热爱始终不变,报效祖国的初心始终不改。几十年来潜心教学科研,为国育才。这与他有着深深的爱国情怀密不可分。他的信仰就是要为国家的富强,为广大老百姓的幸福、安康、和谐、共同富裕而奋斗,要为祖国的建设、社会主义的建设奉献自己的力量。所以,将毕生所学贡献、服务于祖国建设,这是他不懈的追求和幸福的源泉,也是他的情怀之所在。

---

* 本文是作者 2019 年 10 月 12 日上午在中国人民大学逸夫会议中心召开的"人民教育家卫兴华与人民大学的经济学教育专题研讨会"上的发言提纲。

其次，卫老师是一位有大格局的"人民教育家"。

卫老师胸怀宽广，时时处处从大局着想，替他人考虑，从不计较自己的个人得失。而只有格局大的人才能做到宽容、原谅，才能在生活中真正地善待他人，才能始终把党和国家以及人民的利益当作头等大事。

所以，他时刻想着要做人民拥护的经济学家，力求贴近人民大众生活，了解人民的需求，多为人民鼓与呼，多替老百姓说话，特别是多关心弱势群体的诉求与利益。

所以，他时刻想着要把《资本论》的一般原理与方法同中国的实际情况结合起来，用他毕生的心血推动马克思主义政治经济学的中国化，推动中国特色社会主义政治经济学理论体系的构建。

所以，他时刻想着要培养出一批优秀的、能起引领作用的马克思主义经济学家，让马克思主义政治经济学的火炬传承下去并发扬光大。为此，他将获得的第四届"吴玉章人文社会科学终身成就奖"的100万元奖金全部无偿捐赠出来，目的就是要用于支持马克思主义政治经济学的教学研究、人才培养及优秀成果奖励。

再次，卫老师是一位有大学问的"人民教育家"。

卫老师学问做得好，是有大学问的大经济学家和教育家。他之所以能有大学问，是因为他始终坚守科学精神，科学精神的三要素"质疑、独立、唯一"在他身上体现得非常充分。

他反对在理论研究中对马克思经济思想进行错解、曲解和歪解。改革开放后，对于我国经济学研究中以所谓的"创新"来混淆理论是非的做法，更是以批判的态度来对待，并针锋相对地提出自己的主张。因此，有媒体称卫老师为理论界的"清道夫"。

卫老师经常讲做学问要有"四严"：严肃的态度，严格的要求，严谨的学风，严密的论证。卫老师认为，学习研究马克思的经济理论并用以指导我国社会主义的经济实践，必须坚持马克思主义的科学态度，切忌用主观随意性削弱和取代科学性，应树立科学态度和严谨的治学作风，这就是卫老师反复强调并始终坚持的"不唯书、不唯上、不唯风、不唯众"，实事求是，探索真理，不做"风派理论家"。

卫老师非常重视马恩经典著作特别是《资本论》的学习，但他反对以教条式的方式来解读马克思的经济理论，而是主张理论联系实际，不断与时俱进，不断取得创新性成果。他最早提出了生产力多要素论，最早提出了社会主义商品经济理论，最早系统研究和论述了社会主义经济运行机制理论，最早提出非公有制经济是社会主义市场经济的组成部分，等等，迄今为止发表了1000多篇学术论文，为我国的改革开放，为丰富和发展中国特色社会主义政治经济学理论作出了杰出的贡献。

总之，具有大情怀、大格局、大学问的卫老师被授予"人民教育家"国家荣誉称号，实乃实至名归，可喜可贺！

补记：

本文付印之际，又勾起我对卫老师的无限怀念。从1985年我到中国人民大学经济系攻读硕士学位认识卫老师时起，到2001年师从卫老师攻读博士学位，几十年来，卫老师对我的教育、关怀和影响的方方面面数不胜数，但千言万语涌上心头，一时竟不知从何说起，仅将我应《经济学动态》编辑部之约对卫老师进行访谈（由我撰写的《卫兴华教授访谈录》载《经济学动态》2018年第6期）时的点滴记忆补记于此，以表我对卫老师的无限怀念。

从2017年下半年开始，《经济学动态》编辑部特别邀请相关领域的专家对老一辈经济学家进行访谈，记录一代经济学人的求学治学经历。2017年10月底，我接到《经济学动态》编辑部的电话，委托我对卫老师进行访谈，记录他的学习研究历程及其对我国经济学建设的贡献。接到《经济学动态》编辑部的这个电话，我既兴奋不已，又忐忑不安。令我兴奋的是，卫老师早被国内外学界称作"杰出的马克思主义经济学家"，对我国经济学建设的贡献巨大，尽管介绍卫老师的文章已有不少，但全面系统地叙述他的学术成就的文章还很少见，这次《经济学动态》编辑部让我访谈卫老师，确实是一次难得的全面记录卫老师的学习研究历程及其对我国经济学建设贡献的好机会。但又让我忐忑不安的是，卫老师传奇般的学习研究历程丰富曲折，著述丰硕，对我国经济学建设的贡献巨大，以我的水平和能力，我能完成好这个访谈任务吗？卫老师会同意把这个访谈任务交给我来完成吗？

接完《经济学动态》编辑部的电话，我马上打电话向卫老师报告了编辑部的这个安排，同时也流露出了自己担心完成不好这个任务的顾虑。卫老师首先说自己只是做了一个学者应该做的事情，没有必要大张旗鼓地进行访谈介绍，后来听我说编辑部已作安排，他就表示还是应该支持编辑部的工作，同意接受访谈，并告诉我不要有顾虑，可随时上北京找他。这让我又一次感受到了卫老师谦和的人格魅力以及时时处处替他人着想、替他人考虑的处事风格。

我立即草拟访谈提纲，赶到北京去见卫老师。卫老师早早地在家里等着我，并亲自修改了访谈提纲，删除了几个访谈话题。他的想法是别人介绍过的他的学术观点这次尽量不要再谈或者少谈，要尽量把别人还没有介绍过的或者介绍得少的他的学术观点多谈一谈。

考虑到卫老师年事已高，而谈话又是个辛苦活，所以，在访谈的时间安排上，我原来的想法是我多跑几次，将每次访谈时间控制在1小时之内，以免影响卫老师的休息。但卫老师却说"你工作忙，来一趟北京不容易，来了就多谈一会，争取两三次谈完，你也可以少来几次北京。"卫老师时时处处替他人着想、替他人考虑的处事风格再次让我感动不已。此后，我果然只往返三次北京，就圆满地完成了访谈任务。

每次访谈结束，卫老师都要给我提供一些他的学术观点初次发表或出版的纸质文本让我复印后带回，以便我文字表述时的准确无误。访谈都是在客厅进行的，有时他告诉我某书、某杂志在书房哪个书架上的哪个地方，让我自己去取，我进到他的书房即可轻松取出所要的某书、某杂志。卫老师书房里那么多的书籍，哪一本书在什么地方，他居然记得那样清楚，可见他读书多、常读书一点不假。更让我惊叹不已的是，访谈录初稿完成后，有几段马克思的话我一时找不到出处，就打电话问卫老师，卫老师马上就脱口说出了那几段马克思的话的出处，事后查对都是对的。可见卫老师不仅读书多、常读书，而且真正把书读进自己的脑海里了。同时，这些细节也再次印证了卫老师做学问所一贯坚持的科学态度和严谨的治学作风。

（作者系 2001 级博士，湖南省教育考试院院长）

春风化雨 润物无声
——受教于人民教育家卫兴华先生点滴

陈春光

人民教育家卫兴华先生是我的博士授业恩师。看到卫老师学生群中倡议弟子们在老师逝世一周年来临之前，写一些回忆老师的文章后，我思考良久。卫老师的学术思想和贡献已由世人评价，作为弟子，这里记录些日常跟老师学习、生活的点滴，让大家从日常生活中感受卫老师春风化雨、润物育人的人格力量。

我是2001年9月至2004年6月在中国人民大学跟随卫老师攻读博士研究生的。我们那一级卫老师带了四个博士生，同时前后还有两个博士后，再加上前后级的博士生同学，大家经常一起上课。先后有上一级的邓世敏师兄、邰丽华师姐，同级的唐未兵、李志江师兄、陈卫华师兄，下一级的陈明生师弟，还有博士后黄瑾、焦斌龙等。卫老师每周都会在经济学院的会议室，给我们讲授专题，同时也让我们每个人谈谈自己的学术观点和看法。既讲学术问题，也传授思维方法，同时还经常联系社会实际。因为当时我们大多都是已经参加了工作的同学，来自各行各业，卫老师也非常愿意听各个同学谈论各自领域的社会问题并联系学术实际进行分析和点评，学习和讨论的气氛浓厚，轻松活泼，大家都受益良多。

记得入学后不久的一个上午，正好没课在宿舍自习时，接到卫老师给我打来的电话，让我帮他到国家图书馆去查找和复印一篇他年轻时发表的文章。当我从国家图书馆泛黄的期刊中找出卫老师1959年11月发表在《学术月刊》

的《社会主义制度下商品生产的研究方法问题》文章后，迫不及待地读了一遍，并且多复印了一份留存学习。这是卫老师学术生涯中重要的一篇文章，卫老师在20世纪50年代就对商品生产提出了自己独到的观点，在那时就提出了全民所有制经济中的消费资料和生产资料都应是商品，在当时的学术界产生了重要影响。当我把复印好的文章送到卫老师家里时，老师很高兴，像见到了久违了的老友，还专门给我拿了香蕉让我带回去。

博士就读期间，学术界关于劳动价值论的争论比较激烈，卫老师亲自带领我们参加过一些学术讨论会，会后也会给我们评述一下学术争论和思考问题的方式。记得有一次，我在卫老师家里就相关争论问题问了老师一句："劳动价值论难道就一点问题都没有吗？"老师意味深长轻轻地对我说道："如果一点问题都没有，就不会争论一百多年了。"老师的提点当时就对我震动很大，让我意识到，老师对这些基础性的学术理论问题完全有自己独立的思考，是在历史的进程中看待学术问题和发展马克思主义经济学的，其"不唯上、不唯书、不唯风、不唯众"的治学态度不仅仅是字面上的，而是体现在严肃的学术思考和学术实践中的，卫老师对其治学原则是身体力行的。

在卫老师的严格指导下，我当时的博士毕业论文顺利通过了外部专家的匿名评审，同时在毕业后的2个月就由中国财政经济出版社出版，是本级同学中最早出版博士毕业论文专著的学生。卫老师当时很高兴还专门给我的专著作序并签名，这也是对我最大的鼓励和肯定。

卫老师面对其学术声望带来的各种赞誉，始终保持冷静的头脑及平和的心态。记得跟卫老师读博士的时候，卫老师就对我们说过："对于表扬你的话，不要太当真；但对批评你的话，一定要认真听。"卫老师自己是这么做的，也是这么传授给弟子的。经过多年的工作和人生体验之后，现在越来越觉得老师传授给我们的是人生的至理名言。我们若能参悟透、照着做，自会受益终生。

毕业后每次到老师家中去看望，老师总会把他近期出版的书签名后送我，然后说很多鼓励的话，同时也让我们放心他的身体。工作中多次被单位派出境外，在境外工作时，每逢春节和教师节，我都会问候老师，老师每次也都会热情地问及我和孩子学习的情况。2018年再次外派工作时，临行前专门到老师家中探望，卫老师当时问我多大年龄了，我说不小了，都40多岁了。卫老师会心一笑，对我说道："还不到半百哪！"当时面对着满头白发充满关爱的老师，我就感受到了一种鼓舞的力量。是呀，比起卫老师勤劳的一生，奋斗的一生，硕果累累的一生，我们这个年纪应该才刚刚开始。

没想到卫老师这么快就离我们远去了，令人扼腕心痛。我现在距离马克思的故乡特里尔只要半个小时车程，好希望再把拍下的马克思故居照片给老师看看，但已经没有机会了。唯有把老师春风化雨的教诲力行到工作和生活中，真正传承卫老师的治学和处世精神，才是弟子对老师最好的回忆和纪念！

（作者系 2001 级博士）

爱生如子
——追思敬爱的卫老师

白云伟

2019年12月6日，敬爱的卫老师永远地离开了我们，但他的音容笑貌却永远留在我们的脑海，我们会永远怀念卫老师！

2002年，卫老师招收了我们4个学生，其中李连弟师兄是我们中年龄最大、学术功底最深厚的一位，深得卫先生的赏识和器重。然而，在临近2003年的暑期，师兄不幸遭遇一场"飞来车祸"——在他推自行车过马路的斑马线时无辜被一辆车撞倒，不省人事。

由于时间间隔长了，现在已记不清当时卫老师带我们去看师兄的具体次数了，但至少有两次印象深刻。一次是在宣武医院，当时师兄还处在昏迷状态；另一次是在师兄的家里，印象中，好像是师兄出院回家不久去的。这两次印象中，尤其是去宣武医院的那次印象更深一些。

在宣武医院看望师兄时，卫老师为尚在昏迷中的师兄做各种"唤醒"的尝试和努力。卫老师先是和他聊天，问他一些家里的情况。看他没什么反应，又改和他"讨论"一些学术问题。记忆中，卫老师还专门把师兄曾在课堂讨论中最感兴趣的一个话题，拿来与师兄"交流"。看得出来，卫老师当时是想用问问题的方式来"激发"师兄做出回应，希望看到一个从昏迷中蓦然苏醒的奇迹。记忆中，卫老师的一番苦心总算有所回报。就在卫老师说话的当中，师兄的家属中有人看见他的嘴角抽动了一下，似乎想回应什么……我们当时在场的所有人都相信，师兄的反应证明，他虽然昏睡不已，也动弹不得，但他一定是感受到卫老师对他的关爱,所以才能做出一些回应。

  现在回想起来,卫老师对学生的这种关爱,就如同对子女一般的仁慈。父爱如山,最能给陷入生命困境的师兄以最有力的支撑。

  就在这次探视中,记得卫老师还从书包里掏出一个信封给师兄的爱人。师兄的爱人决意推辞不收,卫老师却坚决要求不能拒绝,后来实在推辞不过,师兄的爱人只好收下了信封。后来,与师兄的爱人再通话时,才知道卫老师那次的信封里放了整整齐齐的一沓钱,如果没记错的话,应该是一万元。再后来,大概过了一年多,师兄的爱人想把钱还给卫老师,又被卫老师拒绝了……

  往事如烟。大概是今年1月中旬,李连弟师兄带着当年车祸的遗患遗憾地离开了人世。如果不是参加师兄的遗体告别仪式,这些片段或许也就慢慢淡忘了。就是在参加师兄的追悼仪式前,又见到师兄的爱人。一见面,她就抑制不住地追忆起当年卫老师看望师兄时的情景,那一幕才重新浮现出来。

  今天,卫老师已经离开我们了,借着对恩师的追思,我想把这段回忆记下来,以怀念卫老师的浩瀚师恩!也希望能把这种涓涓的怀念化作久久的记忆和感动,化作追随先生"最美奋斗者"足迹的精神动力!

  学高为师,厚德为范!

  恩师千古!

(作者系 2002 级博士)

信仰之光照耀探索真理之路

——忆念老师卫兴华先生兼记《卫兴华传》的写作过程*

孙咏梅

敬爱的老师卫兴华先生于 2019 年 12 月 6 日永远离开了我们，享年 95 岁。去世前的两个多月，他获得了国家授予的"人民教育家"荣誉称号和"最美奋斗者"荣誉称号。2019 年国庆节期间，他老人家躺在医院的病床上，通过亲人的转述，得知习近平总书记在人民大会堂为他颁发了荣誉勋章。两个月后，老人家溘然长逝。作为我国杰出的马克思主义经济学家、具有中国特色社会主义政治经济学的理论探索者和具有突出成就的学者，这两个荣誉称号是对他一生所做贡献的高度肯定，也为他追求真理而奋斗的一生画上了圆满的句号。在中国人民大学学习、从教 70 余年，卫老师夜以继日辛勤劳作，春蚕到死丝方尽，如火焰燃烧到了生命最后一刻，为后人留下了 40 余本论著，1000 多篇发表的文章以及 20 余项国家级、省部级奖，更是留下了光辉的经济学理论成果和永不息止的探索真理的奋斗精神。

卫老师是中国马克思主义理论经济学的一面旗帜，是马克思主义中国化的奠基人，他捍卫真理，忠诚于信仰，"让理论成为真理的喉舌，而不是权势的奴仆"，他学富五车，深入经典，著作等身；他言传身教，桃李天下，栋梁辈出；他坚持真理，"不唯上、不唯书、不唯风、不唯众，独立思考，追求真理，走自己的路，让他人评说"。卫兴华老师是一位真正的为共产主义事业奋

---

* 本文发表于《政治经济学报》2020 年第 6 期。

斗的革命战士，他一生执着追求共产主义信仰，自青年时代起，信仰的光芒始终照耀着他探索真理的道路，他是我学习的榜样，是我最为敬仰和崇拜的老师，也是我们学生们心中永远屹立着的一座丰碑。

敬爱的卫老师离开我们将近一年了，忆念恩师，往事如昔。我是2002年考上中国人民大学，师从卫兴华老师攻读理论经济学博士学位，读书期间，卫老师每周五下午在资料楼给我们上一次课，风雨无阻。记得刚入学的那个秋天，恰逢党的十六大召开，关于社会主义经济体制问题、收入分配问题、公平与效率问题等有了与以往不同的新提法，理论界对于劳动价值论等问题的理解与认识也产生了很大的分歧，卫老师参与了一场激烈的辩论，在课堂上也是直抒己见，不盲从，不附和，以理智为依据，引发我们进行独立的理性思考。党的十六大之后，受老师课堂的启发，我在《经济学家》杂志发表了《"要素所有权"与"要素贡献"——论"按要素分配"问题的实质与衡量标准》一文，后被人大复印报刊资料转载，得到了老师的肯定，随后，我又在《财经问题研究》等杂志发表了一些论文。在理论经济学的学习与研究的过程中，最难忘记的是与老师合作，在《人民日报》及《光明日报》等报刊上发表了一些文章，探讨了关于公平与效率问题、收入分配问题、资源配置问题、经济增长质量问题、金融危机问题等，还在《人民日报》发表了关于"探索政治经济学的立场与发展方向"等文。在我与卫老师的合作研究过程中，他从来没有以老师自居，总是虚怀若谷，不武断，不蛮横，正如中央党校已故副校长刘海藩老师对卫老师评价的那样："有老师之尊而不摆老师之谱"。卫老师尊重学生的思想，以平等的心态和科学的态度与学生交流，当年与卫老师共同发表的一些文章，至今翻看，都是经得起时间检验和推敲的，还有的文章发表已有十六七年，至今仍是引人关注的热点问题。尤其是2005年前后那个特殊时期，老师写的一些论文立场鲜明，对一些曲解与误解马克思劳动价值论的观点的辩驳也是掷地有声。一位省级领导干部在读了卫老师的文章后，曾在一个研讨会上赞扬卫老师是理论经济学研究的"定海神针"，他对一些理论重大问题明辨是非的见解，解除了很多领导干部的困惑，也平息了人们对一些理论是非问题的分歧与论争。当年卫老师对一些重大理论是非问题的研究，我至今还在思考着。

卫老师在"文化大革命"中被剥夺了科研和教学的权利，一度还被下放到偏远的地区进行劳动改造，但是他没有荒废专业，在恶劣的环境中坚持学术思考与读书钻研。数年的沉寂为他打下了深厚扎实的理论功底，课堂上他总是引经据典，旁征博引，用简练的语言说透深奥的大道理，尽显经济学大家风范。三年博士生的学习，是卫老师把我们引入了经济学的殿堂。他经常谦虚地对学生说，他不是什么大师，只是一个简陋的"小作坊"，但他有工匠精神，他希望每一个学生都能够成为国家的栋梁之材，为人民做贡献。时光如白驹过隙，卫老师的教诲永生难忘。记得当年卫老师给我们博士生们上课一直都是骑自行车来，他还经常在下课后到附近的小店买一块豆腐，挂在老旧的自行车车把上，然后蹬着自行车匆匆回家做饭。有时候，寒冷的晚风会吹起他花白的头发，人与自行车简朴的背影渐行渐远，深深印在我的脑海里。

我对卫老师真正地了解始于写作《卫兴华传》。那是 2015 年底，上级有关部门计划出版"大家丛书"，从各行各业选拔出一批优秀专家学者推出他们的人物传记，其中包括科学家钱伟长、数学大师陈省身、水稻之父袁隆平等著名专家学者，卫老师作为我国杰出的马克思主义经济学家，也被列入人物传记出版计划中。这批传记是由中央电视台科教节目制作中心和凤凰出版传媒集团联合打造，并作为新闻出版总署"向全国青少年推荐的百种优秀图书"，具有较大的社会影响力。我有幸受邀承担了《卫兴华传》的写作任务。我在跟随卫老师读博士期间，曾在《海派经济学》发表过卫兴华经济思想研究方面的文章，掌握了大量相关资料，因此对完成这一部传记任务充满了自信。动手写作之前，我查资料、翻报刊、找书籍，并叫来学生柳楠协助我上网查阅了所有关于卫老师的相关文章，下载、分类、提炼，做了一系列的案头工作，紧接着我又和柳楠多次讨论，制定了一个周密的写作计划。经过了几个月的案头准备后，我跟卫老师预约了一个时间，带上录音笔和笔记本，"隆重地"去他家采访了。

敲开卫老师位于人民大学宜园 2 号楼的家门，老师坐在斜对着门的低矮的小书桌前，正在奋笔疾书写文章。我把写作大纲递上去，悄悄打开录音笔，准备采访。卫老师一生淡泊名利，对于出版自传并没有表现出太多热情。他例行公事般先按时间顺序陈述了自己的简历，然后又介绍了自己的爷爷奶奶、父亲母亲及兄弟姐妹等基本家庭情况，仅仅20多分钟，他讲完了。我启发性地提示了他几个问题，他都非常简短地一一回答，然后，他就开始频繁地看墙上的表。我知趣地离开了他家，一路上心情极为沮丧。我于20世纪90年代初加入河南省作家协会，曾为不同的人物写过传记，那些人物都很配合，甚至有人对于树碑立传高度重视，极力表现出优秀的一面，还有人找上门来请求写传记以流芳百世。像卫老师这样不配合的人，我还从来没有见过。为此我苦思冥想，写作计划暂时搁浅了。

两个月后，我又一次预约卫老师去采访。那天，卫老师依然坐在斜对着门的小书桌前，手中拄着一盏落地灯的灯杆，正在兴致高昂地唱抗日革命歌曲，旁边的保姆被他逗得哈哈大笑。我于是从聊革命歌曲入手，询问了这些歌曲的时代背景，并趁机向他问起当年在太原做革命地下工作及解放太原的一些事，卫老师当天心情大好，对我详细描述了他参与太原解放时的艰险曲折过程，也谈了家事与国事，战争与和平，个人命运与国家命运……谈到一些细节时，我趁机问他是否有相关的资料，卫老师颤巍巍地起身，到书房翻出一个很陈旧的黑色皮革夹子，从里面抽出了一些发黄的纸。无意中，我看到皮夹子的内夹层里有一张薄薄的对折的磨成了毛边的旧纸片，我要求看一下那张旧纸片，卫老师犹豫片刻，抽出了那张纸片。可以看出当时他内心的矛盾与纠结，最后，他打开了话匣子，滔滔不绝地谈起与那张纸片相关的人和事——一幅跌宕起伏的人生长卷展现在眼前，我的心灵受到了冲击与震撼。那次采访，使我真正了解了老师，也明白了什么是人间真正的"苦难"以及老师面对苦难的担当。这种"苦难"雕刻在卫老师的人生轨迹里，却看不到任何痕迹，它不是被掩藏或掩饰了，而是被达观忘我的老师给彻底"消磁"了。我在内心对老师高尚的人格和豁达的心境产生了由衷的敬意。

带着几个小时的录音和卫老师送给我的一堆宝贵的资料，我如获至宝，回到家后开始通宵达旦奋笔疾书。期间我又通过电话补充采访了卫老师几次，"俯首长峡卷，已知老春秋"。几个月后，我完成了一部厚厚的二十多万字的传记书稿。写完这部书稿后，我和我爱人开玩笑说，"那个电视剧《潜伏》和《悬崖》算什么啊？我要联系当导演的朋友，把这部《卫兴华传》拍成电视剧，靠着收视率我一定能发大财。"

我把完成的厚厚一摞书稿交到卫老师手里，两周后，他来电话让我去取书稿，我发现大段大段的文字被他删掉了，那些动态的、承载着他的磨难、荣辱、困苦、颠沛流离、生离死别的文字，一一被删除了，留下的，多是静态的画面。其实，卫老师在我的印象里一直是静态的。记得以前每次去卫老师家，都是师母开门，往里面走几步，看到的永远都是老师伏案写作的背影，直至离世前的几个月住在医院里，他仍然躺在病床上奋笔疾书写文章、看博士生的毕业论文。我心疼地拿着被删减的书稿对卫老师说："您删掉的都是精彩的可以拍成电视剧的部分啊！"卫老师大笑着说："等我百年后，随便你拿出去拍电视剧吧，功过荣辱任由后人评说。"一部凝重的、饱经沧桑的、承载着峥嵘岁月的沉甸甸的传记，在卫老师爽朗的笑声中一次次变薄，再变薄……

书稿最后将付印时，我最后一次采访了卫老师。我好奇于这样一位经济学大师的心路历程，问了几个与学术研究无关的问题："您如今90多岁高龄了，忌讳谈生死吗？能谈一下您的生死观吗？"卫老师听到这样的问题不但没有生气，反而呵呵笑起来："我从16岁参加革命，离开家乡参加抗日打鬼子，我把名字改为卫兴华，从那时起我就早已将生死置之度外了。和我一起参加地下党的人都被国民党杀害了，只有我活了下来，我的家乡被日本鬼子害死的人也不少，'文革'时我的战友又有一些人蒙冤去世。那些岁月，每一天都提着脑袋活着。我跟我老伴孟氿蘩说过，中国人的平均寿命是70多岁，我们两个都算高寿，都赚了。我的生死观就是活得有价值、有意义，活一天就要为这个国家和人民做一天奉献……我反对'老年人发挥余热'这种说法，什么叫'余热'？'余热'就是木炭烧成灰后剩下的那点火星的微弱热量，我还在熊熊燃烧呢，生命不熄，燃烧不止，怎么能叫余热呢！"

我又问："假如有一天生命走到终点，您对这个世界还有什么留恋和遗憾吗？"我看过很多人物的专访，比如著名作家张中行以90岁的高龄接受记者的采访时说过，假如生命走向终点，在这世上最留恋的是恋人。卫老师听后哈哈大笑起来："我老伴孟氿蘩已经先我一步走了，她在天上等我，我们约好了天上见。"卫老师接着又严肃地说："文学家都是感性的，经济学家更多的是冷静的理性思考。我一个农家子弟，是党和人民把我培养成为一名大学教授，如今我所拥有的一切，是我当年没有想到的，从这点来说，我非常知足，没有什么留恋和遗憾了！如果说有遗憾，那就是现在还有很多中国人、包括你正在研究的很多农民工还没有完全摆脱贫困，我当年提着脑袋干革命，为了共产主义理想而奋斗的共同富裕目标还没有完全实现，我可能是看不到那一天了，这是我的一大遗憾，但是我相信，你们这些学生们会看到那一天。"

我又问："您觉得这一生算成功吗？"卫老师淡定地说，成功要看以什么为标准。解放前他做地下党干革命时，一起入狱的战友都被敌人杀害了，只有他活了下来，"文化大革命"时又因为他是当年唯一活下来的人，被打成右派、受到拷打，被剥夺了教书的权利，"文化大革命"武斗最凶的时期，卫老师躲到山西农村，才算保住了一条命。这些出生入死的日子，能活下来就是最大的成功了。1949年他作为华北大学的学生，走过金水桥接受毛主席的接见，看到新中国五星红旗升起的那一刻，他认为自己和战友们是成功的。80年代他回到阔别多年的家乡，看到当年饱受日寇蹂躏的土地一片安宁与和平，他认为自己是成功的……卫老师谈了很多，都是国家的前途和命运，唯独没有他自己。观一世风云变幻，他始终不改振兴中华的初衷。

我又问："老百姓常常提到'人中龙凤'这个词，您从农家子弟到大学教授、著名经济学家，应该算是'人中龙凤'了吧？"卫老师听后笑了，他说，他和夫人孟氿蘩解放前当了多年的地下党，随时都有牺牲的危险。全国解放前夕组织上曾问过他有什么要求，当时他的几位表弟选择留在军队，后来成了将军，也有一些战友选择从政，最后成为位高权重的政府官员，唯有卫老师和夫人提出赴华北大学继续深造，并在完成学业后走上人民大学的三尺讲台，成为了清贫大半辈子的教书匠。革命成功了，卫老师和师母身有彩凤双飞翼，却俯首甘为孺子牛，卫老师说他不是什么龙凤，他属牛，在校园里做一个耕耘的老黄牛才是他的使命。

我又问："学界有人把您划分为'左派'，甚至说您是'左派'的代表性人物，对此您怎么看？"卫老师听后又哈哈大笑起来，他边笑边起身到书房，翻箱倒柜找出一张旧报纸，我拿起一看，是一份80年代香港的一家报纸，上面有一篇对卫兴华及其学术观点进行评价的长文，并附了一张照片，照片上卫老师正在严肃认真地阅读《光明日报》，照片下有一行说明性的文字："请看，卫兴华读报纸都充满了'左'的味道。"卫老师拿着那张报纸大笑着说："那些人混淆了不带引号的'左'和带引号的'左'。不带引号的'左'是进步的，是革命的，是站在广大穷人和普通老百姓一边的，如鲁迅参与的左翼作家联盟。带引号的'左'是极左，搞'大跃进''跑步进入共产主义''文化大革命'等就是带引号的'左'"。卫老师在"左"风盛行的年代，曾被划分为"中右"，为了搞点学术研究，只好选择一些与'左'的理论和实践较远的题目，为此，他选择了看似枯燥的马克思主义经典理论研究。在政治高压年代，他曾拿出了极大的勇气进行学术争鸣，甚至曾不惧苏联专家的权威，对一些"左"的观点进行质疑和反驳。正是这样一种刚直不阿的性格，使得他在"左"风盛行时被划为"右"，在"右"风盛行时又被划为"左"。对此，卫老师多次说过，"理论应该是真理的喉舌，而不是权势的奴仆，走自己的路，让他人评说"。

我又问："国家给您出这本传记，算是最高规格的礼遇，在全国的经济学家里仅有两位学者有幸入选，您是其中一位，对此您怎么看？"在写作这本传记过程中，卫老师从最初的淡泊名利不配合，到最后毫无保留地全盘托出，让我感到很好奇。"俱往矣。"卫老师长叹了一口气，情绪显得有些落寞，"我16岁时把名字改为卫兴华，离开家乡出去打鬼子干革命，自20多岁最后一次离开家门就再也没有回去过。由于长年从事革命地下工作，直至父母去世都没有能够回家见上一面，儿子也是由老父亲培育成才考上了大学，我没有尽丝毫父亲的义务，我愧对家中的父母及幼子，出这么一本个人的传记，也算是向天上的父母表达一下心中的愧疚，革命者家国两难全。另外，中国人应该拥有什么样的经济理论？中国这么大的国家，这么多人口，照搬照抄外国的理论是否能够指导中国的实践？还有凡是马克思说过的话都不能有一点改变是否合适？对于一些曲解、歪解马克思主义理论的观点是否需要正本清源？有个记者写文章赞誉我是理论界的'清道夫'，这个'清道夫'好像是专门吃垃圾的吧？我的目标是明辨理论是非、捍卫真理！"卫老师说着说着，又爽朗地大笑了。

可惜卫老师这些达观忘我、真正参透人生的感悟和一些理论见解，由于出版字数限制的原因大部分都被删掉了。《卫兴华传》最终呈现的文字多是围绕卫老师的科研、教育事业和学术思想，这实在是遗珠之憾啊！

在我们今天所处的思想多元化的时代，各种理论思潮不断涌现，尤其是在经济学理论研究中，经济人假设的影响力也远远超过了马克思所强调的社会人的理性，信仰之光照耀的探索真理之路何其艰难。人民大学的校长刘伟教授曾说过，"人们对马克思主义有三种态度，一种是信仰，一种是职业，用来混饭吃的，一种是投机。卫先生是最高境界，他是信仰。"这个评价应该是非常客观的。卫老师80岁前后，腿脚开始不灵便了，一些老年病困扰着他，在校期间，我当了一个阶段他的学生助理，主要是帮他打印校对文稿、跑邮局、取信件报纸、联系杂志社和出版社等杂事。那一个阶段，具有中国特色的社会主义政治经济学研究，尤其是马克思主义经济学研究陷入了低谷，卫老师废寝忘食写出的一些稿件投出去后，陆续被退稿，其中也包括我和卫老师合写的文章。看到这样一位卓越的经济学家的稿件都遭到拒绝，我感到沮丧和失落，也为具有中国特色的社会主义政治经济学的研究方向感到困惑。卫老师拿着被退回的稿件曾对我说，中国从一个贫穷的国家变成了世界强国，得益于正确的实践探索和科学的理论指导，中国人必须拥有具有中国特色的社会主义经济理论，而不是照搬照抄或拿来别人的理论来指导中国的经济实践。他鼓励我坚持下去，不要气馁，事实证明，他老人家是非常有智慧和远见的。

我也为卫老师高尚的品格和生活上的简朴所感染。记得有一次，卫老师写好了一篇稿子让我拿去打印，他特别叮嘱我排成六号小字双面打印。稿件打印好后，卫老师拿着密密麻麻的稿子对着光线吃力地校对，我于心不忍，就买了一箱打印纸送给卫老师，老师非常生气，质问我说："谁让你买的这些纸！难道我买不起打印纸吗？"我从来没有见过卫老师如此生气，吓得不敢吭声。回到家里后我才想明白，卫老师是爱惜纸张，青少年时期艰辛的求学生活，让他对纸张充满了恭敬心，他不是吝啬而是惜物舍不得浪费，他常常教育我们，"半丝半缕，恒念物力维艰"。回想老师对我的批评教育常常是毫不留情面，却让我终身受益。卫老师数十年默默耕耘在狭窄的陋室书屋，他为之奋斗一生的信仰，并没有给他带来太多经济实惠和荣耀，反而带给他一生大部分时间的清贫与坎坷。记得师母孟氿蘩老师曾告诉过我，卫老师70多岁后才分到了相对宽敞的新房子，为了省钱，满屋子上万册书都是他用自行车一车车驮到新居的。去社科院等较远的单位开会，他这位80多岁高龄的老人常常起大早出门挤公交车赴会。就是这样一位生活异常简朴的老人家，却将100万元"吴玉章社会科学终身成就奖"的奖金悉数捐出，用于支持马克思主义政治经济学的教学研究、人才培养及优秀成果奖励。此外，卫老师还多次私下悄悄地支助穷困的学生和生活有困难的年轻人，帮助他们渡过难关。

  我常常想，中华人民共和国70华诞之际，卫老师被授予"人民教育家"国家荣誉称号，这不是偶然。到底什么是"人民教育家"？在写作《卫兴华传》的过程中，我领悟到了其中的真谛："人民教育家"首先是一名合格的"师"，师者，传道、授业、解惑。授业与解惑并不难，难的是应该如何向学生传"道"？传什么样的"道"？在现实中，我们看到更多的是光宗耀祖的升官发财之"道"，是精致算计的利己主义之"道"，是形而下的无所不用其极的所谓"成功学"之"道"，是"天下熙熙，皆为利来"的众生趋利之"道"，甚至还有令君子所不齿的"厚黑"之"道"。而卫老师所传的"道"，是追求革命真理之"道"，是坚持共产主义信仰之"道"，是探索将马克思主义与中国现实相结合之"道"。他不但致力于给学生授业与解惑，更重要的是，他没有生硬的说教，而是给予学生以身作则的人格教育——卫老师一生爱憎分明，刚直不阿，君子坦荡，从不搞歪门邪道，具有独立的知识分子的操守与风骨，他从不说假话、空话和套话。尽管长年生活清贫，他却不屑于苟且委身于稻粱谋，"鹤发银丝映日月，丹心热血沃新花"，他将传共产主义的"道"看作是他生命的重要组成部分。如今，卫老师的学生大部分都成才了，他培育的学生群星璀璨，德才兼备，这些平凡而又伟大的成就，都凝聚在"人民教育家"的称号里。

回想我与卫老师最后的联系是在他住院前，听说他成为"人民教育家"国家荣誉勋章获得者候选人，我由衷地高兴，特发微信向老师表示祝贺，他老人家仅给我回了四个字："淡然处之"。后来听一位同学说老师因病住进了医院重症病房。自此，"淡然处之"成为了绝句。

2019年与2020年之交是刻骨铭心的，继卫老师离世后，我的另一位老师张富元先生也因病永远离开了我们。二位老师的离去使我陷入了极大的悲痛之中。佛家讲大德承愿再来，尽管那是唯心主义的说法，但是通过写作《卫兴华传》我深刻地感知到，卫老师是真正的人间大德，我企望他老人家能够承愿再来。我常常从一些师兄和师姐、师弟和师妹们的身上看到信仰的光芒，他们的身上有卫老师的精神和风骨。我相信马克思主义理论的光芒永不息止，我相信具有中国特色社会主义理论思想定会薪火相传，我相信卫老师的学术研究后继有人！

"山高水长有时尽，唯我师恩日月长"，敬爱的卫老师永远活在我的心中！

（作者系2002级博士，中国人民大学经济学院副教授、中国特色社会主义政治经济学研究中心研究员）

前行路上的明灯

陈明生

卫兴华老师离开我们已经快一年时间了，每每想起他，眼睛便不禁湿润，心中充满了崇敬、钦佩、感恩和怀念！卫老师带给我们学生的，对于我们每一位学生的影响，都远远超过了一位老师所能给予的。

一、领入经济科学的殿堂

当时报考卫老师的博士研究生，我有些犹豫，主要是担心竞争会很激烈。但没想到命运之神竟如此垂青于我，我真的成为了卫老师的博士研究生。来到中国人民大学，卫老师每周给我们上的导师指导课就成了学术的盛宴。2000年初我国学术界在劳动价值论、收入分配、经济制度、所有制、市场经济等重大问题上存在激烈争论，在卫老师的导师指导课上，我们得以对这些重要的问题进行讨论、探索和深入分析。在卫老师的课上，通常是围绕一个或几个问题进行学习，大家一起讨论，更多的时候是听卫老师进行讲解；有的时候卫老师拿出自己刚写好的论文，请我们提些意见或建议，或围绕论文中阐述的问题进行讨论。对于很多问题，我以前也关注过相关的学术争论，也接触过不同的学术观点，在这些问题上也有自己的看法。在卫老师的导师指导课上，我才得以对于这些学术争论、学术观点进行全面梳理和系统学习。在学习过程中，对于三类问题的学习尤其让我受益匪浅：一类是以前有所接触但理解不深的问题，如政治经济学的研究对象、生产方式、重建个人所有制等问题，对于这些问题以前我虽有所了解和思考，但对于经典作家的原意没有准确把握，对于理论掌握不够系统；在卫老师的指导下进行热烈讨论、系统学习和深入思考后，才觉得自己掌握了这些理论。第二类是自己耳熟能详、确信无疑但却可能存在问题的观点，比如货币是"特殊商品"的观点，分配中的"效率优先、兼顾公平"的分配原则；经过学习，才知道这些流行的观点或原则存在一定问题，或有历史的局限性。第三类是一些以前我没怎么注意到的问题，如社会主义经济和社会主义市场经济的区别、粗放型经济增长方式和外延型经济增长方式（包括集约型经济增长方式和内涵型经济增长方式）的区别，等等。

除了知识的学习，卫老师在科研态度、学风等方面对我们的影响更加重要。

（1）强烈的使命感和责任感。改革开放后，我国开始引入西方经济学的教学，用西方经济学的范式分析经济问题成为潮流，马克思主义反而有被边缘化的趋势。在这种趋势之下，一些学者开始打着马克思主义的旗号贩卖西方经济学的理论和思想，对马克思理论肆意曲解、错解；卫老师对这种情况尤其不能容忍，在跟这种行为作斗争、正本清源方面花费了相当多的精力。我们在攻读博士学位期间，卫老师在坚持劳动价值论方面与错误的观点进行了坚决的斗争，导师指导课上，卫老师花了很多时间对种种非马克思主义的观点进行了剖析，让我们能够认识清楚那些观点的非马克思主义的性质，坚持马克思主义的信念更加坚定。

（2）严谨的科研态度。卫老师撰写的论文论证极为严密，语言非常严谨；在一次导师指导课上，卫老师让我们对他刚写好的一篇论文提些建议和意见，我们在仔细阅读后，在观点和用语方面，我们每位同学都提出了几个小问题，但经过大家讨论后，发现还是卫老师的观点和用语表达最为准确，最后只有一位同学提出的一个建议大家一致觉得比较合理且最终为卫老师所采纳：把卫老师文中提到的一篇论文的题目《本本主义不是科学的态度和思维方式》的简称由《本本》改成了《主义》，这样更能对应卫老师在该文中提到的自己的一篇论文《深化劳动价值理论研究要有科学的态度和思维方式》的简称（《方式》）。卫老师严谨的科研态度尤其表现在总是要求我们准确理解马克思主义经典作家的原意，不能误解和曲解；在论文中，卫老师总是大量全面系统引用马克思主义经典作家的原文，全面系统展示马克思主义经典作家所要论述的观点。在卫老师的影响和要求下，我们在做学问上也更加踏实和严谨了。

（3）实事求是的学风和研究作风。导师指导课的第一堂课，卫老师就跟我们强调要"不唯上、不唯书，不唯风、不唯众，只唯实"，强调"理论是真理的喉舌"。卫老师坚持马克思主义，是因为马克思主义的科学性。卫老师一生致力于坚持、维护和宣传马克思主义，从不受外界的环境所左右，无论是左倾错误思潮泛滥的时候，还是新自由主义大行其是的时候。作为卫老师的学生，我们也牢记卫老师的教诲，坚持用马克思主义的立场、观点和方法来分析现实的问题。

课堂上的言传身教，给我们以后的学术之路打下了坚实的基础，首先是奠定了我们写好博士论文的基础。博士论文的写作，对每一位求学者都是挑战极大、极为艰难的事情。我在选题的时候就遇到了困难，我当时特别想选国有企业改革方面的题目，但当时在国有企业改革方面社会上有较大的争论，这方面的题目稍显敏感，我自己有些担心难以把握住这么敏感的题目，另外，我也想写城乡关系方面的题目。挣扎、纠结，不断摇摆，后来卫老师建议我选城乡关系方面的题目。卫老师认为，随着乡镇企业和农村工业的发展，我国城乡产业结构早已不再是"城市—工业、农村—农业"的产业结构；而当前我国城乡产业结构出现了很多问题，卫老师建议我探寻城乡产业结构优化的规律。城乡产业结构也属于区域经济学研究的范畴，在论文写作过程中我感觉到了在区域经济学方面知识储备的不足，卫老师建议我向时任中国人民大学区域与城市经济研究所所长陈秀山老师请教，陈老师的帮助对于我毕业论文的完成起到了很大的作用。论文写作过程中，卫老师给予了全面的关注和指导，写作中遇到困难向卫老师请教，卫老师总能给出解决问题的方向甚至方案。记得写作过程中我对于历史上农业和工业发展进程的规律及原因不是特别清楚，卫老师告诉我马克思对这个问题已经有比较深刻的阐述，并告诉我去查阅《剩余价值理论》相关章节。我赶在 2005 年春节前将毕业论文的初稿交给卫老师审阅，春节过了十几天，卫老师就让我去他家，就我的论文中存在的一些较大的问题跟我进行了长时间的交流，此外，论文稿上还有大量的批注，显然，卫老师牺牲了春节假期的休息时间来审阅我的论文，以便我能有更多的时间进行修改。卫老师不但耐心督促指导学生认真撰写论文，而且也总能激励学生，给学生以信心和勇气，虽然卫老师不怎么夸人，但总能通过一定方式激励学生。记得当时根据学校的规定要抽出一批论文进行匿名评审（其他论文不匿名），从学生的角度，当然是希望自己的论文不用进行匿名评审，我当时有些忐忑，并将这种不安告诉了卫老师，卫老师淡淡一笑，"匿名不匿名都无所谓"。虽然只是简单的一句话，却让我的心沉静了下来。

都说"三流的老师教知识，二流的老师教方法，一流的老师教境界"，在跟着卫老师学习的日子里，我能感觉到自己学术境界的提升，卫老师为我们打开了经济科学殿堂的大门。

二、时刻关注学生的成长

除了上课和撰写毕业论文这些教学领域，卫老师在各个方面都关注学生的成长。督促学生进行科研、撰写和发表学术论文是卫老师培养学生的非常重要的方式，课堂上就经常提醒学生可以对某些问题进行研究并发表论文，同学们也经常就自己撰写的论文请卫老师指正。卫老师如果看见好的论文，就会推荐到合适的刊物上发表。我毕业论文写的是统筹城乡产业发展的问题，需要对马克思的统筹城乡发展的理论进行全面梳理和总结，我花了大量的时间，以已有研究为基础和线索，对马克思主义经典作家有关统筹城乡发展的论述进行了全面系统的收集，并按照自己的思路整理出一篇论文，将马克思主义的统筹城乡发展理论概括为统筹城乡发展动力论、统筹城乡发展条件论、统筹城乡发展目标论和统筹城乡发展实现论，并将题目定为《马克思主义经典作家论城乡统筹发展》。我把论文交给卫老师请他批评指正，卫老师浏览了一下论文后非常高兴,并说他要好好看一下这篇论文。过了两天卫老师把我叫到他家里,就论文的修改提出了详细的意见,让我比较意外的是,卫老师还写了一封推荐信,让我把论文修改好后寄给《当代经济研究》编辑部。寄过去后,编辑部对这篇稿子非常重视,经过相应的流程后这篇论文很快就发表了,到今天,这篇论文仍然是我所有论文中引用率最高的论文。通过撰写和发表这篇论文,尤其是卫老师在整个论文写作过程中的指导,我感觉自己在写论文的规律的认识方面正在慢慢地由自发阶段向自觉阶段转变。毕业以后,虽然没有再让卫老师推荐发表论文了,但经常就撰写论文的问题向卫老师请教,尤其是就某些自己搞不清楚的问题向卫老师请教,卫老师一如既往耐心细致地提出自己的意见和建议。

看到学生在科研方面取得一定成绩,卫老师总是会非常欣慰。学生麻烦卫老师比较多的一件事是请卫老师写专著的序或书评。毕业后我一共独立发表了三部专著。每次写好书稿,我都会向卫老师请教,并请卫老师写序。卫老师总是欣然同意。在每一本专著的序里,除了介绍专著及相关情况外,还有对作者的鼓励和期许。由我的博士毕业论文修改而成的专著《我国城乡产业结构优化研究》,卫老师还写了书评并发表在经济学核心期刊上。无论是写序,还是写书评,都花掉了卫老师很多时间,我有的时候很是愧疚,但卫老师却总是不以为意。我个人理解,帮助学生成长是卫老师非常愿意做的事情,甚至把它看作是自己工作的重要组成部分。学生任何方面的成长,卫老师都很关注,尤其是像评职称这样的大事。在学院里跟我竞争评职称的是几位资历很深的老师,所以我第三次参评才得以评上教授;整个过程卫老师都比较关注,对于评职称过程中的一些注意事项,卫老师还会提出自己的意见,包括如何向评委介绍自己、如何回答评委提出的问题等;第一次、第二次评职称失败,卫老师都鼓励我不要灰心,要继续努力;后来当我把评上教授的消息告诉卫老师的时候,卫老师非常高兴,我想这可能比他自己当年评职称成功都要更加高兴,对于自己的事情,卫老师一向是比较淡定的。

卫老师不但关心学生的成长,而且也关心学生所在单位的发展。我所在学校的经济学科处于发展过程中,学科建设的任务比较重,经常要搞一些科研活动和学科建设的论证工作。因为卫老师崇高的威望、渊博的学识和丰富的学科建设经验，学院领导都特别希望能够邀请到卫老师参加活动尤其是学科建设的论证工作。对于这些活动，卫老师几乎是有求必应，只要有时间，都会来参加，而且是义务参加，不收取报酬。我每次去拜访卫老师，卫老师除了询问我本人的教学科研情况，都会问及学院的发展情况，而且每次谈及都记得学院几位院领导的姓名；卫老师为我们学院的发展作出了很大的贡献，为学院的发展感到由衷的高兴。

三、日常交往中慈祥的长辈

关心和帮助学生成长，是让学生受益最大的事情，而关心学生生活等则是最令学生感动的事情。师门流传着各种各样的卫老师关心学生的故事，包括资助刚毕业不久的学生买房、给生病学生送药等。学生的各种各样的私事，卫老师也是有求必应，从来没有拒绝过。师门流传着一句话，"卫老师对学生比对儿女更好"。因为我和卫老师的女儿在同一所学校，所以跟她也很熟悉，我知道这句话是真的。对于儿女，卫老师更多的是严格的要求（在事业上要求儿女们自己努力），而对于学生，除了学习科研上的严格要求，其他方面则更多的是支持、包容甚至是"溺爱"了。

每次想去看看卫老师，他从来不会拒绝，哪怕再忙，也会约好时间。很多长辈在晚辈想去看望的时候，总因为担心晚辈忙而不让来看望，或总是客气一下，卫老师从来都不这样，卫老师知道去看望他既是学生发自内心的心愿，也是一个交流的机会。我去看老师时非常随便，一般带点鸡蛋、牛奶或水果等，或者是家乡捎来的特产，而卫老师有时也让我们拿些东西回去。很多时候去看卫老师时我还愿意带着夫人和孩子去，这个时候卫老师会更加高兴，一定要跟孩子聊上一会，问问学习等方面的情况。卫老师特别看重与学生的这种来往，也非常平易近人，并尊重学生。有一次，我跟卫老师约好下午去看他，到他家后，保姆说卫老师上午参加的会议结束比较晚，他刚休息了一小会儿。考虑到卫老师比较累，我决定等卫老师睡醒以后再聊。等了一些时间，单位有个重要的事情找我，我跟保姆说明后天再来看卫老师。过了不久，卫老师就给我打来电话，后面又发了短信，批评我说到了以后应该立刻叫醒他，他觉得来了没有见上面是个很大的遗憾！

跟卫老师交往这么多年，有太多让我们感动的事情！卫老师是伟大的，他的贡献、他的德行，你找不出其他更好的词来形容他；卫老师又是平凡的，他就像慈父，一直在学生的身边！卫老师就像明灯，一直照亮和指引学生们前行的方向！我们也一直以卫老师为榜样，争取按照卫老师教育、对待学生的方式来教育和对待自己的学生。

（作者系 2002 级博士，中国政法大学商学院教师）

磊落人生终无悔 呕心为国育良才
——深切缅怀恩师卫兴华

石晶莹

距离恩师离开我们的日子,已经接近一年的时间了,对恩师的思念之情却从未淡漠。回想起每年的10月6日,乃是祝福他老人家"生日快乐"的日子,而从今以后却再也没有这样的机会了,泪水不禁又模糊了我的双眼。回忆起跟随卫老师的求学经历以及毕业之后同恩师相处的点点滴滴,思绪万千竟不知从何说起……

作为一名真正的共产党人,卫兴华老师历经磨难、久经考验。无论是"国民党的监狱"还是"造反派的牢房"都不曾磨灭一个共产党人"不忘初心"的坚强意志;作为一名杰出的马克思主义理论家和共产主义战士,卫兴华老师捍卫真理,忠诚于信仰,具备实事求是的科学态度和严谨的治学学风,坚持"不唯书,不唯风,不唯众,独立思考"的高贵操守,为捍卫和发展马克思主义理论作出了杰出的贡献;作为一名具有高尚品德的师者,卫兴华老师始终孜孜以求、细心授业,关怀和爱护学生,给予学生以正确的世界观、人生观和价值观的引导和培养,带领学生们走进经济科学的殿堂。在2019年10月1日庆祝中华人民共和国成立70周年之际,卫兴华老师荣获"人民教育家"和"最美奋斗者"的称号,乃是当之无愧、众望所归!

卫老师的学术研究成就,是伴随着共和国经济建设的脚步并指导着中国经济改革的实践而逐步积累而成的。他对马克思《资本论》的研究与教学极大地推动了马克思主义政治经济学的中国化和时代化;他对中国社会主义经济理论的探讨与研究，时刻把握着时代的脉搏，指导着中国社会主义经济建设和中国社会主义市场经济体制改革的实践，为中国特色社会主义政治经济学理论的构建做出了卓越的贡献。尤其是近年来，在我国市场经济体制改革逐步走向深入时期，内外均衡、收入分配等生产关系领域的矛盾逐渐显露甚至尖锐起来，持有不同"立场、观点及目的"的经济学者对经济形势及经济政策给予了不同的解读，提出了不同的解决方案。在这一充满矛盾的历史时期，我坚信有卫老师这样的坚持马克思主义阶级立场的为人民群众说话的经济思想、经济理论和经济主张的存在，中国就会有希望，中国的经济体制、政治体制的改革就能够顺利地涉过深水区，最终实现中华民族伟大复兴这一目标。此外，卫老师的教育成就也是硕果累累，他几十年来培养出的经济学人才奋斗在祖国的各条战线，都作出了各自应有的贡献。总之，关于卫老师取得的学术成就和教育成就乃是国人有目共睹的，师门中的兄弟姐妹们也已经写作了多篇文章进行了概括和总结。在此，对于卫老师的学术成就和教育成就我就不再赘述了，我仅从个人感受出发来回忆和介绍一下卫老师对学生们的培养、关怀和期望的一些日常事迹。

2003年秋季，我考入中国人民大学，师承我们敬爱的卫兴华教授。三年的学习过程，使我从东北一个名不见经传的师范学院的教师成长为天津财经大学的教授，这与卫老师的悉心培养与教育是分不开的。卫老师给我们上的每一节课、为我们修改过的每一篇论文和纠正的每一个错别字都转化为让我们茁壮成长的沃土，使我们在学识、修养和工作能力方面都有了极大的提升，为我们走上未来宽敞的人生大道打下了坚实的基础。

卫老师对待自己的每一个学生，都像一位老父亲一样。每一个孩子的成长和进步都倾注着他老人家的心血和汗水。孩子们取得的每一个成绩都会给他带来极大的幸福和欣慰，孩子们在工作和生活中遇到的每一个不顺都会成为他最大的牵挂与惦念。记得2006年9月，我刚刚来到天津财经大学经济学院工作，学院领导有邀请卫老师来我校做学术报告的意愿。当时卫老师已经82岁的高龄了，由于担心老师的身体，我思虑再三、很犹豫地把这个消息告诉了卫老师，卫老师二话没说就表示同意了，第二周的星期一就从北京坐车颠簸了三个小时，来到我们学校做了学术报告。我深知这次学术报告，卫老师一方面是要传播马克思《资本论》的思想理念；另一方面是为了我这个学生能够在新的工作岗位上尽快打开局面而起到一个引领的作用，使我能够像一只初飞的雏鹰一样，无所畏惧地飞向蓝天。在卫老师身体力行的鼓舞之下，我工作积极努力，学术和教学水平上升很快。2008年11月，我从激烈的竞争中脱颖而出，晋升为"教授"，卫老师在我打给他的电话中听到这一消息时，喜悦之情溢于言表，跟师弟师妹们说，"你们的石师姐晋升为教授了"……卫老师还叮嘱我说，在教授岗位和在副教授岗位已经有所不同了，无论对自己的学术水平还是教学工作都要有更高的要求了，决不能松劲儿，要为国家多培养人才，多做贡献。卫老师关心学生、爱护学生、鼓励学生的事迹还有很多很多，他老人家的每一位学生都会有独特的体会，我就不一一列举了。

在卫老师身边学习，深刻感受到卫老师豁达乐观、无私无畏的人生态度。老师给我们讲过，"文化大革命"时期他被抓进牛棚的情景，无论"造反派"怎么折磨他，都不曾动摇他的理想和信念，每次审讯过后，他还是该吃饭时能够吃得下饭、该睡觉时能够睡得着觉，卫老师这种顽强的精神力量使'造反派'们束手无措……豁达乐观的人生态度赋予了卫老师坚强的意志和健康的体魄，使他能够承受人生道路上的各种暴风骤雨的考验，成为一个笑到最后的人。经常有人问我，你的导师卫兴华有没有什么长寿的秘诀呀？比如说锻炼啦、养生啦？我的回答是，"卫老师从不锻炼，也从没见其养生过"。卫老师粗茶淡饭生活简朴了一辈子，他每天除了休息和吃饭，时间全部都用在了工作、学习和写作上了，他舍不得把宝贵的时间用在健身和养生上。在我看来，卫老师之所以能够长寿，除了豁达的心态之外，更重要的因素就是，他的心里从来没有"小我"，从来不纠缠"个人利益"、不纠结"个人得失"，老人家为了祖国的教育事业和人才培养，先后把国家奖励的近200万元奖金全部捐出，毫无保留。工作的几十年来，卫老师把自己的全部身心都献给了他所热爱的马克思主义政治经济学这一事业、献给了他所热爱的祖国和人民。世界上使人长寿的原因有许多种，但是我坚信，乐观豁达、境界高尚、杜绝"小我"、没有私心，这才是专属于卫老师的长寿秘诀呀！

师从卫兴华老师的三年博士生学习生涯，是我人生的转折点。这一人生转折点不仅仅是我命运的转折点，使我举家从东北一个五线小城搬迁到全国直辖市天津工作与生活，更是我的世界观和认知能力的转折点。我过去的工作与生活大多是随波逐流、胸无志向、目光短浅的仅仅关注"小我"和"小家"的利益，通过卫老师的精心培养、言传身教，我坚定了理想信念、明确了人生的奋斗目标，深刻地认识到作为一名高校教师，自己对国家和社会的责任。

在我看来，能够成为卫兴华老师的学生，不仅仅是一种幸运和荣幸，更是一种动力、压力和挑战。我经常扪心自问，"作为卫兴华老师的学生，你为国家作出什么贡献了吗？面对恩师的期望，你感到惭愧吗？"这样的疑问和压力，经常使我惶恐不安，促使我从灵魂深处去寻找自己的缺点和不足。而每当我惶恐不安时，我耳边就会响起卫老师的"打铁还需自身硬""为学当如金字塔，要能博大要能高""勤奋学习、深入钻研、不急功近利、不浮躁""青年学者心中应有国家和人民的利益"教诲，这些教诲给予我源源不断的内生力量，常使惶恐和不安转化为鞭策和动力。

卫老师虽然离我们而去了，但是卫老师的音容笑貌将永存脑海，卫老师的鼓励与鞭策将永驻心间，卫老师"为祖国的教育事业奉献终身"的精神将幻化为我前进道路上的无穷动力。余生，我将竭尽全力去完成卫老师的遗愿，刻苦学习马克思、恩格斯、列宁、斯大林、毛泽东和邓小平等经典著作，关注习近平中国特色社会主义建设的理论及实践，投身于马克思主义的中国化和时代化、发展并振兴中国特色社会主义政治经济学这一壮烈的事业中。我要以卫老师为榜样，努力为党和国家忘我工作，培养出更多的社会主义建设者和共产主义接班人，绝不辜负卫老师的培养和期望。

愿恩师的精神永垂青史！

愿恩师的事业发扬光大！

愿恩师的思想后继有人！

（作者系 2003 级博士，天津财经大学经济学院教授）

奋斗终生的战士
——忆我的导师"人民教育家"卫兴华

申丹虹

2019年12月6日,"人民教育家"国家荣誉称号获得者卫兴华走了,享年95岁。时隔近一年,当我写下这行字,眼泪还是不争气地流了下来。

卫兴华老师是我在中国人民大学的博士生导师。最后一次见他,是2018年1月同门师弟张健君新书发布会,我和师弟田超伟去家里接上已是94岁高龄的他。他很高兴,在发布会上做了现场发言。思路依然非常清晰,还谈了当时国际经济热点问题。

卫老师一直笔耕不辍,去世前几个月,还在《人民日报》写专栏,谈《马克思主义"行"的时代证明》《中国特色社会主义政治经济学的主线和逻辑起点》等。印象中,卫老师没节假日的概念,也没什么别的爱好,平时除了会客,就是教学和写作,是当之无愧的"最美奋斗者"。这是2019年为庆祝中华人民共和国成立70周年,中宣部等部门共同授予他的荣誉称号,也是他最真实的人生写照。

第一次见卫老师是在1993年秋天,那时我在中国人民大学经济系研究生课程班学习。系里安排"新生欢迎会",会议伊始,进来几个白发苍苍的老者。他们就是经济系大名鼎鼎的教授,其中就有卫老师。

2003年,我去人民大学参加学术会议,卫老师是主讲嘉宾之一。当时我正在备考人民大学博士。会议结束后,看到70多岁的卫老师推着自行车往外走,备感亲切,我走上前去自我介绍,说明想报考他的博士生的愿望,卫老师微笑着说:"欢迎呀!不过报考我的博士生的人很多,竞争很激烈。"我说:"没事,一年不行,就再考一年。"幸运的是,我第一年就考上了。

卫老师治学非常严谨,因为观点不同常和其他学者进行学术上的交锋和讨论,但这种讨论也仅限于学术范畴,不涉及其他。当年学术界有场关于价值论的大讨论。有次见卫老师,他问我,《经济学术史》,你看谁的教材?我说某某某写得很不错。说完立刻后悔了,觉得不妥,卫老师正和这位教授进行"学术争鸣"。没想到,卫老师好像猜到我的心思,说没事,要多看多读多思。事实上,是我多虑了,老师压根儿没当回事。

卫老师在学术研究方面,不唯上、不唯书、不跟风,始终坚持理论研究的科学性和严肃性。改革开放之前,极"左"路线盛行,他的观点偏"右";改革开放之后,大家思想解放,追赶学术潮流,他仍保持独立冷静的思考,观点貌似又有点"保守"。因此,他的学术观点并不讨巧、流行,也没有被媒体和大众所熟知和追捧,但我想这正是一个学者的"风骨",是我做学问的榜样和标杆。在他身上,闪烁着人格之独立、精神之自由的光芒。

卫老师是有信仰的战士,并且为了自己的信仰,奋斗了一生,工作了一生。他这一辈子,只专注于一件事,那就是传播和研究马克思主义经济学。

毕业后,我回到原单位中北大学工作,但只要去北京,就会去看望卫老师,卫老师非常关心普通高校的经济学教学与研究状况,我也会向卫老师汇报我的工作和研究状况,这时,我又像当学生时一样,听他讲述对一些问题的看法。卫老师身体一向很好,我以为会一直这样常去看他……

(作者系 2004 级博士,中北大学经济与管理学院硕士生导师)

在人民教育家卫兴华身边的日子
——追忆恩师卫兴华先生二三事

侯为民

每个人的一生中都会遇到很多人。只有命运的宠儿，才能有幸在生命的河流中见识到引领潮流的浪花，才能有幸遇到真正的大师，才能有幸在大师身边学习和生活。我就是这样的一个幸运儿。师从卫兴华老师攻读博士，是我人生最大的幸运，也是最大的荣誉。对中国而言，卫兴华老师用他自己的笔，将自己曲折、战斗、平凡而伟大的人生奉献给了世界。于我而言，老师是将一个丰富的精神世界带入了我的人生。

老师是有信仰、有志向的人。他经常对我们说，改名明志，是他一生无悔的选择。王安石云："而世之奇伟、瑰怪，非常之观，常在于险远，而人之所罕至焉，故非有志者不能至也。"不谋个人显贵，唯求中华崛起，有了这样一个志向，卫老师之当得大师，也就不足为奇了。然而老师是谦和的。他对我们说，他就是一个农家弟子，是对国家和民族的使命感使他走上了革命道路，是马克思主义的真理魅力引领他走上了经济学理论研究的领域。

老师是非常节俭的。记得在校读博士期间，每次讨论课前，老师都会安排给我们复印一些资料。这些资料多是学术期刊上发表的文章，有些文章是对马克思主义某个观点的所谓新解读，有些则是结合实际进行的所谓新阐述。老师是让我们对这些文章的观点进行评论，让我们结合所学的马克思主义原著的论述来理解、辨别相关理论问题。每次拿到这些材料时，我发现多数都是用的已经打印过的纸。老师说，我们国家还不富裕，纸张看起来是小事，但我们学习的是知识，不是打印正式稿件或报告，能节约就要节约。老师不讲究吃穿，饮食简单，衣着朴素。"求田问舍，怕应羞见，刘郎才气。"他说，现在的生活已经很好了，在物质上要知足，在精神上要知不足。中央电视台《大家》栏目，曾经拍过一期栏目《卫兴华·我依然在燃烧》，里面有老师做菜的镜头，真实反映了老师的日常生活。我在老师家多次留下来吃饭，真正体会到老师的简朴。老师平时就是这样的，饮食简单，有时炒一两个菜，煮点面条，就是一餐。节约下来的时间，他都用来读书、教学、写作和做研究了。

老师也是特别大方的。对于学生，老师不仅在知识上倾囊相授，在物质上也是照顾有加。对于困难的学生，他是特别关心的。一位师兄遭遇了车祸，老师资助其家里，帮助解决医药费。老师的家乡来人和过去的学生看望他所带的节日礼品，他总是尽量留下来。我们这些学生去他家时，每每空手而去，满载而归。特别是在教师节、中秋节等重要节日时，我们带去的少，拿走的反倒更多。山西的月饼、核桃、小米，还有20年的汾酒陈酿，这些年来品尝了很多。知道我们爱吃石榴，老师也常常会留下两个，我们过去时一定让带走。

老师是勤奋的。他的文笔之快，令人感到惊讶。作为一个出生于20世纪20年代的人，他不会打字，只能用笔写作。但就是用笔，他的写作速度和写作效率也超出我们甚远。读博士期间，我还不理解这一问题。及至工作后，由于《马克思主义研究》等杂志和我们编撰的一些文集需要向老师约稿，我介于其中承担联络、校对之责，始对此有所感悟。每次约稿，老师的稿件篇幅均在15000字至20000字，不仅按时交付，更是常常提前交付。老师写稿之快，一来在于他对于最新的理论动态掌握非常清楚、精准；二来他自身的理论功底深厚，能够很快把握一个选题的主要方向和本质。最关键的，我觉得还是在于他能静下心来，排除干扰，心无旁骛。记得有一次去看望老师，谈了一会儿后，他即没有意兴了，说自己要赶一篇稿件，我们只得告辞。还有一次，他因病在床，我送去稿件时，他直接让师母孟氿鬟老师将一个小桌板拿到床上，披着被子在床上完成了修改和校对，才让我带稿件回去。

在稿件修改和编辑过程中，老师也是注重与时俱进的。为了不耽误出版周期，每次因编辑要求需要对稿件进行修改或调整时，往往是一两日便能返回。在对待稿件上，老师极其严谨，对每个字的改动均极重视，从不忽略。有时他对个别的调整有不同意见，即重写一段话给予改正，而不是随意认可编辑的改动。为了提高效率，减少来回奔跑、送稿的时间，他经常让我们将稿件的电子版发到他的电子邮箱，后来则直接让发到他的微信上。他则安排在校博士生打印出来，在打印的稿子上用笔修改，然后拍照发给我们，让我们按照他所改动的进行调整、再编辑和校对。这种传统和现代相结合的方式，对他而言真是将个人技能与现代技术的融合运用到了极致，也可以借此看出他的学习精神。尤其是以 90 岁的高龄仍然能够熟练运用微信，不能不说让人叹服。

老师的勤，不仅在勤读、勤思、勤写，还在于勤听。他专心理论、关心学术，注重跟踪学界的动态。即使在他生命的最后日子里，他仍然关注着各种学术声音，希望及时了解自己从事一辈子研究的马克思主义经济学理论的发展。2019 年 9 月，我和咏梅去北医三院看望老师，恰巧赶上医院安排给老师换病房。老师被推入新病房并被大家合力移入新床后，借着换氧气面罩的间隙，他即问起我们的近况，问及社科院那边最近有什么研究新动态。尽管住院已有一段时日，但老师的声音依然中气十足，与给我们上课时一样。在简短的对话中，他思路清晰。但氧气管使他的发音受到影响，因担心他交流吃力，我没有说太多。为了不影响他休息静养，我们不得不离开病房，不想就此竟成永诀！

作为一位人民的教育家，一位杰出的马克思主义理论家，老师是一个有原则性的人。在理论立场上，他永远态度鲜明，从不随风转。在我跟随他读博士的 3 年时间里，他最强调的就是要坚持服从真理。他曾多次对我们说，"做研究、做学问，必须要为人民说话"。同时他也强调，"不能说过头话"。即使在我赴中国社会科学院工作后，他仍时时告诫我们，不能丢掉马克思主义经济学的立场。他不赞成本本主义、教条主义的一套，也不认同强迫别人认可某一种既定的观点。但是，他更反对借着研究马克思主义、宣传马克思主义的旗号，曲解和错解马克思主义。他认为，那样做就是将自己的东西强加给马克思，是必须要反对的。学术界有一个赞誉，说他是马克思主义理论森林中的一只啄木鸟。在我给他写的介绍其经济思想的文章时，曾引用过这一说法，他是很乐意这一称呼的——尽管对于其他一些赞誉，他不乐意接受。在我看来，还有一个称号他也特别在意，那就是称他为中国的《资本论》研究权威。尽管他反对权威的说法，但在《资本论》的研究上他可以说是耗尽了一生的心血，是当得起这个称号的。香港有个杂志《前哨》曾刊载了一篇文章，题目就叫作《资本论研究权威——卫兴华》，文章中专门配了一张照片，老师面向左边读书，因谓之曰"读书看报时也是左的风度"。老师深以为然，他自豪地说："我是革命的左，不是带引号的左。"

老师鼓励学生多读、多听、多看、多思，还鼓励我们多走出去，多交流。他说，多听听别人的意见和观点，对于拓宽自己的思路大有益处。做学问，除了比较和鉴别，还要多和学界同仁交流，特别是要尊重老专家的意见。2005年9月，我刚刚博士入学不久，老师就让我陪同参加由中央编译局和武汉大学联合举办的第二届"全国马克思主义论坛"。会议之余，他不顾高龄和腿脚不便，专程去看望了张培刚先生和谭崇台先生。彼时，张培刚先生住在学校的招待所里，听力下降，发音不清，但老师和他交谈甚热烈，谈了近一个小时。出来后老师对我叹息说，张先生是发展经济学的创立者，是可以获得诺贝尔经济学奖的，本应作出更突出的贡献，但被"文化大革命"耽误了太多。去谭先生那里，则是另一种情形了。谭先生的家在校园的家属小区中，他住在二楼，并不高层，但楼梯台阶颇高，对老年人来说的确是个挑战。当我们上到二楼时，谭先生已经等在门口。他惊讶于老师的身体敏捷，并叹息说自己腿脚不便，已经不能自由上下楼了。谭先生是一个很幽默的人，谈锋甚健。话匣子刚一打开，他就拍着自己腿说，这里不行了。又拍着自己的头说："这里还行，现在就是多看书，多读书，多思考，但动笔较少了，主要是记忆力开始衰退了。"老师则说，自己现在的记性力尚可，还经常写一点东西。谭先生当然知道老师在学术上的高产，却笑着指着自己的夫人说："你还记得她的名字么。"在得到否定的答复后，他还专门提醒老师："她叫韩中英，好记，是三个国家的简称。"谈兴由此展开，两位老人谈起当年的狭小住房，谈改革开放初期学术会议上的交往，谈学术界的旧人往事，谈当前的理论研究动态。不知不觉，一个半小时的时间就过去了。待到我们起身、准备告辞时，谭先生忽然用手拉住老师，指向韩中英老师笑吟吟地问道："看看你的记忆力怎么样？你还记得她叫什么名字吗？"老师自信地用洪亮的山西话大声说道："记得，她叫韩中美！"大家都大笑起来。卫老师记住了三个大国，但因前面谈话中出现了中美关系话题，不假思索中竟以"美"代"英"了。不过，在我看来，老师的记忆力非常惊人。正如他对理论界新出现的重要新观点一样，他随时都可以指出是谁人所写，发表在哪个刊物、哪一期上，这是我们年轻后辈所远远不及的。

老师是一个战士，他对鲁迅是崇拜的，尤其欣赏鲁迅先生提出的"韧的战斗"精神。曾经有一次，在老师家聊天时，他说鲁迅对自己影响甚深。我提议带他去北京鲁迅故居观瞻一下。在这以前，老师一定是专注于研究，没有这个空闲了。但那一天老师兴致很高，欣然同意。于是我和咏梅抽出了个周末，带着孩子去接他，一同去位于西城区阜成门内宫门口二条19号的鲁迅故居。故居已经被改为展览馆，透着整洁与淡雅。老师在故居中观看甚细，看到展览中的介绍，鲁迅先生一生写作1000万字，老师感慨良多。他说，鲁迅的勤奋是常人所不及，如果鲁迅再长寿一点，一定会给后人留下更多的精神财富。同时，他也感叹自己在"文化大革命"中耽误了太多时光。不知是有意还是无意，那天老师专门要求在鲁迅那句著名的话前面留影，"自己背着因袭的重担，肩住了黑暗的闸门，放他们到宽阔光明的地方，此后幸福地度日，合理地做人"。也许，鲁迅先生的话，正适合用来为老师所从事的事业作一个注解，是他作为人民教育家的真实写照。的确，对于后辈，对于弟子，他永远怀抱着这样一份大爱。他曾对我说，"文化大革命"中曾经受到不公正的待遇，有些学生批斗自己，但自己并不怨他们，也不因此事而对年轻人抱有消极的看法。他觉得，时代的局限，终究还是要通过时代的发展来消解。

"夫岂不怀，高山仰止，愿言敏德，啜菽饮水。"在这个世界上，被冠以大师、名家的人很多。但我们真正在生活中密切接触、每每受教的大师往往却是了了。有一次去老师家里取稿件，老师对我说："很多人喜欢被别人称为泰斗、大师，自己也乐意做这个家、那个家，这样很不好。大师不是别人随便就可以封的，也不是自己想当就当的，做一个真正为老百姓说话的学者就很好了。"卫兴华就是这样的一个大师，是一个不想当大师的人，一个讨厌别人称自己为泰斗的人。尽管老师不愿被"名家""大师"所累，但共和国给了他这个荣誉。"共和国勋章"和"人民教育家"的称号，这些在老师生前获得的荣誉，是对他一生最高的肯定。

为人民发声，唯真理是求，这是老师一生的事业。当一个人用尽一生去做一件这样的事业时，他的事业就不再是他个人的事业了，他的成功也就是必然的。老师虽然去了，但他的事业还在。

（作者系 2005 级博士，中国社会科学院马克思主义研究院研究员）

深切缅怀卫兴华老师

赵兴罗

2019年12月6日下午下课，在一个学术会议群里突然出现了一个卫老师的讣告，紧接着就看到一连串的"卫老千古"的祈祷。我随即打电话到中国人民大学经济学院办公室确认，得知卫老师真的离开了我们。

2005年9月，我正式跟随卫老师从事理论经济学博士后研究工作。在这之前，我主要从事政治经济学研究，参加过几次"全国社会主义经济理论与实践研讨会"，领略到卫老在马克思主义政治经济学领域的深厚造诣。在人民大学待了一个学期，随2005级博士生听卫老师讲课，每次都被他极端认真授课的精神感动着。因各种原因，之后就是断续地待在学校了。期间，我的专著《分配领域的公平与效率问题研究》一书即将出版，但作为初涉学术大门的我，根本不敢奢望卫老师这样特别大的"大家"能帮我作序，在一次和卫老师聊到这本书稿时，他主动提出乐意帮我补一个序，我受宠若惊，就赶紧先拟了一个稿子。第二天卫老师就把我叫到家里，稿子上面写得密密麻麻，多处留着被修改的痕迹，一看就明白了卫老师对这篇序的反复推敲和严谨认真的态度。我告诉老师由于博士毕业时，就已经选择了某校财税学院，这样出站后我就要转向财税理论研究，老师很理解地鼓励我说，不论教授什么课程，从事哪个领域的学术研究，只要认真刻苦，都一样能为社会做贡献，并建议我到人民大学财政学课堂听课。受到老师的鼓励和教诲，我利用在人民大学学习的机会，认真旁听和自学了财税相关课程，使我走出人民大学之后很顺利地完成了专业方向的转向。

翻开卫老师八十华诞学术研讨会论文集——《走进经济科学殿堂》，这本论文集，也是卫老师在我还没有到人民大学报到时，就开始指导我交上来的一篇论文。之后的出站报告，卫老师多次帮我修改初稿，提高了出站报告的质量，成就了之后该出站报告在短时间内被出版成书。

虽然我在人民大学待的时间不长，与老师相处的时间也很有限，教学科研工作又偏离了原本的专业方向，但恩师对我的教诲和鼓励始终激励着我。当看到老师荣获"吴玉章人文社会科学终身成就奖""人民教育家""最美奋斗者""中国经济理论创新奖获得者"等称号时，一方面替老师高兴，另一方面又被老师勤学不止的精神感动着，特意转发朋友圈祝贺、学习和致敬恩师。

自京回汉，再次翻出《走进经济科学殿堂》论文集，老师的音容宛在。虽然老师离开了我们，但老师一生勤学、勤思、勤写以及为党的教育事业而努力奋斗的精神将激励着我不断前进。在今后的学习和工作中，我一定认真学习和继承恩师的学术遗产，学习恩师崇高的人格风范，弘扬恩师的教育精神，为国家教好书、育好人，力争做一个合格的卫老师的学生。

（作者系 2005 级博士后，中南财经政法大学教授）

一代宗师的格局和情怀
——怀念恩师卫兴华教授

郝金洪

恩师卫兴华教授仙逝快一年了，时光很无情。

没有恩师的日子，孤独和失落不时来袭，曾经，过年过节抑或偶有顺道时的探望和谈心，而今，再没有机会亲耳聆听教诲。

2006年秋季，我正式成为卫老师的博士研究生。此前，我跟卫老师有一份特殊之缘，2003年我硕士毕业报考卫老师的博士，考取后没读，因为留校在中央党校工作了。当我2006年再次考上时，卫老师计划只招一位学生，并且已经有一位合意的考生，我感激卫老师那一年专门为我增加了1个名额，破格招了两位博士生。早已听闻，老师对学生的学习要求严格，一般是不愿意招收在职学生的，我珍惜这来之不易的师生缘，主动向老师承诺，一定好好学习，不让老师额外多操心。欣慰的是我做到了，没缺过一次课，且在3年后不少脱产读博的同班同学尚且未能如期毕业的情况下，我于2009年夏天顺利完成学业。记得老师在毕业典礼后跟我说了这么一句："你兑现了当初的承诺，我很高兴！"听了老师的一番话，3年来我第一次如释重负。

老师给我最深的印象是：一代宗师的大格局、大情怀！由于我在中央党校工作，在老师跟我单独相处时，较少跟我讨论学术问题，绝大多数的话题是关于党中央的重大决策部署、党校的理论教育、党的高中级领导干部的思想动态等，我也因此有幸能直接而深深地体悟到老师胸怀祖国、心系人民的大格局和深厚博大的情怀。每次跟老师交谈，我都受到很多教育和启发，我常常吃惊于他对经济学领域以外很多重大问题的洞察力和预见性。我深切感受到，他思考和关心的更多是于党于国于民于世堪称"国之大者"的大命题，他对马克思主义的信仰发自灵魂深处，把对党的忠诚看得远远高于一切，他深深关注劳动人民特别是普通老百姓的生活，维护较低层百姓和弱势群体的利益。正如他一直强调的，经济学家应该成为人民的经济学家、成为人民拥护的经济学家。我渐渐领悟到，作为马克思主义经济理论的大师大家，老师的思想远远不只停留于经济领域。他立足于马克思主义经济学，放眼经济、政治、文化、社会、生态等广泛的领域，思考的是关乎党和国家未来长远发展的理论与实践上的根本性大问题。不论现实如何变化、理论怎么发展，他始终坚守的是，站在最广大劳动人民的立场上。

不少人评价，卫老师是马克思主义经济理论战线上的一名战士，老师有许多时候是在与别人的理论交锋和学术争鸣中度过的，具有永不疲倦的斗争精神。记得有一次他专门问我：你怎么看待理论论战？我回答说：不同的理解程度、不同的解读角度，观点会不一样。他纠正我说：程度和角度不是本质也不会有什么危害，曲解、误解和错误解读马克思主义理论，结果就严重了。接着他很生气地说："有的人根本就没有系统地研读过马克思的著作，凭着个人主观理解和想当然，随意歪解、曲解、错解马克思主义和科学社会主义，搞先曲解后批判那一套，甚至得出完全相反、完全错误的观点和结论，这些观点一旦在理论界形成影响，那将贻害无穷啊。"我也因此真正明白了，老师之论战和交锋，决不是为了简单维护自身观点或一己之见，也不是因为学者之间狭隘的个人恩怨或门派之争，更不是仅仅为了维护所谓的学者面子和不让自己吃亏，他要维护的是马克思主义经济理论原著、原文、原理的本源本义，他容不得对马克思主义重要理论观点的错误理解甚至颠倒黑白。记得他还时常跟我们强调：要敢于为人民说话，不能一味替资本说话。只要仔细分析和研究卫老师与他人的理论争论，不难发现，他要坚定维护的，是马克思主义经典的科学原理，是共产党人的理想和信仰，是决不愿看到老百姓吃亏的人民立场，说到底，是不愿意看到中国特色社会主义事业因理论上的错解而受到损害。作为一名坚定的有筋骨的马克思主义的捍卫者，面对各种错误理论观点，老师不愿意睁只眼闭只眼而随波逐流，挺起脊梁进行坚决抗争，体现的是严谨的治学态度和鲜明的学风，表现的是强烈的历史责任感和中华民族复兴大业的匹夫责任，凭的是一位老共产党员的党性与良心。

作为中国人民大学马克思主义经济理论学科的最早创立者之一，老师倾注了全部心血，他始终高度关切学校马克思主义经济理论学科的长远建设。记得在中国人民大学建校 70 周年纪念大会上，老师的一段讲话既语重心长又很有分量，他希望中国人民大学一定要培养马克思主义经济理论的堪当大任的接班人，一定要后继有人，这是中国人民大学的责任和使命。这一席话掷地有声，引来全场片刻静默和接下来许多人大人的心潮澎湃，这是以老师为代表的一代人民教育工作者熊熊燃烧的赤子之心，是老一辈中国人民大学人对新人和后学的拳拳期待。

因为以上种种，当 2019 年国庆节前夕，老师被授予"人民教育家"国家荣誉称号的那一刻，我由衷地领悟到那称号的厚重、深刻和贴切。

卫老师一生公开发表的文章不下千篇，令我等汗颜。每次看到他伏案疾书，我都打心眼儿里敬重和佩服。记得最后一次在医院跟老师交谈，他重病在身依然关心国内外大事，跟我们讨论理论问题，倾注他爱国爱民的真挚情怀。一位如此年纪的老人，没有选择安享晚年，而是笔耕不辍、忧国忧民，正是他那大师辈出的一代人坚定信仰和铁血担当的生动写照。

老师对学生发自内心的关爱是大家的切身感受。

2011 年底，我出版第一本专著，请老师题写序言，老师欣然应允，并且仔细询问在哪出版、经费如何？我告诉他，北京大学出版社正在为我申请出版专项经费。老师说，那就好，如果经费不足，你就拿到人民大学来，经费我给你想办法。我知道，那是老师为我不算宽裕的经济条件着想，那份心意至今令我温暖和感动。记得当年的博士毕业论文，老师帮助一遍遍地修改、审订，他的认真细致、一丝不苟深深打动了我，也让我懂得要爱惜老师的身体，再也不愿轻易占用老师宝贵的时间和精力。直到前年上半年，我的一篇学术文章因为体现了老师强调的一个重要观点，初稿完成后我请老师过目，老师肯定了文章的立意和研究视角，提了好几处关键的修改建议，还来回多次跟我探讨其中的一些问题，又专门给有关杂志推荐。

为了不影响老师的正常休息和用餐，我单独去看望老师一般都是选择上午 10 点后过去、11 点前离开，偶尔是下午 3 点后过去、4 点前离开，每次都尽量不占用老师过多时间。但是有一次，上午快 11 点了，我起身辞行。老师问我，上午还有没有其他事，如果没有，就在他那儿陪他一起吃午餐。我犹豫了一下说，那我请老师去边上的饭店吧。老师说，不用，他走起路来不那么方便。并且说，家里有现成的美食，就在家里吃好。我就留下来了，中午老师坚决不让我动手，他亲自下厨做了一顿丰盛的午餐，这是我有生以来吃得最美味、最享受的山西风味餐，也是与老师在其乐融融中轻松愉快交流的一次难忘经历，那情景时常萦绕在脑海，恍如昨日。

由于诸多原因，我一直落后于"QQ 时代""微博时代""微信时代"。老师在耄耋之年对微信等新生事物依然保持着积极的态度和热情感染了我，我也慢慢用上了微信。在我的手机里珍藏着一段微信记录，那是老师跟我通话的微信语音，虽然只有短短的十几秒，却成为我对老师音容笑貌的永远怀念。每每打开那熟悉而珍贵的音频，都会有想跟老师叙话的冲动，无奈已然天人相隔。

作为先生，老师是理论经济学的一代宗师、一面旗帜，老师的学问、成就、境界、格局、品格、情怀都令我等高山仰止、景行行止。有幸拜在老师门下受教，吾等使命，当为把老师的"人民情怀""崇高师德""真理卫士"等风骨努力传承下来，发扬光大，以告慰吾师英灵。

（作者系 2006 级博士，中共中央党校（国家行政学院）进修部副主任、教授）

论"卫兴华精神"

——纪念"人民教育家"卫兴华先生逝世一周年

张建君

习近平总书记指出:"一个民族最深沉的精神追求,一定要在其薪火相传的民族精神中来进行基因测序。"① 精神,是一个时代的标志,是一个国家的脊梁,是一个民族的心声。没有精神的时代,是荒蛮的、苍凉的,甚至愚昧的;唯有精神才能照亮一个时代、一个国家、一个民族前进的方向,给人民以信念和力量,成为国家和民族的永恒财富。

卫兴华先生在 93 岁高龄的时候,讲"我仍然在燃烧呢"。先生以愚公自勉,展现出天道酬勤、一往无前,为马克思主义教育事业不懈奋斗的决心和信心。2019 年,先生被授予"最美奋斗者"和"人民教育家"的殊荣,这是党和国家对先生奋斗精神的高度肯定,是中国教育界、中国经济学人的集体光荣。在中华人民共和国国家荣誉勋章和国家荣誉称号颁奖词中指出:"他是我国著名经济学家和经济学教育家,长期从事《资本论》研究,为马克思主义政治经济学中国化作出重要贡献,主编的《政治经济学原理》教材是我国影响力和发行量最大的教材之一。他提出的商品经济论、生产力多要素论等,在经济学界影响广泛。荣获孙冶方经济科学奖第一、二届论文奖"。② 这是对先生终身成就的高度褒奖,也是对先生奋斗精神的高度肯定。

---

① 习近平谈治国理政(第一卷)[M].北京:外文出版社,2014:265.
② 关于"共和国勋章"和国家荣誉称号建议人选的公示[EB/OL].中国政府网,http://www.gov.cn/xinwen/2020-08/03/content_5532167.htm.

先生的一生，经历了国家从积贫积弱走向独立自主、改革开放的伟大历程，先生的精神品质与学术追求已经矗立起了一座时代的丰碑——那就是"卫兴华精神"。先生作为一个平凡教育者所成就的不平凡的教育精神，可以高度概括为三个字——"德、勤、新"。

一、"德"——大德敦化

中国人"三不朽"有"太上立德"。在先生身上"德"字体现得尤为充分——即大德敦化的"德"。德教如春风，化育行天下，这是一个教育工作者的最高境界，是"卫兴华精神"的集中体现。先生的"德"字体现为三个层次。

第一层次体现为坚定的马克思主义、共产主义信仰，始终彰显出一个共产党员的品格、特点、初心和使命。无论是从青年时候，投枪进山、加入中国共产党，为新中国而奋斗，还是到解放后投入到革命建设的洪流之中，经历了五七干校、"文化大革命"时期极"左"错误等不公正待遇；先生对党、对马克思主义、对共产主义的坚定信念从来没有动摇过。在先生的文章、著作里面，丝毫看不到因为进了牛棚、遭受了不公正的待遇，对社会、对党的牢骚和抱怨。先生在改革开放伟业中不断推进马克思主义经济学的繁荣、创新，这种追求进步、蓬勃向上、坚持不懈的奋斗精神，始终彰显着马克思主义的理论品质与信仰追求。先生是马克思主义经济学的理论大家，在理论界享有崇高的社会影响，完全没有必要和有些持错误观点，甚至别有用心的人进行理论争论，但先生放下身段，为党的大政方针、为马克思主义经济学的正确理论大声疾呼，与错误言论和思潮斗争不已，被称为"马克思主义理论的清道夫"，真正体现了一个共产党员、一个共产主义理论战士、一个马克思主义经济学家的理论担当和高尚品质。

第二层次体现为先生对党的教育事业的无比忠诚。在先生的从业历程里，始终没有离开过教师岗位。从1950年进入教职直到去世，从教近70年，站在三尺讲堂，培育无数英才，体现了甘当教育孺子牛的奉献精神。现在，很多人是学而优则仕，先生是学而优则教。在此过程中，先生长期从事马克思主义经典著作《资本论》的教学研究，出版过《〈资本论〉的当代价值》《〈资本论〉简说》《〈资本论〉精选》等一系列研究《资本论》的教材、专著，被称为"杰出的马克思主义经济学家""中国《资本论》研究权威"。凤凰卫视拍摄的《巨匠：马克思主义经济学家卫兴华》纪录片，用白描手法充分展示了先生"一辈子一门课"的大国巨匠传奇事迹。可以说，先生为马克思主义经济学的教学研究和理论创新，奉献了一生。把忠诚于党的教育事业——这种教育者的崇高风范，展现得淋漓尽致。

第三层次是对学生、家人一例春风。先生对学生总是和颜悦色、有教无类，是"春风不语，桃李成蹊"的教育典范。在教育过程中，学生感受到了老师的关怀和关爱，就像父亲对待子女的感觉。先生和受教育者之间的和谐、融洽关系，使得很多学生对先生心向往之，经常求教于先生的门下，先生对学生的关爱无论是学术问题、还是生活难题，真正做到了"有求必应、有教无类"，不仅仅是在师门内，在更为广大的师生范围，在中国人民大学，在中国经济学界，大家都对先生形成了很高的评价，体现出"人民教育家"的崇高风范。先生对学生的要求就是："胸怀祖国、心系人民、志存高远、廉洁奉公、求真务实、至诚至信、追求真理、勇于攀登。"2016年4月，先生把"吴玉章终身成就奖"的100万元捐给"马克思主义政治经济学发展基金"，用于支持马克思主义政治经济学的教学研究与人才培养；2018年9月，在中国人民大学经济学院开学典礼上，先生以马克思为榜样鼓励青年学子"要做好文章，做好大文章，做好振兴中华的大文章"。

二、"勤"——天道酬勤

"勤"字是先生身上非常宝贵的品质。先生在科学研究方面，经常处于"白加黑、五加二"、焚膏继晷、兀兀穷年的勤勉之中。就像先生的孙女所描述的，晚上12点睡觉的时候，爷爷伏在书桌前在写作、在进行刻苦的理论研究；早上五六点钟上厕所的时候，爷爷还是那个姿态坐在书桌前进行自己的理论研究。无论我们什么时候去，先生跟我们谈的最多的就是理论问题，包括最近写的科研选题、研究心得，对国家政策、社会热点有什么样新的看法，等等。天道酬勤，体现在先生身上，有几组数据最能说明问题。

一是千篇论文。千篇论文是个什么概念？这叫著作等身，千篇论文垒起来能重塑先生的身体，是先生毕生心血的凝结。

二是40多部著作。先生以自己的勤奋、勤学、勤写，持之以恒、不辍笔耕完成了40多部的著作。

三是123篇论文被人大复印资料全文复印。中国人民大学报刊复印资料是中国最为权威的人文社会科学评价体系之一，全文复印标志着万里挑一的品质保障，123篇就是独一无二的学术辉煌。

天道酬勤，就是先生的学术精神，也是千百万中国人的生活精神。在伟大的新时代，我们需要像先生一样的奋斗者，以天道酬勤来推动自己的职业成就。正是这个"勤"字，让先生登上了学术的巅峰，为马克思主义理论大道作出了不可磨灭的贡献。"德"字和"勤"字的结合，把人民教育家最为宝贵的品质和风范体现得淋漓尽致，这正是创造中国经济崛起奇迹的全部秘诀。

先生讲，他不喜好旅游，也不喜好其他一切的活动，只喜好研究，以研究为乐趣。在先生去世前，书桌上摊开的仍然是先生还没有完全写完的手稿——有关马克思"重建个人所有制"问题的研究。在病榻之上，先生仍然在一笔一画写文章。这种笔耕不辍的勤奋精神，永远值得我们崇敬和学习，也是亿万中国人所共守的发展之道。

三、"新"——守正创新

1984年和1989年，先生两度前往日本早稻田大学、九州大学等多所大学从事学术活动和讲学，被日本多家报纸报道，日本《中国研究月刊》刊发日本山口勇教授撰写介绍先生关于经济体制改革思想的长文，称先生是"中国稳健的改革派经济学家"。一些人认为先生学术保守，事实上先生的学术历程一直与中国的改革进程息息相关。党的十九届四中全会有关社会主义基本经济制度有三方面的概括：一是以公有制为主体，多种所有制共同发展；二是以按劳分配为主体，多种分配方式并存；三是社会主义市场经济体制。这三个方面正是先生皓首穷经、不离不弃的理论选题。

在所有制研究方面，先生不但坚持公有制的主体地位，坚持多种所有制的共同发展，还提出了公有制实现形式与存在形式的区别，打开了公有制创新的大门。在分配理论研究方面，先生长期研究按劳分配和多种分配方式并存里面公平正义的实现问题；一方面坚持共同富裕，另一方面强调公平分配、避免两极分化。在社会主义市场经济体制方面，1987年，先生带领两位博士生洪银兴和魏杰提出了"计划引导市场，市场引导企业"的社会主义经济运行机制，阐述社会主义经济制度与商品经济的关系、计划与市场的内在联系，对国家宏观调控机制与市场机制的相互作用作出了经典阐释。现在来看，仍然是有关社会主义经济运行机制的最好表述。2019年，这一学术成果被授予第九届中国经济理论创新奖，理论贡献是"中国经济体制改革中，社会主义经济运行机制研究非常重要，它从理论上诠释了我国经济体制改革的演进和制度创新的路径"。

从中国特色社会主义经济理论体系的发展进程中可以看到，先生所反对的都被时代所抛弃，所坚持的恰好成为时代进步的基本经济制度安排。先生的研究，既不标新立异，更不墨守成规，而是守正创新，是把马克思主义政治经济学理论从传统推向现代，这体现了中国经济学的理论自信和学术创新。可以说，先生的学术成果是撑起中国特色社会主义经济理论体系的坚实柱桩。

先生"大德敦化、天道酬勤、守正创新"的学术人生，是新时代大奋斗者的一个杰出典范。卫兴华精神可以告诉后来人，第一，教育者应该怎么来教育人，秉持什么样的教育信念；第二，教育者应该自己怎么干，怎么样撑得起教育者称号；第三，教育者怎么样跟上时代的脚步，与时代同行。这种精神会让更多人看到平凡人所成就的伟大事业，激发起更多年轻人为中国特色社会主义不懈奋斗的决心和愿景。先生来自最平凡的社会阶层，创造了最不平凡的事业，靠的就是天地间最为宝贵的——对党、国家、人民、学生、家人的爱，这个爱成就了大德；靠的是对事业孜孜不倦的追求，以笔为刀、以纸为田的执着和奉献，完成了对于自己事业的提升和升华，留下了50多部著作，千篇以上的论文，成为一个时代的丰碑；靠的就是"不唯上、不唯书、不唯风、不唯众，只唯实"的学术品质和精神风范，走出了一条实事求是、守正创新的学术之路。

先生的学术品质和精神传承，能够让全世界的人看到我们中国人的伟大奋斗精神，看到中国经济学人持之以恒的伟大理论创新，先生的道德学问与天地同在，先生的学术精神光照千秋。

（作者系 2007 级博士，中共甘肃省委党校（甘肃行政学院）甘肃发展研究院院长、教授）

忆恩师卫兴华教授

尹 辉

2019年12月6日，恩师永远地离开了，带着对于马克思主义经济学理论研究的诸多眷恋和不舍。知道消息的时候，既愕然又悲痛，情感上完全无法接受这个事实。当年5月与恩师在积水潭医院见面的情形，还历历在目，恍然如昨：老师身体康复得不错，精神很好，我们聊了很长时间，恩师还饶有兴致地唱了几个抗日战争时期的歌曲。但孰能想到，变化会来得如此之快。

我2010年9月入恩师门下求学。犹记得第一次见卫老师时，心中的那份崇敬与忐忑！卫老师在理论界的学术地位与声誉众所周知，能在这样的一位名师门下学习深造，我作为一名普通的经济学博士生，感到荣幸至极。在卫老师门下学习、生活三年，受到老师诸多的教诲与关爱；在毕业后的岁月中，也得到老师不少的教导、关心、支持和帮助。而老师独立的学人风骨、严谨的治学态度、宽厚仁爱的为人处事品格和忧国忧民的博大情怀，是学生极为崇敬并努力学习的。

求学三年中，能有幸常与老师讨论一些理论界的热点问题和有争论的问题，卫老师不赞成理论界的部分"风派"理论家的做法。他始终认为，做学问就应该"不唯上、不唯书、不唯风、不唯众""理论是真理的喉舌，而不是权势的奴仆"。卫老师的整个学术人生，完整而准确地诠释了其学术格言，展现了其学人风骨。2012年9月27日，中央电视台科教频道《大家》栏目播放的《卫兴华·我依然在燃烧》，就是对卫老师学术人生和其学术格言比较准确的反映；而事实上，这部片子对卫老师学人风骨和学术品格的反映还不够。

在这部片子录制的准备过程中，我有幸参与了大部分的工作，节目的录制需要查阅卫老师发表于1978年之前的所有论文。自20世纪50年代发表第一篇经济学论文始，卫老师一直坚守其独立的学术品格，即使在"左"风盛行的年代，也依然不改其本色，不做"风派"理论家，也因此受到了许多不公正的待遇。我在想，在那个年代，需要多大的勇气去坚守自己独立的品格？高山仰止，景行行止，虽不能至，然心向往之。

在老师门下求学，同样深感于老师严谨的治学态度。老师写一篇论文，经常是数易其稿，反复修改和校对；很多时候，老师会让我从青年学者的角度，谈一谈我的个人看法和意见。老师一直以来很关注青年学者对重大理论问题的看法，只是我没有想到这种关注已经强烈地体现在老师的论文写作过程中。老师的治学态度于我影响很大，我在从事学术研究的过程中，也力求严谨；而在将经自己修改过几次的博士论文初稿从老师那儿取回的时候，我意识到我在治学方面的严谨还有很长的路要走。老师在我的论文上加注了许多不同颜色的批文，大到逻辑结构的调整、理论观点的表述，小到语言的组织、标点符号的使用，都进行了全面系统的修改。在论文的部分地方，老师批注了一些修改建议说供我参考，事实上，老师实在是太谦虚了，这些建议都是非常中肯的，而我所需要做的，就是依照建议进行必要的修订。不过，老师的这份谦虚倒是与其严谨的治学态度一脉相承的，语言上的严谨是其中非常重要的一个方面，这在我与老师平时生活中的沟通交流也体现得非常明显。求学时间苦短，有太多东西需要从老师身上学习，就这份严谨来说，到目前为止，我也仅是学到了一点皮毛。参加工作之后，对于严谨作风的重要性，感受更为深切；时常回想起老师的殷殷教导，感慨不已。

除却在研究治学方面受教于老师，在生活工作方面也受老师颇多关爱。我一直认为，老师与我的关系、老师之于我的意义，已经远远超越了师生关系所能涵盖的范畴。说来有缘，我与老师为同一个属相，年龄上整整相差一个甲子。在我眼中，老师不仅仅是一个全国闻名的大学者，更是一个慈祥、宽厚、仁爱的长者；而在这么多年的相处中，老师在诸多生活细节中所给予我的关爱，使得这份师生情更像亲情。我的脑海里经常浮现我与老师在机场的情形，一老一少说说笑笑地推着行李车行走在候机大厅，却也是一番别样的景象。只不过与常态相反的是，老者推着行李车，而少者却空着两手随行，引来众人诧异的目光。我与老师曾经开玩笑说："估计大家觉得这小伙子太不像话了，怎么能让一个满头银发的老先生推着车而自己却轻松地晃悠呢？"，老师听后哈哈大笑，说："看来他们误会你了呢，你也没有办法去解释，他们不知道我推着小车会走路更稳当、更轻松，小车就相当于拐杖了却比拐杖更好使。"行文至此，脑海里满满全是与老师在一起的生活细节：一起参加的各种学术会议，一起做点家常便饭边吃边聊，一起就某篇论文的细节进行讨论，一起在人民大学校园漫步……现在回想起来，这些场景就像一帧帧老照片，虽已处于时光的角落，却散发着由时光酝酿出的那份温情与清香。

毕业之后，我远赴福建工作，老师非常关心我的工作情况，会经常问起。当听到我取得成绩和进步，老师比我还高兴；当听到我碰到困难和挫折，老师又比我更着急，一方面鼓励我继续努力不要泄气，另一方面帮我分析帮我想办法。老师对我的工作内容很有兴趣，他很喜欢听我在工作中所接触到的基层经济社会情况、基层民众的生活工作情况。我很能理解老师的这个兴趣，老师曾说，经济学家应该成为人民的经济学家，在行动上更多考虑弱势群体、人民和国家的利益。老师微信朋友圈里为数不多的分享文章，就有一篇是关于农民工的。在老师的研究领域中，有一个很重要的板块是居民收入分配问题。老师一直忧心贫富差距扩大，也常为缩小收入差距鼓与呼。回想起曾经与老师谈论基层情况的时光，颇为感慨；当听到很多好的情况，老师颇为欣喜；听到一些不足之处，又甚为忧虑。同时，老师勉励我在自己的岗位上，在力所能及的范围内，多做一些有益于社会的事情。2019年，老师获"人民教育家"国家荣誉称号，"人民"二字是老师极为珍重的，也是老师忧国忧民博大情怀的淋漓尽致的体现。

斯人已逝，思念长存。学生当牢记您的教诲，学习您的品格，传承您的精神，不辜负您的悉心培养和殷切期望。

谨以此文纪念恩师卫兴华教授。

（作者系 2010 级博士，中共莆田市秀屿区委常委）

勤于求索　大爱育人
——怀念恩师卫兴华

何召鹏

2019年的冬天，卫兴华老师永远地离开了我们。怀着无比悲痛的心情写下这个题目之后，我久久不能动笔。往事历历在目，而我要从何说起？

我是卫老师2012级的博士，2015年毕业，而我常跟别人说，我并没有毕业。因为2015年毕业要离校的时候，我搬到老师家和他一起生活了近一年的时间。期间更加近距离地跟着老师学习。即使后来搬出去了，我也是每个月都会来看老师几次，陪他聊聊天，向他请教问题，与他合作写论文。七年多的时间里，他把我带进经济学的殿堂，也让我明白了人生的许多道理。而今老师走了，我觉得作为老师的学生，我有责任把老师教给我的道理继续传承下去，影响更多的人。

那就从老师对自己最满意的地方说起吧。老师曾说，"如果说中外学界大师，有如参天大树的话，我只是一条树枝，或一片树叶。在新事物新知识快速不断涌现的今天，深感自己学术知识和理论储备不足。想要追赶又心有余而力不足。但我有一点别人称道的长处，那就是勤奋"。

老师的勤奋最让我震撼。他每天都在读文章、写文章，这已经成为他生命的一部分。早晨起来吃过早饭就开始工作，吃过午饭休息一会继续工作，晚饭时看新闻联播，然后继续工作，一直到晚上12点钟上床休息。就这样几十年如一日，每年平均发表20多篇文章，一生写了1000多篇文章。即使在去外地开会的旅途中，他也要带上报纸和文章。有时候坐飞机二三个小时，我都感觉有些累，他依然坚持在飞机上读报纸。即使生病了，也根本停不下来。记得有一次，老师腰痛只能卧床，他依然在床上拿着报纸和文章看，想写文章了就把我叫到床边，让我拿着纸和笔记录，然后打印出来他在床上修改。因为躺着不方便，他就让我们找来一块板子，把文章放在板子上，一手扶着板子，一手拿着笔在文章上修改。后来他病重住院，我去医院看他，刚坐下来他就开始给我聊论文修改的事。2019年6月份出院后到8月份再次住院期间，他就写了3篇文章，还有1篇未完成的手稿。他的勤奋，让他把整个生命都献给了学术科研，直到生命的最后时刻。也正因为勤奋和坚持，让卫老师获得一身的荣誉，而他却淡然处之，继续勤奋，继续献身。

  他的勤奋和坚持深深地影响着我。卫老师并不是那种非常严厉的老师，他对我们的管理也比较宽松，但他以身作则，作为学生实在没有理由不努力。而且，后来我感觉我找到了卫老师一生勤奋的原因。

  他的床头柜上和书桌上放着同一张老照片，那是1947年卫老师参加地下革命工作时和另外两名同事的合影。我问老师这张照片的由来，他告诉我说，他们三人是党的地下革命三人领导小组，由于特务机关找到了一些线索，将要来抓捕他们。三人商量，如果逃跑，地下工作必然暴露，会对组织造成坏的影响。如果留下来，被特务机构抓进监狱凶多吉少。但三人最终决定留下来，一切以组织利益为重。为了能够留下纪念，三人拍摄了这张照片。后来三人中的一人被杀害，另外一人在"文化大革命"期间去世，卫老师活了下来。卫老师说："我看到了革命的胜利，新中国的建立。而我熟悉的一批革命同志为革命事业献身，长眠地下，未能看到胜利的这一天。他们一心为党、为人民的事业无私奉献的精神永远激励着我，使我立志永远做一个替劳动人民说话、为增进人民福利、为社会主义事业而鞠躬尽瘁的经济学家。"我想，老师的勤奋和坚持源于他对祖国的热爱，对人民的热爱，对社会主义的信仰。他一生都在践行着人民经济学家的责任和使命，始终与中国特色社会主义经济建设、改革与发展事业同呼吸、共命运。

  1952年，卫老师留校任教，他是新中国成立以来的第一批经济学家。他时刻在关注着祖国的经济建设和理论发展，应用马克思主义经济学基本原理和方法研究中国现实问题，推进马克思主义经济学的中国化、时代化、大众化。他较早提出社会主义商品经济论、社会主义经济运行机制理论等，并呼吁收入分配要更加重视公平，经济改革要保障劳动者的权益，社会主义要最终实现共同富裕。随着中国特色社会主义进入新时代，卫老师又撰写了一系列探索和构建中国特色社会主义政治经济学理论体系的论著，影响深远。读卫老师的文章，我能感受到他对于真理的追求，对于国家经济建设的关切，也是通过读卫老师的文章，我认识到马克思主义政治经济学对于国家经济建设和社会发展的重要性，作为一名高校的教师，唯有继续坚持马克思主义，为祖国的经济建设和人民的共同富裕贡献力量，才对得起卫老师对我的培养和对我的关爱。

回顾跟随老师读书的时光，他对我的帮助和关爱是方方面面的。不仅仅体现在学习方面，还体现在生活、工作上。学习方面，每隔1~2周，卫老师会召集我们全体在校生到办公室或者是他家里研读提前布置好的文献。卫老师在研讨班上讲授的文献都是精心挑选的，以马克思恩格斯经典原著为主，也会涉及一些围绕某个理论问题的相关论文。老师特别强调读原著，他说社会上有太多对马克思经典理论的误解和错解，而马克思在文中已经论述得非常清楚，我们需要读原著，原原本本地把握马克思的本意。错误的解读会误导经济建设，所以，我们看到卫老师像一名战士，时时刻刻在与错解、误解马克思本意的观点斗争。通过系统地读原著，我掌握了一定的马克思经济学基本原理和方法，也逐渐认清了哪些观点是对马克思观点的误读，需要予以澄清。后来发现，这对于我做学术研究的帮助非常大。每每想到这，我都要在心里感谢卫老师。卫老师还鼓励我们要独立思考。在研读会上，针对某个理论问题的不同观点，他鼓励学生先作出自己的解读。有时研读会上会安排阅读他最新的文章，他也鼓励学生尽可能地提出不同观点。有次，他为了鼓励学生提出不同观点，甚至通过发微信红包的形式奖励指出问题的学生。在这样的学术训练环境下，我逐渐形成了独立思考和批判思维能力，而这是学者最需要的。卫老师常说做学问要不唯上、不唯书、不唯风、不唯众，只唯实。即使在特殊年代，他也坚持以上原则。在他身上我看到一名学者坚持真理、追求真理的学术品格，这深深地影响着我。对于我们完成的论文，卫老师必将一字一句地认真阅读和修改，并帮忙联系期刊发表。如果是和老师一块合作的论文，卫老师必须要把稿费的多半部分甚至是全部都给我们。对于学生的博士毕业论文，卫老师一般都会留出半个月的时间，专门阅读一篇博士论文。还记得我的博士论文，被卫老师修改过后，密密麻麻地布满他手写的修改痕迹，让我非常感动。对于在读博士，卫老师非常关心我们在学校里的学习和生活状况，每隔一段时间就把我们叫到家里来，或是到学校附近一块吃饭，悉心询问最近的情况。每当要离开时，卫老师都会从家里拿出水果和点心，让我们带回寝室，并且叮嘱大家要注意身体。卫老师如慈父般的关爱，让我们倍感亲切和温暖。这里有件事让我终生难忘，那时刚毕业住在老师家里，有一天晚上回到家，老师说西瓜给你放到桌上了，去吃吧。我来到桌前发现，老师知道我不能吃从冰箱里直接取出来的西瓜，就提前把西瓜取出来，并用小勺挖出西瓜放在盘子里，再吃的时候就没那么凉了。老师对我无微不至的关爱，让我感觉自己是如此的幸运能做卫老师的学生。毕业生面临找工作，卫老师会想尽一切办法帮着我们推荐工作，甚至不顾自己生病需要静养的要求，发信息打电话帮忙联络。如果学生没有找到合适的工作，他会成天发愁。他真是把学生的事当作自己的事，甚至是超越了自己的事。卫老师的教育方式让我们明白应该如何做学问，更让学生懂得什么是真心的关爱。

正是由于在读书期间被老师的关爱深深打动，已经毕业的学生也会经常来老师家里看望他。而他每次都会细心询问学生的家庭和工作情况，听到学生取得了好的成果，他都非常开心，还会主动在师门的微信群里发布消息。若是听到学生说遇到了难题，他一定会想办法帮忙解决。整个师门也在老师的影响下，形成了相亲相爱、互帮互助的氛围。卫老师把大爱注入学生的培养，时时刻刻关心学生的成长，他热爱教育事业、润物无声和甘做人梯的师德师风，赢得了广大师生们的由衷爱戴和敬仰。

还记得以前老师常说，"召鹏，你跟着我学习、生活的时间长，等我走了你可以写纪念我的文章。"我当时就说，"老师您身体这么好，我才不想这事呢。"确实，卫老师身体一直非常好，我认识他的七年，除了最后一年他两次生病住院，其他时间他基本没有生过病，连感冒、咳嗽都非常少，而且声音洪亮、气色红润，每天精力充沛地投入工作中，以至于让我忘了他的年龄。有次记者采访，问他保持身体健康的秘诀，他笑着总结了三点：一是心态要好，什么事都看得开；二是不挑食，什么吃的都可以；三是虽然不做体育运动，但坚持做家务劳动。写到这里，我仿佛又看到了那位满头白发、面带笑容，坐在客厅沙发上和我们聊天的卫老师。而今，这都成了回忆，不禁悲痛万分！

谨以此文纪念恩师。学生必将牢记您的教诲和嘱托，学习您的治学精神和态度，不辜负您的培养和期许！

（作者系 2012 级博士，中央财经大学经济学院副教授）

师恩如山　微以致远

——缅怀恩师卫兴华教授

黄　林

2019 年 12 月 6 日，恩师卫兴华教授永远地离开了我们，时至今日，依然不愿相信。在我的潜意识里，卫老师仍然和他的学生在一起，仍然和他所钟爱的马克思主义经济学教育研究事业在一起，与恩师相处的点点滴滴也不断浮现在眼前，谆谆教诲，犹在耳侧。为缅怀卫老师，师门里计划出版一本纪念文集。静坐桌前，思绪纷纷，感慨良多，自己该写些什么才能表达对恩师的敬仰和感激之情？

初见恩师，是在 2009 年召开的全国高校社会主义经济理论与实践研讨会第 23 次年会上，当时卫老师在大会上做了题为"新中国 60 年来的经济辉煌发展和经验评析"的精彩发言，尽管那时已是 84 岁的老人，但他依然精神矍铄、思维敏捷、声如洪钟，用当时我学起来十分晦涩难懂的马克思主义经济学理论分析问题更是深入浅出，鞭辟入里，我深深地为卫老师渊博的学识和精辟的见解所折服，心里充满无限敬仰，并期盼着有机会能得到他的指导。

幸运的是，2012 年，我有幸考取了卫老师的博士，跟着恩师攻读博士学位，这是对我的人生影响最大的一件事情。

恩师对学生的学习要求是严格的。记得博士录取后恩师第一次上课时就对我们提出了三个要求：首先，要有坚定的马克思主义信仰；其次，要勤读、勤思、勤写，并以他的第一届博士生——洪银兴师兄、魏杰师兄、李连仲师兄在校期间已发表多篇高水平论文为例，鼓励我们多发表文章，表达自己的观点；再次，要树立人生目标，并利用有限的在校时间为实现自己的人生目标夯实基础。他常常引用韩愈《师说》的话"师不必贤于弟子，弟子不必不如师"来鼓励我们努力前行，不得松懈，不得懒惰，不得浅尝辄止，不得自满自足。值得指出的是，恩师并不要求学生要跟他的学术观点一致，反而鼓励学生独立思考，学会用马克思主义的立场和方法去创新研究经济社会发展中出现的新热点、新问题。在校期间，卫老师每隔一周都会在他的办公室给我们当面授课，有时候是每周一次课，每次上课前他都会提前精心挑选马克思恩格斯经典原著和文献，让我们阅读后在课堂上发表自己的观点，然后他再详细讲解。后来的实践也证明，恩师的这些要求对培养我们独立思考的思维意识、系统深入理解马克思主义基本观点和方法具有很大的帮助。

恩师有着坚定的马克思主义信仰。他对中国马克思主义经济学理论体系和学科发展的贡献是巨大的，他为捍卫和发展马克思主义耗费了大量的精力与心血。记得老师曾说，对他一生影响最大的有两个人，一个是引他走上革命道路的进山中学老校长赵宗复，一个是不曾见面，也不可能见面的伟大导师卡尔·马克思。他常说马克思是他精神上的老师。卫老师还曾不止一次对我们说："马克思主义提示和追求的是真理，而我就要用追求真理的精神去坚持马克思主义、发展马克思主义"，用"吾爱吾师，吾更爱真理"的格言来鼓励我们要善于独立思考，敢于追求真理。后来发现，这对我的学习研究能力和工作能力提升的帮助是非常大的。

恩师始终坚守人民教育家的精神。他常用"为学当如金字塔，要能博大要能高"来告诫我们要实事求是，经得起各种诱惑，心中怀有国家和人民。恩师每天都会看电视新闻、报纸，后来还学会用手机看新闻，时刻关注着国家的经济社会发展和理论研究动态，运用马克思主义经济学基本原理和方法研究现实问题，澄清现实经济理论与实践中出现的某些在基本理论上的模糊认识，对重大经济理论问题和重要经济范畴正本清源，还其本意。有一次，我去他家里的时候，他让我先坐下来，然后问我如何看待农产品市场出现的"蒜你狠""豆你玩""姜你军""葱击波"等经济现象，如何用马克思主义经济学分析这些现象，待我回答后他再指出我分析的不足，并当面进行系统深入的分析，帮助我们提高分析问题的能力。多年来，国内外新闻媒体和书刊不断有研究和评介恩师的理论学术思想的文章刊发，他也获得了"世界马克思主义经济学奖"、"吴玉章人文社会科学终身成就奖"、"人民教育家"国家荣誉称号、"最美奋斗者"称号、"中国经济理论创新奖"等一系列大奖，这是对恩师学术成就的肯定。我觉得对他的学术贡献怎样评价都不会过高。

恩师的工作研究是非常勤奋的。因为恩师写文章都是手写稿，写好后我们再打印出来，也因为这个缘故，我去他家里的次数较多，对他的勤奋体会很深。他总是早上六点多就起床伏案读书、写文章，一直埋头忙到深夜，我们看到的，永远是他勤劳、永不疲倦的身影。他常说，现在新事物、新知识发展很快，深感自己学术知识和理论储备不足，需要不断学习，要在有生之年为国家的经济社会发展，为当代中国马克思主义政治经济学的发展，继续发一点光和热，贡献自己力所能及的力量。在他的书桌上，《资本论》中几乎每一页都被写上了密密麻麻的批注，有的字迹都已经模糊不清，新的字迹又添注在旁边。记得有一次陪他去西南财经大学开会，在午餐时，有一位参会的老师看到卫老师在喝加冰的可乐，就感到十分惊讶，问他保持健康的"秘诀"，恩师当场回答是"劳动"，即勤学勤思，这一点大家既敬佩，又认同。在恩师身边这几年，我深深地为他的勤奋所震撼，我想，作为学生，又有什么理由不勤奋努力呢？恩师的以身作则、率先垂范帮助我克服了懒惰，以至于后来每当我遇到困难、感到疲惫，想要放一放、歇一歇的时候，只要想起恩师，我就充满了动力，重新投入紧张的工作和学习中。

恩师的治学精神是十分严谨的。他始终坚持马克思主义的科学态度，强调学术研究应有严肃的态度、严谨的学风、严格的要求、严密的论证。他不止一次对我们说："做学问是实打实的事，需要付出辛勤的劳动，一步一个脚印地前进，来不得半点虚假，没有取巧的捷径"。在写文章时，他要求我们引文必须找到原文出处，切不可间接引用。在帮我们修改文章时，大到行文逻辑，小至标点符号，他都改得十分仔细。记得我2012年刚进师门时，《北京日报》向恩师约稿，就党的十八大报告中"着力激发各类市场主体发展新活力"内容写一篇文章，为鼓励我敢于动笔和思考，卫老师就让我来主笔写。

经过几天绞尽脑汁地冥思苦想，我完成了初稿后请恩师看的时候，他给予了肯定和鼓励，我对此也很满足。结果，第二天拿到他的修改稿一看，上面密密麻麻修改了内容，到处都是划掉的线条和新加的内容，甚至还有好几个错别字和标点符号错误，他都标注出来了，自此我开始亲身感受到了恩师的严谨，当然，这对我后面的文章写作帮助很大。

恩师对学生的生活是无微不至关心的。卫老师始终视自己的学生如自己的孩子，事无巨细，对我们总是嘘寒问暖，生活上有没有什么困难，如果谁有困难，他第一时间就会全力帮助。当时我们几个在校生都是从外地考入北京的，每次我们到他家里，他都会拿出一堆零食给我们吃，临走时还不忘让我们带回宿舍。恩师对学生的关心真是无微不至，记得有一次我给他送发表的文章过去，进入家门后，他先让我把期刊放书桌上并让我坐沙发上等一下，然后就往卧室走去了，几分钟后他拿出来一个纸袋，里面装有一件崭新的羊毛衫和一条围巾，他说最近降温大，看我穿得少，而且羊毛衫小了他穿不上，让我带回宿舍穿上，如果我不收，他就生气了。我推辞不过，回到宿舍后我才发现，这个羊毛衫刚好就是当时恩师穿的号码，顿时鼻子一酸，眼泪止不住留下来了。这就是我的恩师，自己是多么的幸运啊！在恩师的指导下，我在校期间跟他合作发表了好几篇学术论文，并且他把这些文章的稿费都给了我，并鼓励我继续思考写作，出更多的成果。

往事依稀，道不尽对恩师的思念。师恩难忘，难忘终生，唯有以恩师为榜样，铭记教诲，恪尽职守，方能明师之恩，承师之志，不负所望！

（作者系 2012 级博士，任职于国家开发银行总行）

春风化雨育英才 一生唯实为兴华
——深切缅怀恩师卫兴华教授

闫　盼

许久不敢下笔,是不愿触碰内心深处的最痛。2019年12月6日凌晨,敬爱的恩师卫兴华教授告别了他奋斗毕生的教育事业,永远离开了我们。迄今仍不愿相信这个事实,仿佛仅是因为疫情的原因,已很久未能去宜园看望老师了。10月6日,是老师未能过上的第一个生日,和老师相处的宝贵而短暂的时光一幕幕重现,不由泪流满面。

初见老师,是2012年9月,在湖南商学院的一个学术讲座上。讲台上的老师意气风发,台下的我们仰视聆听,"不唯上、不唯书、不唯风、不唯众,只唯实"的治学座右铭,在我心中深埋下了种子。我没曾想能离平日耳熟能详的经济学大家这么近,更是梦想着,如果能有幸成为老师的学生,那该是多幸运!梦想很快变为现实,2013年,我有幸成为了老师的博士生。拿到录取通知书的那一刻,欢呼雀跃、激动澎湃的心情无以言表,我想,这应该是我这辈子最荣幸、最骄傲的事了。

治学上,卫老师是极度严谨的。用理论破解实际问题,是老师一生的追求。老师经常说:"我不同意'发挥余热'的说法,我正在燃烧着呢。"90多岁高龄的老师,依然冲锋在学术研究的第一线,每天至少14小时都在书桌前笔耕不辍,即使生病期间依然如此,一生出版论著40余部,发表论文1000多篇。20世纪五六十年代,突破性地提出了社会主义商品经济理论;改革开放后,最早系统研究和论述了社会主义经济运行机制理论,最先提出非公有制经济是社会主义市场经济的组成部分,坚持效率与公平应并重;进入新时代,又针对"市场在资源配置中的决定性作用""不平衡不充分的发展"等问题及时激浊扬清,在推动马克思主义政治经济学的中国化、时代化方面成就瞩目。为解决高深学术理论与普通读者脱节的问题,老师精心编写了《〈资本论〉简说》,将230万字的《资本论》精简为5万字的内容,旨在让一般读者能够学习和掌握《资本论》的要义,该书被列入中宣部向党员干部推荐的第十批学习书目。老师的一生,生动地诠释了一名共产党员对马克思主义的信仰、对社会主义和共产主义的信念,始终为维护马克思主义、坚持走社会主义道路不懈奋斗。

修德上,卫老师是身体力行的。"德才兼备,以德为先",老师始终身体力行教育我们要做品德高尚的人、做对人民有用的人,树立正确的价值观。在受市场化冲击的时代,老师始终坚守初心、淡泊名利。讲学、作报告,从不收"出场费",只为了传播精神食粮;对待约稿,大小期刊都是一视同仁,绝不会因为刊物没有名气而顾此失彼;坚持回馈社会,2016年和2019年,老师分别将"吴玉章人文社会科学终身成就奖"和"中国经济理论创新奖"的200万元奖金悉数捐出,用于政治经济学青年学子的培养,推动马克思主义薪火相传。

育人上,卫老师是系统全面的。老师始终教育我们,不仅要做好学问,更要做好人。学术上,老师注重培养学生独立思考、辨别是非的能力。90多岁高龄的老师,坚持每周给在校学生上一次课,课前布置马列经典原著、最新理论争鸣等文献,鼓励大家提出不同意见、参与现实问题的讨论,他再给我们深度讲解,让我们养成学原文、读原著、悟原理的好习惯,更好地把握认识事物和解决问题的立场和方法。每名学生的论文,老师都逐字逐句精心修改,确保论文的创新性和实践性,并帮忙联系期刊发表。生活上,老师对我们的关心无微不至。每隔一段时间,老师就叫上我们在校学生聚餐并悉心询问每位学生的情况,并把点心、水果分给我们带回宿舍吃,多怀念老师亲手做的胡麻油炸糕、莜面鱼鱼!甚至过节时,老师经常牺牲和家人团聚的时间,和我们在校学生一起过。学生遇到任何困难,老师都会鼎力相助;学生取得了好的成绩，老师由衷感到高兴。在学生的成长历程中，老师始终是那一座明亮的灯塔，让我们无时无刻不感受到温暖和坚定。

幸运的是，最近几年里，在老师百忙之中，我们陪同老师重温了年轻时的记忆，天安门、颐和园、圆明园、孔庙、香山、动物园、雁栖湖，都留下了老师的足迹；和老师一起走进军营，和战士们分享那段和战友一道为革命信仰奋勇献身的硝烟岁月，激励大家传承红色基因、捍卫这来之不易的胜利……往事历历在目，如今只能翻看照片、翻阅老师的赠书、看着老师留下的笔筒等遗物，无尽追念！

三尺讲台，六十八载，满园桃李竞芬芳；一生唯实，九十五春，经世济民为兴华。愿吾师，理论之树常青，精神风骨永存！希吾辈，传承老师的信仰，为国家的富强，为广大老百姓的富裕、安康、和谐、共同富裕而奋斗！

谨以此文纪念恩师——"人民教育家"卫兴华教授！

（作者系 2013 级博士，任职于北京市怀柔区发展和改革委员会）

润物虽在无声处　风骨更在久长时
——忆恩师卫兴华教授

冯志轩

一

一直觉得卫老师脚下的时间总是在延伸的，属于我们所经历的每一个时代。之所以有这样一种感觉，一部分来源于卫老师总是笔耕不辍，思想总是走在时代前列；也有一部分来源于对卫老师健康的一种信心，跟卫老师读书的时候，卫老师总是工作时间比我们这些二十几岁的年轻人长，手写文章比我们这些用电脑的学生快，甚至还能比我们多喝一些冷饮；还有一部分，来自卫老师熟悉年轻人的生活，不仅熟用微信，还会带我们去唱歌，尽管我比卫老师小65岁，但是跟卫老师聊天的时候总是感觉那么亲切。

这一切让我每当想起卫老师已经离开我们这件事情，都有些不太愿意相信。总觉得我过几天打开知网，应该又能看到卫老师的新文章；下个教师节又可以回北京看看老师，也请教几个自己不解的问题。然而，今天我竟然坐在书桌前，开始写这样一篇怀念卫老师的文章了。

二

尽管2007年作为本科新生一到中国人民大学经济学院就知道了卫老师是中国经济学的泰斗，但对于一个本科生而言，对卫老师的了解多是从新闻媒体和文章中得知，那个时候的自己没有想到6年后竟然能跟随这样一位大家读书。

2013年我有幸在硕士导师张宇教授的推荐下跟随卫老师读博士。我现在还能记得那天下午张老师带我去卫老师家拜访时我紧张的心情。但是到了卫老师家，卫老师对我非常亲切，并送给我几本他的著作，还在书里写了勉励我的话。"这是一位很温暖的学术大家"，这是我那时对卫老师的印象。

后来跟随卫老师读博士，那些新闻里对卫老师的描述也在我的脑海中渐渐具体了起来。

首先是卫老师深厚的学术功力和深刻的学术思想。我开始跟随卫老师读书时，卫老师已经年近90，但是卫老师仍然坚持每一到两周为我们上一次课，内容有经典作家的经典著作，也有现代的理论争鸣。每次上课，卫老师都鼓励我们发表自己的观点，随后卫老师再根据这些观点进行点评，并由此展开自己讲授的内容。这使得我们能够在自己主动思考的同时，加深了对于相关论著的理解。如今，我能站在讲台上讲授包括《资本论》在内的著作，所依靠的正是卫老师当年的悉心教导。

后来，跟随卫老师写论文，除了卫老师的思想还感受到了卫老师一丝不苟的学风，大到文章的提纲和整体逻辑、小到个别字词的运用乃至标点符号的安排，卫老师都会非常细致耐心地教我。再到后来博士论文的写作，十几万字的文章卫老师逐字逐句地修改，当我拿到布满卫老师批改的博士论文初稿时，内心非常震撼。这份初稿我如今也还会拿出来看看，激励自己要严谨地对待学术研究，对得起卫老师的言传身教。同时，每次看这份稿件，又会深感懊悔，后悔当时在打印的时候没有把字打得大一点，行间距留得宽一点，让卫老师阅读起来能轻松些。

渐渐地，在这些学术上的印象以外，我也感受到了卫老师在生活中对学生的关心。记得在2013年，我跟随卫老师去开一个学术会议，回来的时候路上堵车，回到卫老师家里已经比较晚了。当时卫老师担心食堂没有饭了，就让我留在家里跟他一块儿吃饭，要给我做山西特色的面条。我自己不会做饭，帮不上老师的忙，感到很不好意思。这时，也许是卫老师察觉到了我的手足无措，便非常风趣地跟我说让我尝尝他的手艺，这也是他的兴趣所在。那晚我跟卫老师边聊天边吃面，我记得自己吃了好大的一碗，面条的温度至今也还留在我的记忆里。

向卫老师学习之余，卫老师也会给我们讲一讲他所经历的那些峥嵘岁月。每当与卫老师聊起他过去的经历，无论战争还是和平、混乱还是秩序，总能感受到这位长者的睿智、坚持与果敢。每当此时我总觉得我竟然与一个波澜壮阔的时代联系得如此紧密。

三

2016年我从人民大学毕业来到南开大学工作，虽然离开了自己的母校也离开了北京，但是卫老师对我的关心却一直都在。在我出发去天津之前，卫老师还叮嘱我在南开大学要认真教学，做好研究。每次我回学校看老师，卫老师总会详细地询问我工作和生活的情况，讲了哪些课，最近写了什么方面的论文，并给我的教学科研一些指点；还会问我在天津生活得怎么样，有没有什么困难。我还记得当卫老师得知我被安排面向本科讲授《资本论》课程时，他欣慰的表情，并且让师兄整理了一些相关的论著发给我，帮助我的教学。

实际上，很多时候，卫老师学术思想和治学精神的博大之处，是我随着自己也成为一名政治经济学的教学科研人员、自己做一些研究才能够真正体会到的。"不唯上、不唯书、不唯风、不唯众，只唯实"，卫老师的治学精神，虽然可以用短短15个字概括，但是真正要做到这15个字，并一生实践，需要的是何等的坚持啊！

虽然天津到北京不过一百多公里的距离，但是时间所限，实际上能回到北京、回到母校的机会并不多。不过在2018年，我爱人也有幸能够跟随卫老师读书，成为卫老师的博士生，也因此，我又多了些许直接或者间接的机会，继续向卫老师学习。

我当时以为，这种机会会日渐地多起来，我还可以长长久久地向卫老师学习。然而，这种机会终究还是没有了。

  2019年12月，在最后告别卫老师之后的一天，我回到学校，接下来有一节《资本论》的课程。上课前一晚，我彻夜难眠，最终深夜重新开始备了那一课，拿起卫老师的论文，选择了三个主题：《资本论》的研究对象、两种社会必要劳动时间的争论还有如何理解重建个人所有制。这都是卫老师上课的时候给我们仔细讲过的主题。那一节课我讲完这三个主题，已经到了下课时间，看着同学们渴望的眼神，我就又讲起了卫老师的睿智、勤奋、豁达与坚定。那个时刻，我再次感受到了那个讲台所给予人的分量。我想，我还要坚定地讲下去。

（作者系 2013 级博士，任职于南开大学经济学院）

爱国 创新 包容 厚德：
卫兴华教授给我的精神财富

庞庆明

卫兴华老师传递薪火可谓兢兢业业、立足实际、海纳百川、身体力行。当然，他传承给我们的不仅仅是马克思主义经济学相关理论知识，以及用马克思主义理论解决中国现实问题的方法和能力，更是爱国、创新、包容、厚德的宝贵精神财富。

在传承爱国精神方面，卫老师总是使自己的研究工作与国家需要结合起来、与为国家培养高级的经济人才结合起来。基于这种理念，他始终兢兢业业工作，对自己的事业负责、对学生负责、对学校负责、对国家负责，做一个合格的教师。卫老师一生始终探索怎样把国家的经济工作搞得更好，怎么使我们的民族更加强盛。他认为，当代青年教师和学生获取的知识面广，但有时候受负面的影响也多，考虑个人的东西过多。青年学者应当在行动上更多地考虑弱势群体的利益，更多地考虑国家利益和人民利益。老师曾严肃地讲到，如果只追求自己的利益，急于求成、急功近利，讲一些伤害国家和人民利益的话，老百姓就会骂你。我博士毕业后，曾有重点大学抛出橄榄枝，但是最后我还是决定让青春之花绽放在祖国最需要的地方，这与老师对我的引导和鼓励的一番话分不开。卫老师曾经对我说：西部地区更需要人才。留在西部的大学工作，条件虽艰苦些，但更能发挥自身作用。这也让我想起了广为流传的一句话：我受教育的目的，是要帮助我的家乡摆脱贫困，而不是让我摆脱贫困的家乡。

在立足实际传承创新精神方面,卫老师强调只有在理论联系实际中才能发展马克思主义。他曾经说过:"我们不能把马克思主义当作教条、教义,似乎只要背诵一些条条,就可以凌驾实践,指导一切,检验一切,判断是非,裁剪现实。其实这是理论背离实际,这是本本主义、教条主义的态度。我们要一切从实际出发,理论联系实际,用理论指导实践,实践又丰富理论、发展理论。这才是马克思主义的态度。"只有一切从实际出发,理论联系实际,才能真正创新和发展马克思主义。我从2014年3月底开始追随老师,一直到老师逝世,时间算起来整整六个年头。在向老师学习、与老师交流的六载难忘时光里,我深受老师创新精神的影响。这集中体现在我的博士论文《中国特色社会主义资本观——基于"两资一体"的分析框架》的写作中。2016年老师给我改博士毕业论文的时候,正是他腰疼厉害的时候。对于学生的这篇论文,老师卧床逐字逐句进行修改,并从马克思主义基本观点和方法上进行补充和完善。正是在老师的精心修改下,论文不仅体现了人民性和科学性,更具时代创新价值。卫老师把马克思主义经济学理论创新看得比生命更重要。

在海纳百川传承包容精神方面,卫老师总是与人为善、襟怀坦诚,做到独立思考、教学相长。这里的"包容",既包括对个人恩怨的包容,也包括对不同观点的包容,还包括对有争论的社会群体的包容。自1983年任经济学系主任后,积极地为一些在"文化大革命"中受压制的学生平反。在教研园地,录取博士生也好,讨论学术问题也好,指导博士论文也好,卫老师都不以自己的学术观点作为判断和取舍的标准,而是鼓励博士生发表不同的、有深度的学术见解。有一次老师讲到劳动价值论时,一口气问了大家三个问题——鸡蛋所形成的价值是由"鸡"带来还是由"人"所创造?机器人生产出来的产品,其价值是由"机器人"带来还是由"人"所创造?甲和乙种植面积相同而肥沃程度不同的农地,耗费同样的劳动时间,农产品价值差异是由土地本身所带来还是由种植者所创造?教学活动结束后,我在回中国社会科学院研究生院的途中给老师发短信,说明我对这些问题的理解。老师回复说:可以展开讨论。对于与他观点不同的学者,他也坚持"和而不同"的原则,并不妨碍到日常的彼此交往。关于民营企业家的地位和作用问题，他总是给我们举五星红旗的例子。五星红旗上的五颗星星，核心是中国共产党，其余四颗小星星分别代指工人、农民、城市小资产阶级和民族资产阶级。

在身体力行传承厚德精神方面，卫老师要求青年师生将"为人民做学问"的道义担当放在首位。子曰："君子怀德，小人怀土；君子怀邢，小人怀惠。""士不可以不弘毅，任重而道远。"老师常常教导我们，应踏踏实实，一步一个脚印地做学问，成为人民的经济学家，成为人民拥护的经济学家，成为替老百姓说话、替人民说话的世界级的经济学家。老师也坚信，一个人的品德有多高尚，他的天空就有多辽阔。2014年春，我在研究"资本下乡背景下甘肃城乡一体化进路"这一课题时，认为在工业化、城镇化这一新的历史条件下，"资本下乡"不会导致类似古代土地兼并、农民起义之类的后果，故将"资本下乡"理解成一种合理行为及必然趋势。就此问题我通过短信请教卫老师。老师回复说：做学问不能仅从事物发展的技术层面着手，更要把握认识事物和解决问题的立场和方向。

不容否认的是，当下不少人"怀惠"较多而"怀德"较少。为弱势群体说话、为人民做学问，任重道远。在正确处理义利关系、物我关系、人己关系问题上，卫老师总是言传身教、身体力行、表里如一。外面请老师讲学、作报告，老师从来不讲价钱。一次他们通过经济学院的行政人员请老师讲学，问老师该给多少报酬。老师说他从来不讲这个，给不给都可以；讲学、作报告是应该给人家更多的思想启发、更多的精神食粮、精神财富。卫老师告诫青年学者也应做到艰苦朴素、勤奋学习、深入钻研、安心治学，而非过分追求物质利益。2016年他将所获第四届"吴玉章人文社会科学终身成就奖"的100万元奖金全部捐出，用于支持马克思主义政治经济学的教学和科研、人才培养以及优秀成果奖励；2019年他又将所获中国经济理论创新奖的100万元奖金全部捐出，用以设立经济学奖励基金，真正无愧于"人民教育家"的荣誉称号。

生命不息，传承不止。卫老师79岁离休后仍继续带博士生、参加学术会议、发表学术论文，与离休前一样忙碌。我曾于2019年5月31日下午三点半到人民大学看望卫老师。进门后，94岁高龄的他正给博士生们开展关于"新中国成立70周年的成就与正反两方面经验"的教学活动。卫老师讲了整整两个小时，然后卧床吸氧。我有幸再一次聆听老师的谆谆教诲，并在告别前劝老师多加休息。这是我最后一次见老师的情形——他不顾及自己的身体状况，仍在坚持为国家和民族培养经济人才。

（作者系2014级博士，兰州财经大学中国特色社会主义理论体系研究中心副主任、副教授）

先生之风　山高水长

聂大海

2014年起我有幸跟随卫兴华先生攻读政治经济学专业博士学位，这是我人生中重要的转折点，不仅是因为从此被冠以博士之名，更是因为先生对我的思维方式和自我格局的深刻影响。先生学问与道德并重，经世与济用结合，一生追求真理，春风化雨。余生也晚，忝列门墙，谆谆教诲，一生受用，内心充满对先生诚挚的敬意和感激。

先生为人，朴实乐观

2013年10月，我当时在布鲁塞尔交流学习，得知先生同意见我，欣喜若狂，立即飞回国内，买了两袋水果，带上一份简历，心中无数次"模拟"着如何向先生介绍自己来争取入门机会，开始了"拜师"。那是我第一次见先生，衣着简朴、白发苍然、精神矍铄，家中满目书籍，先生伏案写作。母校人民大学不乏大师，与在演讲台上的大家风采和书中的刚劲有力的理论观点形成反差，先生家中的朴素及本人的谦逊平易更让我增添了崇敬之情。先生向我递来水果，了解我的情况并嘱咐我要勤学、勤思、勤写，临走前让我首先要好好完成国内和国外的硕士学习，推荐我几本先生自己的著作，"有空再看一下"。

先生年逾90，既是老师，又是长辈。读书的3年时间，除了每周讨论课外，每逢周末假日，先生都会叫上我们在校生一起郊游、吃饭、谈心，平时也都会特地叫上我们到家中吃上几个新鲜水果。有一次我们一起到颐和园，先生起了兴致，让我们几个年轻人轮流坐轮椅，他来推着我们走路，调侃道"我的身体还好，不输你们"，场面其乐融融。生活中的老师熟练使用微信等网络工具，爱喝冰可乐，对学生温情满满，对生活乐观向上，始终保持着年轻心态。

这就是我国著名的经济学家，我想，大师就是这样，让人从那朴实、平淡和普通中感受到崇高人格的震撼力。

先生为师，开明敬业

其实踏入先生师门，我既感到十分幸运，又感到十分忐忑。我本科就读于人民大学信息学院，学的是工科，而真正意义上作为专业来学习理论经济学是从硕士研究生读世界经济专业，属于"半路出家"。师门里的师兄师姐都是学术界的翘楚，理论界的大咖，有时觉得自己没有资格成为卫老师的学生。这个困惑也曾经与先生交流过，而先生鼓励我"用好数理的基础，用好出国锻炼出的英文能力，这是你的优势""补功底要坚持读原文，尊重原著"。先生的鼓励对年轻人来说是最好的动力，读书期间，我写的读书笔记，先生都亲自修改点评，当发现一些略有见识的观点，还会当着大家表扬。对我们的论文，大至谋篇布局，小至遣词用字和标点，都不放过修改。当时常有人问我"你是卫老师亲自带？有没有二导师？"我笑着说，我论文的错别字都是卫老师帮我看出来改的。

博士论文选题时，先生让我选择爱好的研究方向。当时我写去杠杆主题，先生谦虚地说这个我研究得少，因此一方面帮忙找领域专家对我的论文进行协助指导，另一方面也在不断关注该领域的学术动态。我清楚地记得先生第一次向我转发了人民日报的一篇关于去杠杆的文章并批注，那时我才意识到，老师其实一直在不断研究学习。对于我写不明白的地方，老师会用笔划出来，指出这里不够严谨，需要讲清楚。

"我不要做余热,我还在继续燃烧",先生亲身践行这句话,态度开明,不论录取学生、讨论问题还是指导论文,都不以自己的学术观点作为取舍和判断的标准;真诚敬业,晚年依旧奋战在教书育人的一线。

先生治学,追崇真理

入学前读先生的文章,觉得一气呵成,逻辑缜密。博一期间,通过打稿子开始,对先生学风有了更深的认识。先生勤于治学,耄耋之年依旧坚持每日写文章,有时身体不适就卧床写作,当时在校生负责帮助先生将手稿敲入电脑中,先生再反复校改,一篇文章常常结构、字句调整5次以上。记得有一次,先生为了一处字句修改,让我在《政治经济学大辞典》中查阅清楚"内涵扩大再生产"与"外延扩大再生产"的准确含义,作为政治经济学权威,他依旧注重细节的严肃性。在博士生讨论课上,先生讲求对原著的解读,要求我们"认真地按照他(马克思主义)的原意把握它,学好才能用好,学不好你就会用错"。先生很多文章往往会将一些非常基础的问题讲得十分透彻,批判文章也通过摆事实,讲道理,以理服人,从概念原理的辨析中来,到实践应用中去,始终经得起历史检验。

我想,先生常讲的"不唯上、不唯书、不唯风、不唯众,实事求是,追求真理",就是从这些事中体现出来的。

先生信仰,坚如磐石

兴华者,"振兴中华"。先生常讲,"我有个信仰,就是为新中国而奋斗,为老百姓富裕、安康、和谐生活而奋斗"。作为老师,先生既教授知识,也传递信仰。讨论课上,先生常回忆当年那段艰苦的峥嵘岁月,鼓励我们珍惜现在的大好时光,努力学习报国。作为学者,先生坚持一方面发出正面声音,另一方面对错误思潮进行批判,毕生坚守马克思主义经济学的科学性和与时俱进的品格。得知我要到重庆基层工作,先生勉励我要脚踏实地,不论从事研究工作还是实践工作，都要用好所学知识，结合实际，为社会多做贡献。工作这几年每次回京看望，先生除了关心我的个人成长外，还总是与我讨论地方经济社会发展与路线方针政策的落实等现实经济问题。

立学为民，治学报国的人大精神在先生身上体现得淋漓尽致，人民教育家、共和国勋章，实至名归。

2019年12月，先生如火焰般燃烧至生命最后一刻，作为学生悲痛万分。师恩难忘，我想，缅怀先生最好的方式就是带着先生的精神、牢记先生的嘱托砥砺前行，对真理追随捍卫，对信仰坚守担当，对生活朴实无华。

行者无疆，逝者长存。

（作者系 2014 级博士，任职于中共重庆市委办公厅）

一生兴华　立为山峰　俯为大海
——怀念人民教育家卫兴华教授

武　志

2019年12月6日，我们敬爱的卫兴华老师放下他为之奋斗一生的政治经济学事业、热爱一生的三尺讲台和时时牵挂他的学生们，永远离开了我们。这是中国人民大学的巨大损失，是政治经济学界的巨大损失，也是我们学生心中的巨大损失。

"身予国家求解放，入投枪社，生死一线于地下，破城立奇功，甘洒一腔热血为兴华；学为人民谋幸福，研经济学，宏文千篇攀高峰，学术成大师，默育满园栋梁方显贵。"（老师曾用名叫卫显贵）总觉得老师还年轻，因为他一直在燃烧，始终保持学术常青，让人感觉不到他已经是95岁高龄，本来是想等他过100岁生日的时候送他做寿联。现在只能用这副对联来表达对他的尊敬和怀念。

卫老师1925年出生于山西省五台县，小时候日军侵华，他把自己的名字卫显贵改为卫兴华，立志兴华成为他一生的追求。他和当时很多爱国青年一样加入地下党，不怕牺牲，为抗击日寇和新中国的解放作出了贡献。新中国成立后，他全身心投入马克思主义经济学的教学和研究中，他经常说，我过去的战友很多都牺牲了，而我活了下来，就要把全部精力用于祖国建设。这成为他勤奋工作到住院前最后一刻的动力，也是他一生论文高产达1000多篇、培养博士达60余人、被学术界公认为经济学泰斗的原因。

我是1996年在兰州商学院读的大学，20世纪八九十年代既是中国经济体制改革如火如荼的年代，也是经济学界人才辈出的时期。卫老师当时在经济学界早已是德高望重、名满天下。我们用的政治经济学教材就是卫老师主编的（吴树青、卫兴华、洪文达主编），记得他来我们学校讲学时，全校师生都挤满了礼堂的盛况。还记得我的《资本论》授业恩师罗耀辉教授（1959～1962年在中国人民大学经济系读研究生），他是学校备受尊崇的"国宝级"教授，当时很自豪地说卫兴华教授那可是我的老师，所以卫老师的名字对我来说早已如雷贯耳。如果时光拨回大学时期，说我有朝一日能读卫老师的博士，那不是梦想成真，而是连梦从来都不敢做的。

卫老师是人民教育家，他的光芒泽及经济学后辈，对不是他学生的后学也是殷切关爱和提携。2014年，我当时整理出版罗耀辉教授的《资本论原著导读本》，想请他给书写个序，通过其他关系找到他的电话，忐忑不安地打过去，生怕被拒绝，出乎意料的是电话那边声音非常慈祥、和蔼，我说了冒昧找他写序的事，他详细地问起罗老师什么时候走的，书稿的情况，然后说书稿既然是你整理的，那你先写个序发给我看一下。没过几天，他居然亲自打电话给我说他改完了，让我到他家里取一下。当我如约登门时，他推着轮椅开门并请我坐下，把序交给我，我一看上面竟然做了密密麻麻的修改，甚至包括标点符号。我怕耽误他宝贵时间加上第一次和这么大的经济学家见面有点紧张，就准备收起来向他告辞。他马上看出来了，说你不用急，坐沙发上慢慢看，我写的字如果认不清楚随时问我。在确定所有字我都认清后，他又问起我的情况，一下子我觉得暖流上身，心情也放松下来，并借着老乡的关系向他请教了《资本论》的几个问题，他做了简要回答后，又颤巍巍地起身推着轮椅到另一个房间拿出一本他的《〈资本论〉讲解》送给我，并签名做鼓励。

卫老师对学生关心照顾，是出了名的"护犊子"，刚开始只是有所耳闻，后来是深刻体会。在交谈中当我知道卫老师已经是90岁高龄，而且还在带博士生时，就产生了读他博士生的想法。后来和他正式提出这个想法后，他说年龄大不是问题，唯一就是他只招脱产的，我说了辞职读博的想法后，他详细问了我工作和家里情况，如果读博家里怎么办，说一定要慎重考虑。在我读博期间，他还几次问起我家里有没有负担，现在想来这种顾虑在他心中一直没有"解除"，对学生的关爱从始至终。考完博士当天下午，我万万没想到卫老师第一时间发来短信：你考得怎么样。感动之余我当时就在想如果考不过该怎么面对他，幸亏后来以高分顺利通过，非常幸运地做了老师的学生。

卫老师对学生严格要求，他绝不会因为关爱学生而放松对学生的要求，对自己生产的产品质量是严格把关甚至是苛刻的。但这种教诲，不是通过严厉批评，而是身体力行做表率的方式。作为90多岁的一级教授、著名经济学家，他坚持亲自给学生上课，安排教学和学习任务，每两周给我们讲一堂课，不仅声音洪亮，思维清晰，而且每次连讲3个小时，雷打不动，哪怕腰不舒服时被迫卧床也坚持给我们讲课。他对学术要求严谨，一丝不苟，对我们写的论文都是一字一句地修改，包括病句、错别字甚至标点符号。我们论文经常被他改得密密麻麻。这种严谨的学风，让我既惭愧又感动，更多的时候是肃然起敬，无形中让我受到鞭策，不仅是读博三年获益巨大，更是终身受益无穷，是一笔无形的巨大的精神财富。记得我有一篇以明朝和英国资本主义萌芽比较的文章初稿给他看，由于对资料的处理不当导致结论性错误，不符合马克思主义基本原理，但当时觉得是理论"创新"。他叫我去家里，我能看出他脸色有些阴沉，但他只是轻轻地把意见说清楚，然后说你再看一看《资本论》原始资本积累那一章。经过认真研读修改后我再次拿给他看，结果当天就发短信给我，说他颇感兴趣一口气读完，我如释重负后赶忙到他家，说这次稿子就改了一个字，把稿子留一份给他做资料，能明显感觉出他比我还高兴。后来听师兄师姐们说见他的时候，他夸我写了一篇好文章。

卫老师一生勤奋，笔耕不辍。老师的微信名叫愚公，他不认为他比别人聪明，但说到勤奋，他承认比很多人勤奋，相信勤能补拙。卫老师对自己要求非常严格，年轻的时候坚持早睡早起的作息规律，每天睡眠6~7小时，而且从来不睡午觉。晚年睡眠习惯有所改变，但睡眠时间加起来都是8~10小时，其他时间都用于研究、教书和写作，直到住院进入ICU。正是老师的勤奋，使得他发表的论文数量达到1000余篇之多，他研究的领域范围之广，涉及马克思主义经典著作和社会主义经济理论的诸多方面，可以说改革开放后他几乎参与了每一次重大经济理论问题的争论,对推动中国经济的改革和发展作出了巨大的理论贡献。但他依然对学术充满热情,每天坚持工作十几个小时,每年发表三四十篇文章,践行他自己所说的"我依然在燃烧"。据统计,最近连续10余年卫老师的科研量每年在经济学院都排名第一。其他老师一提起卫老师都是赞不绝口,说他是经济学院甚至是经济学界的奇迹。毫不夸张地说,很多人包括许多经济学家都是读卫老师的著作和论文成长起来的。卫老师学术常青,90多岁思维敏捷、手指灵活令人惊叹,是因为他手写文章,这对防止记忆力衰退和延缓衰老特别有帮助。"我手写,不用电脑,现在年轻人用电脑打字写文章,会读不会写了,年龄大了免不了忘,想不起来的字经常翻字典,还能锻炼记忆力。老年人记忆力下降,脑子退化不可避免,但通过这些能起到延缓的作用。"所以我们在校的学生经常帮他打论文,也幸运地成为第一读者。8月3日他发短信给我,一篇关于新中国成立70年的论文写了一半让我帮他打印,我打印完问他另一半论文什么时候取,他说后天来,结果后天他住院直到逝世。这竟然是我和老师最后一次见面,每次想起无比心痛。老师真正是工作到生命的最后一刻,蜡炬成灰泪始干!

卫老师一生谦虚,堪称做学问的表率。他的研究成果和他本人获得荣誉无数,新中国成立70周年更是获得至高无上的国家荣誉称号。虽然被经济学界尊为泰斗,老师却多次说我当不起泰斗。在他看来,不仅学问本身无止境,而且关键是经济学作为社会科学应该随着实践不断创新和发展。老师自称愚公,我想除了勤奋的第一层意思外还有另一层意思,中国特色社会主义政治经济学的构建,立足于中国实践,不是一朝一夕,需要通过一代人两代人甚至几代人才能完成,不能光靠喊口号,需要一砖一瓦把它砌实。他随时关注理论界动态和最新观点,而且用马克思主义的立场和方法进行分析,辨别理论是非并予以科学澄清。他每天坚持读书看报两个多小时,遇到新的、重要的观点都剪切下来,无论正确的还是不正确的,都会拿来和我们讨论。他始终站在政治经济学的理论前沿,提出真知灼见的理论创新,如近3年来关于中国特色社会主义政治经济学研究对象包不包括生产力、党的十九大社会主要矛盾转换的理论内涵、构建中国特色社会主义政治经济学的逻辑主线等重大理论问题。他住院我去看望时，他拉着我的手继续和我讨论对所有制中性问题、个人所有制的争论的看法。在他逝世后，中央对他的一生给予高度认可和评价，称他立足于中国社会主义经济建设实践，开展马克思主义经济学研究与教育，为中国特色社会主义政治经济学的理论创新作出了重要贡献，无愧于人民教育家的称号。

卫老师一生言行一致，道术合一。他的伟大在于在学问中找信仰，以信仰做学问。从学问中探寻科学和坚持真理，在传授学问中传播信仰。卫老师不仅传授学生马克思主义经济学知识，而且把马克思主义信仰传递给学生，努力把学生们培养成马克思主义经济学的传承者。他教育我们不光要做一个合格的学者，而且要有坚定的学术立场，要站在中国大地，服务中国人民，努力做人民的经济学家。他给学生不光是传递知识，而且传承不唯书、不唯上、不唯风，只唯实的学术品格和精神，坚持实事求是，坚持和发展马克思主义政治经济学，创新中国特色社会主义政治经济学。

卫老师一生开朗乐观，有德者寿。老师90多岁依然红光满面、精神矍铄，说话思维敏捷、声音洪亮，而且更加神奇的是他脸上没有皱纹，没有老年斑。所以跟老师读博还有一个好处，可以跟着老师学长寿秘诀。他说我没有秘诀，如果说体会，就是心态要好，要看得开。很多人受到委屈，看到不公平，总是耿耿于怀，闷闷不乐，对身体不好，要知足常乐。老师心态好是熟悉他的人最多的评价。他经常说，"心态好，要经得起风浪和挫折"。老师年轻时参加地下革命，被捕过，坐过国民党的监狱。"文化大革命"期间老师受到冲击，因为被捕过，被当作叛徒、特务，被审查，挨批斗，被抄家，很多重要的日记、照片等资料都没有了。下放到五七干校，作为被审查对象，住的是最破的房子，吃的是最差的食物，干的是重体力劳动。问起他怎么挺过那段日子，"我就保持一个信念，无论受多大的侮辱和拷打，第一不能自杀，第二不能被杀。相信真善美一定能战胜假恶丑，这个社会，这个国家不可能永远是这样的"。2011年中国人民大学体检，卫老师检查出左胸口有阴影。一般这种情况不是炎症就是癌，做透视、B超后医生检查后不是炎症。他丝毫不瞒孩子，把孩子们叫到家里，说我要见你们妈妈去了，孩子们哭，他淡然说，我年龄超过了毛主席，超过了我父母，值了。结果现在阴影还在，没扩大，但没事，专家到现在也判断不出是什么东西。

卫老师晚年是幸福的，这也是我们做学生的福气和幸运。年轻的时候卫老师忙于事业没时间陪家人，卫老师和我们说过他这辈子无愧于国家和事业，但最对不起的是老伴和孩子们。听孙咏梅师姐说，以前老师总是很严肃，和她们谈话从来都是掐着时间，过了点就看表。晚年老师在学生们面前露出"佛相"，整天笑眯眯的。学生们陪他出去爬山，陪他逛动物园、雍和宫等，他每次都特别开心。陪他吃火锅，每次他都喜欢吃很辣的那种，而且喝冰可乐，最好是让服务员再加点冰块。他经常说，我既把自己当老人，又不把自己当老人。我们都特别佩服他的好身体，不挑食，什么都能吃，什么都喜欢。每年我们陪他去体检，多年的糖尿病也没了，很多指标甚至比年轻人的都好。每当学生们来看他的时候他都愿意多抽出时间，好多人都说老师变了，晚年有点老小孩。我们虽然没有最早那些师兄老师们经历过陪伴老师攀登学术高峰的幸运和壮怀激烈，但有幸陪伴老师见证了他最美的夕阳红。

卫老师是彻底的唯物主义者，对生死看得比较开，而且他觉得已经超额完成工作任务没有遗憾，不舍的是家人和我们这些当学生的。老师特喜欢拍照，记得 2017 年师兄们毕业要离校大家一起吃饭后合影，他说等我以后走了，你们想我可以看照片。我心里知道，但笑着安慰他说，您一个人拄着拐杖怎么走呀，现在走路都要我们扶着，看来您一个人是走不了，还是和我们在一起多好呀。没想到他还是一个人走了。老师生病后住 ICU 近 4 个月，他一个人躺在床上会想什么？我想他会继续思考经济学的重大问题和国家的改革，会回忆年轻时战斗的青春，会想起学术上的诸多贡献，会怀念和家人在一起的点点滴滴，也会挂念我们这些学生们现在在工作和生活得怎么样……老师对我们恩重如山，待我们和自己的孩子一样，总是觉得不能对他多做些什么，心里很是难过。

新中国成立 70 年特别是改革开放 40 年，中国经济取得的伟大成就充分显示出社会主义制度的优越性。在中国特色社会主义政治经济学走向经济学舞台中央的时候，那团一直熊熊燃烧的炭火骤然熄灭，中国政治经济学界失去了一颗闪亮的引路明灯。但卫老师的学术成果和对经济学贡献将会被永远铭记,他的英名将会永垂不朽,他的音容笑貌和恩情将会永远留在学生们的心中。师恩难忘,难忘恩师!

(作者系 2015 级博士,任职于山西财经大学经济学院)

"90后"的我与恩师的"90后"
——缅怀卫老师

田超伟

"我90岁了,你90年的。好!"卫老师意味深长地说道。

五年前,我尚在人民大学经济学院读研,正申请硕博连读,联系博士生导师。经孙咏梅老师引荐,得以拜访卫老师。当时卫老师正好年满90,这就有了开头这句总结性答复。

此后,我便很荣幸地跟在卫老师身边了。从何召鹏师兄手中接过了卫老师工作室、邮箱和信箱等,甚至接替师兄成为了兴华学生群群主。2016年4月份时还在卫老师家住过一个月。我跟同学闲谈时讲过,卫老师绝对是我微信聊天第一好友,聊天次数超过所有好友。内容涉及稿件修改、资料查询、邮件信息传达,以及照片分享等。

很不幸的是,老师在2019年12月6日与世长辞了。虽然老师在逝世4个月前因病住院,但这一可怕的消息在当时乃至今时今日都无法让人接受。往事历历在目,老师的音容笑貌、谆谆教诲时常浮现在脑海耳畔。多少次梦中相见,没有病魔与死神,只有欢声笑语,恍惚一切如常。或者在讨论论文手稿,或者在品评社会思潮、时政热点,或者忙里偷闲游览校园……可惜现在这一切都只能盘旋在回忆中或萦绕在梦里了,重来一遍都成了奢望!

时至今日,我仍然不舍在微信聊天上将卫老师取消置顶。这样每天打开微信就可以看到那张熟悉的头像,那张我当年打开图库让老师挑选的并由我设置的微信头像。这似乎成了一种习惯、一种精神寄托。随意翻开与卫老师的聊天记录，老师那句"小田，便中来一下"一串串映入眼帘。让我不由自主地回想起卫老师90岁高龄后日常生活的经典画面：

卫老师一般早上五六点醒来，之后在床上阅读报纸（卫老师始终保持着裁剪、收藏报纸经典片段的习惯）。简单地吃过早餐后，卫老师便端坐在客厅中开始一天忙碌的写作。一般从早上八点开始，到中午十一点半左右，便洋洋洒洒地手写四五千字。通常这时便发微信跟我说，便中来一下。而我一般就在明德主楼卫老师工作室，五分钟便可赶到老师家。走进老师家门，第一眼看见的总是老师伏案疾书的身姿。等我走到老师身边，老师抬头看看我说："马上，还有一段。你去书房找本书看，等一下。"然后，老师在客厅继续奋笔疾书。我本想翻看一下手机，刷一下微信，但回头看见老师全神贯注于写作的背影，顿觉羞愧。于是便赶紧收起手机，在老师书架上取下那本《中国特色社会主义经济理论体系研究》阅读起来。等到快十二点时，老师基本完稿了。我正要拿着老师的手稿离开，保姆阿姨来催促老师吃午饭，老师便招呼我先坐下来一块吃饭，饭后再处理手稿。随后，我把电视频道调到老师常看的"新闻30分"，与老师相对而坐，同桌用餐。在此过程中，老师经常仔细询问我和同门在校学生的近况，生活学习上有无困难等，或者给我分享一些已经毕业的学生最新动态。饭后，老师顾不上午休，便赶着校对和修改之前已经打印出来的稿子。我每次劝他先午休，不要着急赶稿子，老师总说没事儿，累了自然就休息。有时甚至改稿到下午三点才午休。每次饭后离开老师家前，他总是让我多带走些水果或零食吃。

等我打印完稿子，校对后送卫老师时，老师总是问上一句"有什么问题吗"。不仅让我指出校对出的问题，还经常让我谈谈对文章观点和其他学者相关论点的看法。老师总是循循善诱，指出我讲的不到位的地方，让我做深入思考。等老师修改文章后，会有意跟我讲解若干紧要之处所做修改的原由，以引起我的注意与启发我思考。并且，在一些细节问题的处理上，他都尽量听从我的意见。卫老师治学严谨、精益求精的科学态度在写稿、改稿过程中表现得淋漓尽致。虽然在向卫老师交上打印稿前我会校对一遍，但老师字斟句酌之后依然把原稿改得密密麻麻。卫老师平均一篇文章至少仔仔细细修改三遍，有时甚至要校改五六遍，才让我通过邮箱发给编辑。同时嘱咐我把文章电子版发他微信。本以为老师接连几个小时写稿改稿后会好好休息一下。然而，老师稍作休息便躺在床上拿着手机又认真研读新写的文章，一旦发现问题，马上微信告我修改并重发给责任编辑。有时，凌晨左右还发微信消息说文章某个地方需要加一句话。

这便是老师90岁后工作生活的常态。卫老师年逾九十，每天学习、工作仍不少于9个小时，无论酷暑严冬，始终如一。平时不是读书看报，就是写稿改稿。之前因为腰疼卧床，他毅然忍着病痛，坚持手写文章。仅就90岁后的几年中，平均每年的发文量也有20多篇。卫老师写作总是字斟句酌，精益求精。有时一篇文章一天之内改了5遍才安心地去休息（这也让我创下了一天之内去老师家五趟的记录）。老师虽早已著作等身、功成名就，但在90岁后仍始终保持昂扬的奋斗状态，勤奋好学、治学严谨的程度时常让人惊叹与感动不已！

2019年9月20日，我去医院看望卫老师，老师刚从ICU转出不久，身体被病魔折磨得很虚弱。但他仍不忘交代我联系编辑，妥善修改那篇关于中国特色社会主义政治经济学逻辑起点与主线的文章。更令人感动的是，卫老师从2019年5月底出院到8月初再次住院中间，手写文章不少于4万字。老师是名副其实的最美奋斗者！

卫老师平时都是手写稿子，而我跟随老师学习的第一课就是从打印稿子开始的。老师从不是简单地让我替他打印稿子。总是从学术思想、理论逻辑、文章布局以及措辞用字等各方面锻炼我、提点我。改稿过程中，卫老师会就文章的谋篇布局、遣词造句，甚至标点符号等各种问题都向我倾囊传授。卫老师还经常有意就各种学术观点、思想思潮、历史渊源等问题与我交流，让我受益良多。他鼓励我勤读勤思勤写，独立写作论文。我每完成一篇小论文，卫老师总是挤出时间认真帮我修改。在卫老师的火眼金睛下，每一个错别字或标点错误都会原形毕露。在卫老师的悉心指导下，我得以发表十多篇核心期刊论文。因此，在人民大学读书期间侥幸获得了吴玉章奖学金。

卫老师不仅是学术上的大师大家，还是传道解惑、诲人不倦、关爱学生的好老师！卫老师在 90 岁以后，依然坚持每周（个别时候因身体原因改为每两周）都召集博士生到家里开讨论课。虽然老师对许多内容早已了然于胸，但每次讨论课前都会精心准备。老师带领我们或者研读探讨马克思主义经典著作，如《资本论》《哥达纲领批判》《反杜林论》等，或者探究中国特色社会主义经济理论与现实问题。卫老师经常鼓励学生多讲个人的观点看法，甚至是与他不同的观点。讨论课间，老师经常结合亲身经历给我们讲述革命故事，回顾新中国历史。总之，卫老师从多方面对学生的精神信仰、学习学术进行熏陶和循循善诱，让学生既坚定马克思主义信仰，又不断提升政治经济学理论研究与分析能力。

无论是已经毕业的还是在校的学生找卫老师帮忙，他总是不避麻烦，力所能及地给予帮助。已工作的学生单位开会邀请他，卫老师总是不顾年老体弱，不畏严寒地赶去参会。卫老师私下对我讲："子女们担心我身体，劝我冬天不要出去开会。但学生的事儿，我是要尽量支持的！"之前每逢中秋节，卫老师收到很多月饼和水果后，他就把在校学生召集到家里一起过节。老师和蔼地说："你们什么礼物都不要带，替我多吃点就是帮我忙了。"卫老师不仅关注学生的学业，还经常主动关心学生的生活。他经常通过我打听其他在校学生的生活问题，嘘寒问暖，询问家庭是否有困难。

回首 4 年与老师相处的点点滴滴，恍如昨日。90 年的我与老师的 90 岁以后有太多回忆与感动。初步估算，4 年中，我平均每周去卫老师家至少 5 次；陪老师到校外参会 10 余次，校内活动尤多。多少次一起同桌吃饭，一起听新闻联播，一起看动物世界，一起招待访客，一起聊家常，一起查证经典文献，一起整理书房资料，一起到校内外开会，一起游览校园……更多的是，卫老师喜欢与我谈论时政热点与学界理论问题，例如老师多次谈及生产力二要素论、三要素论与多要素论的争议由来，生产关系三方面论和四环节论的局限，唯生产力论与唯生产力标准论的错误之处，关于中国特色社会主义政治经济学主线问题的争论，等等。卫老师总是思路清晰，直击要害，他不仅解疑释惑，还总是鼓励我提出个人见解。曾在卫老师家与他同吃同住过一个多月，说来很惭愧，我不会做饭，只能去食堂打饭，陪老师在家吃。就连煮小米粥、做鸡蛋羹、煮饺子，都是在卫老师亲自指导下我才慢慢学会的。在老师身边的日子总是感觉那么温馨和充实，这是我一生的财富与幸运！

无论是精神信仰还是学问学识，抑或为人处世，卫老师都深深地感染着我。卫老师一生坚守马克思主义信仰，为国为民做科研育人才，勇攀学术高峰，为党的人民教育事业呕心沥血，生命不息，奋斗不止。老师不愧人民教育家国家荣誉称号。而我才疏学浅，却忝列门墙，常感羞愧。

老师离世近一年，留下的空白正越来越多地被感知，越来越深地被感受……现在我也像恩师一样成为了一名高校老师，唯愿可以继承、发扬恩师精神品格与学术思想之一二，让恩师欣慰！

（作者系 2016 级博士，武汉大学马克思主义学院讲师）

缅怀恩师卫兴华教授

张满闯

2019年12月6日，突然传来恩师离世的噩耗，我有些不敢相信，盯着手机确认再三。我近来在为博士论文开题而忙碌，老师住院期间，只是去探望了两次。病床上卫老师瘦弱的模样，让我心里非常难受。我一直期盼老师还能像上次那样转危为安，出院之后为我们唱《顶有名》。现实却不如人意。

我在2017年成为卫老师的博士，受老师两年多的教导。老师治学、处世、为师等多方面都影响了我。

老师深厚的理论造诣首先归功于勤。他说为学的诀窍是"勤读、勤思、勤写"。他常常自比为愚者，将自己经过深思熟虑，去伪存真得到的见解比作千虑一得。老师习惯手写论文，交给我们打印，再反复修改。老师一直在努力工作，每年有大量论文发表，我也常常能看到他在客厅的小桌子上阅读与写作。即使在病倒前一天，卫老师还在写作。老师治学坚持实事求是的态度，一生唯实是他真实的写照。这也是建立在勤读、勤思的基础上的。大量地阅读与认真地思考才能摆脱凭感觉做判断，才能不被各种观点左右，做到实事求是。老师给我上的第一节课，讲的是效率与公平问题。老师认为，公平是效率的保障，公平的分配有利于生产效率的提高，不能离开公平谈效率。他认为，许多人对效率与公平问题的误解是由于混淆了公平与平均主义。平均主义下，干多干少一个样，本身就是不公平的。他认为应该讲"生产重效率，分配重公平"。此后，老师又陆续给我们讲了股份制是否公有制实现形式、如何理解我国社会主要矛盾的转化、如何理解马克思关于重建个人所有制的说法等有争议的问题。对这些问题的思考体现了卫老师"不唯上、不唯书、不唯风、不唯众"的治学态度。

卫老师是信仰坚定的共产主义者，他常常给我们讲他年轻时候的事情。在革命斗争时期，在极"左"思想盛行时期，卫老师面临生命的威胁，他坚持自己的理想，以乐观主义度过了黑暗时代。在我国经济高速发展时期，卫老师不为个人利益所诱惑，面对荣誉也能淡然处之。他始终坚持为人民说话的立场，也是这样教育我们的。老师曾经说，如果我为一些企业站台，或许能够得到很多金钱的回报，但是那样就违背了一个共产党员的初衷。老师生活节俭。我第一次为他打印文章时，害怕他看不清，有意放大了字号。他把师兄打印的旧稿拿给我看，让我按照同样的字号打印，这样就能节省纸张。还专门嘱咐我，尽量利用旧稿的背面。但他将获得"吴玉章终身成就奖"的100万元奖金无偿捐献，用以奖励马克思主义政治经济学的教学研究、人才培养与优秀成果。

对待学生，卫老师尽心尽力，言传身教。他94岁高龄，依然坚持亲自给我们讲课，经常会超过两个小时，声音洪亮。每次见到老师，他都非常开心，师兄说，我们学生就是卫老师的动力，他对我们的关心与爱护超过了家人。我本科和硕士学的都是工科，基础比较薄弱。因为出身农村，怀着对农村的朴素感情参加了学生社团"三农学社"，才在社团老师的指导下学习了一点"三农"问题相关的经济理论。业余的基础加上半年的准备，我是抱着检验自己学习效果的心态参加考试的，有幸成为卫老师的学生是意外之喜。这样的基础，使我学习很吃力，老师指导我也更加费心。卫老师告诉我，要打好基础，认真研读经典文献，把理论做扎实。我在学习中，常常遇到问题，不论我提出多么简单的问题，老师都耐心解答，并且给出相关的阅读建议。卫老师不迷信权威，更不自居权威，他鼓励我们独立思考，提出不同的观点。有时老师会让我们就一些问题进行讨论，我们讨论后老师不会对这个问题评论，这是为了我们能够不受约束地进行思考。卫老师不仅仅在学术上，鼓励我们独立思考，更在精神上将学生当作平等的人。他不愿意麻烦学生，有事不得不要我们做时，常会送我们一些东西。过年过节，我送卫老师的礼物远没有从老师那里拿回来的多。记得有一次，我因为顺路，就在学校打印店里把老师的手稿打印出来给老师送过去，因为打印店的纸张与办公室的纸有一点差异，被老师看出来了。他坚持不让我为打印手稿出钱，把打印的钱给了我。

这段时间，我时常想起老师的笑容。老师爱笑，他以这种乐观的心态走过风风雨雨。想起老师的教导，关心与鼓励，催促我努力向上。想起老师返青的银发，那是我心里老师恢复健康的希望。

老师离开了，但您的教诲将永远伴随着我！

（作者系 2017 级博士，中国人民大学经济学院博士在读）

教诲常存梦里　师恩永志心中
——纪念恩师卫兴华教授

谭　璇

2019年12月6日，敬爱的卫老师永远地离开了我们。作为卫老师的博士生，我既感恩老师愿意招收我跟随他学习，又遗憾这段时光竟是这么的短暂。

早在上本科和硕士的时候，就常常听老师们说起卫老师。传说中的卫老师，是一位笔耕不辍、在学界享有盛誉的经济学大师。由于我那时并不是政治经济学专业的学生，没有太多的机会接触到卫老师。记忆中最深刻的印象是硕士毕业典礼，这时卫老师已经90岁高龄，虽然腿不是特别方便，但仍然坚持站着完成了耗时较长的拨穗仪式。当时我想：要是能排到卫老师给我拨穗，该多幸运呀。

2018年有幸考上卫老师的博士，我整个暑期都沉浸在无比的幸福之中。既高兴能成为卫老师的弟子，又憧憬跟随卫老师读书学习。每次读书会，老师都会定好一个主题并提前让我们阅读相关文献，然后详细地给我们讲解两个小时。跟随卫老师学习的一年多里，卫老师先后给我们讲授了马克思研究政治经济学和写作《资本论》的故事、《资本论》的研究对象和研究方法、新时代中国特色社会主义主要矛盾、重建个人所有制、中国特色社会主义政治经济学的主线和逻辑起点等诸多问题。每一次课上，我都被老师深厚的功底和精辟的论断所折服，更被老师充满激情的精彩讲解所吸引。卫老师一直记挂着我们的学习，2019年5月份刚出院，就又立刻召集大家去讨论问题。看着精神矍铄的卫老师，我们总是会忘记满头银丝的老师已经年逾90，总是觉得老师愈发老当益壮。

卫老师不仅给我们讲授学术知识，更是悉心指导我们如何做好学术研究。老师总是督促我们要多读书、多用功。很多时候，老师都会询问我们正在看什么书，读书的过程中有哪些问题。2018年底我在卫老师的指导下完成了与老师合作的第一篇论文后，老师就经常跟我说，要尽快开始研究自己感兴趣的问题，多积累、多动笔。卫老师也总是教导我们要多思考，面对不同的观点要多问几个为什么、不要人云亦云。卫老师还总是鼓励我们要勇敢表达自己的观点。在读《苏联社会主义经济问题》和讨论重建个人所有制时，老师告诉我们不要迷信书本和权威、真理愈辩愈明。

卫老师不仅在学术上指引我们，更是身体力行地教导我们做人做事。卫老师是信仰坚定、心系天下的。老师多次提到，他当年的许多革命战友都没能见到新中国成立的那天，老师活了下来，就要继续为新中国的建设事业贡献力量。老师也总说，自己的信仰是为广大老百姓的安康、和谐、共同富裕而奋斗。卫老师是刻苦钻研、一丝不苟的。每次去老师家里，一进屋总是看到老师在客厅的小桌上或读书看报、或奋笔疾书。老师的资料册全部都记得密密麻麻，老师的书几乎都被翻得卷起了边。交给老师的稿子，老师总是认真核对、反复推敲，哪怕是一个标点符号也绝不放过。卫老师是谦虚豁达、兼容并包的。卫老师从教68年来令闻广誉、著作等身，但老师却把自己比作中外学者之林中的一条树枝、一片树叶。卫老师也并不要求我们博士研究生期间研究和老师相近的问题，而是时常鼓励我们广泛涉猎不同的领域、探索不同的学术方向。

卫老师不仅关心我们的学习，在生活中对我们的关爱也是无微不至。我博士入学后去老师家里拜访，卫老师亲切地跟我握了握手，详细询问我是否安顿好、在学校有没有什么困难。平时在老师家里上课，卫老师也总是招呼大家吃各种各样的水果和零食。大家围坐在卫老师身边，一边吃水果一边聊天，其乐融融。上学期期末，老师跟大家一起聚餐。席间，卫老师高兴地为大家唱了一首《苏武牧羊》。后来卫老师和马老师的合唱更是温情脉脉，让人感动。与卫老师相识后，在我心中卫老师不仅是令人敬仰的大师，更是温暖慈爱的长辈。

记忆中的卫老师，是生命力多么旺盛的一个人啊。卫老师总说，他要等到硕博连读的师弟师妹毕业后再退休。我也一直期待着，等到博士毕业时请老师亲自给我拨穗，实现自己当年小小的愿望。虽然卫老师这次住院时间较长，但总以为肯定和上次一样，老师需要在医院彻底调养好才会回家。到时候我们又可以聚在老师身边读书聊天了。只是没想到，这小小的愿望终究是无法实现，那些温暖愉快的日子竟然再也不会回来……

这一段时间以来，与卫老师相处的点点滴滴总会不经意地浮现在我眼前。虽然卫老师离开了，但是他的教诲和关爱却时时鼓励和温暖着我，也指引着我继续努力前进。

敬爱的卫老师，永远怀念您。

（作者系 2018 级博士，中国人民大学经济学院博士在读）

忆恩师卫兴华教授

王涵枫

恩师卫兴华教授在 2019 年 12 月 6 日 1 时 52 分永远地离开了我们，离开了那部他虽然读了上百遍，但仍然还未来得及给我们讲完的《资本论》。

时光退回到一年前的 2018 年 9 月 9 日，我到人民大学来报到的第一天，晚上九点钟，我怀着忐忑不安的心情敲开了老师的家门。阿姨开门时，我看见一位慈祥的老人坐在小桌子前，明亮的灯光下，恩师稀疏的白发映衬着智慧的光芒。我快步走过去，给老师鞠躬，老师很郑重地同我握手，叫我坐下来，首先便问我是否安置妥当，饭卡有没有发下来，当得知我各方面都没有问题时，老师就和我聊起家常，还特意问我有没有女朋友，让一直很拘谨的我慢慢地放松了下来。是啊，我就是那样的紧张，因为我从来没有敢想过能有机会跟卫老师这样一位伟大的学者学习，在 2018 年 4 月 24 日得知我被老师录取为博士生时，我是那样的欣喜若狂，要知道我只是在报考之前大着胆子给老师发了一封邮件而已。老师没有在意我没有一点政治经济学的专业基础，允许我报考他的博士生，而我也仅仅是备考过程中才开始接触一点政治经济学的专业知识，所幸，运气非常好，我进了复试。

还清楚地记得复试时，老师因为要去扫墓没办法亲自过来复试，特意叫了田师兄过来参与我们的复试，在邱老师主持的面试结束后，田师兄把我们叫到一边，问我们有没有什么话要带给老师，我便把我的想法讲给田师兄：我报考卫老师是因为他是中国社会沧桑巨变的亲历者，无论是搞革命还是新中国的建设，从"文化大革命"到改革开放，再到快速发展的今天，卫老师都全部亲身参与了，我希望能够跟卫老师了解他所经历的新中国的发展和社会的变迁，学习中国经济改革理论，无论卫老师是否录取我，我都很感激卫老师让我参加复试。幸运的是，老师接收了我，可以说能跟老师学习就是我人生最幸运的事情，我在入学前常常激动又忐忑地憧憬接下来的时光，可是当美好的愿望终于来临时，却偏偏那么短暂。幸运的是我能够在老师身边学习一年，然而人生之最大的憾事，亦莫过于此，短短的一年时间，有太多的东西还未来得及向老师学习，太多的话没能够和老师说，甚至连老师的手稿，也仅仅打了那么几篇。

康德说世界上唯有两件事最能震撼人的心灵，一个是我们头顶上璀璨的星空，一个是人们内心深处崇高的道德法则。卫老师就是这样的一个人，一个真正崇高的人。我不会赘述老师一生所取得的伟大成就，我只能谈一两件小事，描述一位可敬又慈爱的老人。

我还清楚地记得大家第一次全员到老师家去的情形，也就是老师给我们第一次上课的时候，老师说把我们叫过来是要大家互相认识一下，了解我们是否有生活上的困难，又很郑重地对我们说他虽然现在走不动了，需要坐轮椅，但是我们有什么问题一定都要和他说，他会替我们办的。老师多次问起过我们的理想，表示他一定要带我们毕业，把我们全都送出去，工作到一百岁再退休。每每回想至此，我便感叹自己何德何能遇到一位这样关爱我们的恩师啊！每次我们去老师家学习，老师都会叫阿姨给我们拿来各种水果或者糕点，甚至他在吃的葡萄干也要给我们一个人抓上一把，要我们吃完再开始讲课。后来我听师兄们说起，老师在几年前还能自己走动，上完课经常会带着他们去肯德基吃汉堡喝可乐时，我不禁十分感慨，老师居然有这样如此可爱的一面，也好生遗憾，没能早来几年，和老师喝着加冰可乐，聊他当年的故事。

在2019年5月末的时候，老师第一次住院出院的那天下午，我同王晗师弟去家里看老师，没想到老师因为之前接待了太多来看望他的各界人士，刚刚睡下，只和宏叔聊几句便回去了，打算明天再来，然后第二天一早，我便收到了老师的微信：涵枫：你俩来时，我睡着了，作为学生没有工资，不应买花，见见面就行，过几天还要大家讨论问题。

此时此刻，老师依然想替我们节省，关心着我们的学习。于是下午的时候，我就同王晗师弟再一次来到了老师家里，一眼望去老师是那样的消瘦，但是依旧微笑着同我们打招呼，让我们坐下，给我们拿零食吃。记得老师那时的气色还可以，但声音没有之前洪亮了，我还想着老师经此磨难，应该能平平安安到一百多岁了吧。也因为此，在老师第二次生病的时候，我并没有慌张，反而傻傻地以为老师会同上一次一样转危为安，还会在ICU住一段时间就回来给我们上课了，竟然在学校傻等，生怕打扰而没有跑到医院去看望老师，如今想来哪怕在ICU门口看一眼也好啊，悔之晚矣。

这次聊天期间我同老师问起他革命时的经历，老师平静的话语中透露着那为祖国、为人民不顾一切，一往无前的信念，哪怕是"文化大革命"时被打倒，被批斗，打得遍体鳞伤也从未改变。老师从未在意过他所受过的一切苦难、抱怨过一点委屈，不变的只有那份至死不渝的热爱。老师经常对我们说的就是可以有不一样的观点，但一定要坚守底线，那就是要相信我们的党，要热爱我们的祖国和人民，这一点将牢牢地刻在我的心里。当老师问起我有无发表论文时，我很惭愧地说还没有，老师说："那你要努力，我的第一届博士生洪银兴在读博期间就和我一起写书了，一定要像前面的师兄学习啊。"我大感惭愧，我说我怎么能和洪老师比啊，前面的师兄们太厉害了，我差得太多了。见此，老师就同我和王晗师弟说："人一定要有志气，要力争上游，一定要努力，要勤奋读书，去超越前面的师兄们！"我是如此的震撼，我从未想过能和取得那么多杰出成绩的师兄们相比较，老师是第一个也是唯一一个这么鼓励我的人。在我和王晗师弟从老师家里离开时，他还对我们说："要努力啊！"我不敢把自己同师兄们相提并论，更不敢指望能达到老师的成就之万一，但老师在我心中点燃了一盏灯，我会找到自己人生的方向，坚定不移地走下去，争取做一个对国家对人民有益的人，不负恩师期许。

在2019年放暑假的时候，我在离校前一天，去老师家里聊起我想从事的科研方向，但是可参考的资料不是很多时，老师还对我说不要急，先读书，慢慢来。我说好啊，待我暑假期间写一点东西尝试一下，回来再同您讨论。离开的时候，老师微笑着同我告别。至此，便是永别。

恩师千古，精神永存！

（作者系 2018 级博士，中国人民大学经济学院博士在读）

"小同学"眼中的卫老师

王 晗

小 序

恩师于 2019 年 12 月 6 日仙逝。在刚收到消息的那段时间里，我时常还会恍惚，以为田兄在群里又发来消息：周五去老师家里讨论。恩师逝去已近一年，期间我几次提笔又放下，只叹笔力不逮，感情不能尽达。2020 年 9 月 30 日至 10 月 2 日，学院组织了一场特别的思政课："传承人民教育家红色基因，寻访卫兴华教授成长足迹"。特别感谢学院提供的这次机会，我有幸参与其中，所获甚多。老师旧居门前的百年枣树枝叶繁茂、硕果累累，我坐在院子里，听着前辈的叙述，看着蔚蓝的天空，浮想联翩。

我于 2014 年考入中国人民大学经济学院，成为了一名本科生。开学不久，我就参与了一次特别的会务工作："庆贺卫兴华教授 90 华诞暨政治经济学创新与发展研讨会"。"卫兴华教授 90 华诞"这几字，真有力重千钧、泰山北斗之感。何其有幸，后来我成了老师的学生。老师有时也感慨，还有我这样的"小同学"愿意报他当导师。从 2017 年底，我便时时跟着已是博士的师兄师姐去老师家里上课。直到 2019 年底，我跟在老师身边学习也有两年了。在这几年中，卫老师的言传身教、各位老师及师兄师姐的深情回忆还有相关的文字视频，加深了我对卫老师的认识。恩师的三个身份标识是我永远的精神指引。

恩师是人民教育家

2019年9月，老师被授予"人民教育家"国家荣誉称号。我想，这是对老师一生的肯定，这是对一位马克思主义理论工作者毕生信仰与追求的崇高礼赞。从我亲身经历的几件小事，就可看出老师对教育的热忱和对学生的爱护。还在本科的时候，我和几位同学对政治经济学有些困惑，竟大着胆子直接给卫老师发邮件。没想到当晚即有回复："王晗同学：很愿意与青年同学们一起探讨马克思主义经济学问题。但因腰疼卧床不便去教室相聚。如有七八个人，可来我家谈两小时。"彼时的我，还只是一名普通本科学生，而卫老师的态度和语气既饱含着对青年学生的爱护，又有着平等相待的感觉。当我正式拜入门下时，卫老师和我长谈了一次。那是2018年初的一个傍晚，寒风凛冽，光秃秃的树干立在路边。我进入卫老师家后，顿感温暖。老师将书收起，招呼我坐下，并一起吃东西。老师先仔细询问我的家庭情况、父母工作、个人生活等等，谈到我的家乡时，还多谈了几句。后来谈话逐渐深入，老师希望我们要开阔知识面，"为学当如金字塔，要能博大要能高"；鼓励我们向各位前辈师兄师姐学习，多写文章，甚至出书；引导我们要关注弱势群体，要为人民的利益鼓与呼。卫老师背后的天色逐渐暗下来，微微泛黄的灯光映照着卫老师和蔼可亲的面容，这是我永生难忘的画面，深深地烙印在我的心里。老师不仅督促我们学习，还关心我们的生活，时常与我们分享月饼等节日美食。

老师的教诲就像"随风潜入夜，润物细无声"的春雨那般，默默地滋养着学生！

恩师是最美奋斗者

2019年9月，卫老师被授予"最美奋斗者"荣誉称号。这是老师一生奋斗不息的真实写照。老师的文章都是先手写在纸上，由学生们整理打印出来后，再反复修改。一篇文章就是一摞手稿，一生的写作就是一生的心血。老师的字比较大，写得很认真，即使是在白纸上也排列得整整齐齐。我帮忙誊写稿子时，不敢马虎，把不确定的地方标红，反馈给田超伟师兄。听师兄师姐说，老师大部分的时间都在看书和写作，可能一个上午就写了几千字。老师在青年时期就很勤奋。老师刚被分配到政治经济学教研室攻读研究生时，甚至都不知道这门学科，而且开始就要读《家庭、私有制和国家的起源》《资本论》等原著，难度很大。老师抱着"人一能之，己百之，人十能之，己千之"的信念，克服种种困难，最终留校任教。老师不仅勤奋，还讲究方法，给我很大的启发。一次课上，老师强调做学问要勤动手，在平时的阅读中，看到合适的材料，就要及时摘录在专门的笔记本上。说完，还把自己的笔记本给我们看。本子的外观很朴素，内容却很充实。有些资料是从报纸上细心剪裁下来的，被精心地贴在了笔记本里面；有些资料是马恩著作中的原文，被认真地摘抄下来，并注明了出处。当时我正好遇到了一个问题：在读文献的时候，会发现很多好素材，可是到了写作的时候，脑袋就成了一团糨糊，记不起出处了。卫老师的这个方法并不复杂，却很实用。

老师有个微信号，昵称是"愚公"。而老师的奋斗精神就像"子子孙孙无穷匮也"的愚公那般，他勤勉治学，最终留下了千余篇文章，四十余部著作。

恩师不做风派理论家

风派理论家的做派是跟风跑，东风来了往西倒，西风来了往东倒。而老师的治学态度是：不唯上，不唯书，不唯风，不唯众，实事求是，追求真理，走自己的路，由他人去评说。所以老师对于没想清楚的问题不轻易发表意见，也不跟风，坚持独立思考。卫老师有时候听到别人对劳动价值论的非议时，听出对方其实没有认真研究过这个理论，就很生气，为什么没有研究过就敢评头论足？并说自己对于不懂的东西，也不会随意评价。还有一次，他谈到自己的某篇文章比较具有冲击力，不少知名期刊都不敢发，正好有家普通期刊来约稿，这篇文章就在那里发了。老师笑谈他年纪大了，不在乎这些，重要的是学者要敢于讲真话。老师不仅身体力行,也时常鼓励我们独立思考,有自己的观点。所以上课时,常常会让我们谈谈看法,发表意见。刚开始时,我们有些不好意思,发言较少。老师便专门组织了一次讨论会,让我们提前准备,到时候都发言。在那次讨论课上,老师让我们轮流坐在他身边发言,认真听我们讲话。在这种精神的鼓舞下,我也开始尝试大胆地去独立思考问题。有一次上课,卫老师讲到一个观点,我有些不同看法,就直接举手示意。老师停了下来,让我发言,并和我耐心地讨论起来。

老师的品格就像"千磨万击还坚劲,任尔东西南北风"的劲竹那般,有所持守,有所信仰。

结　　语

以上"三个身份标识"实际上是融为一体的,老师在生命的最后时光里对"重建个人所有制"问题的讨论就是很好的体现。我们往常去老师家上课时,大多是一次一个主题。但是这次不太一样,老师显然有所设计,先让我们读马恩原著,再让我们读名家大师的文章并且让我们发表观点,最后再来阐明自己的观点。虽然后来老师不幸生病住院,没能完成全部教学设想,但是在病床上依然惦记这个重大理论问题。据洪银兴老师回忆,当他去医院时,老师在病榻上和他就这个问题谈了半小时,并说这个问题一定要正本清源,不搞清楚"不能死"。老师身体稍好些了,就让武志师兄带着尚未发表的文章来指导我们学习。对"重建个人所有制"的理解不是单纯的理论问题,而与我国建设什么样的社会主义公有制密切相关,因此老师格外关注。老师常常说自己"还在燃烧呢",而这最后的时光给我上了最生动的一课。

有人说,当学者是清苦寂寞的,既不能飞黄腾达,也不能荣华富贵。但我从老师的身上看到,他将教书、育人与科研都融进了生命,在向着实现"兴华"理想而奋斗的过程中,也拥有了莫大的幸福。

师恩如山,师慈似海,谨以此文纪念敬爱的卫老师!

(作者系 2018 级硕士,中国人民大学经济学院硕士在读)

怀念我的导师卫兴华先生

刘钊汐

宜园二号楼。

每次我路过这里的时候,都会想起老师。有时我会驻足停留,望一望老师家的窗台,仿佛我还能见到那张熟悉的面容。

老师走了快一年了。这一年里,每次梦见老师,总是泪落枕侧,不能自已。断断续续的梦中,老师的音容笑貌犹在,以致我总不相信老师真正离开了我们。

从别后,忆相逢。回想当年第一次拜访老师的情景,依然记忆犹新。彼时的我初入人民大学校园,天真懵懂,对于政治经济学这门学科也没有很多的了解。当我和田超伟师兄一起站在老师家楼下的时候,我满怀忐忑的心情,我很怕老师会拒绝我,因为老师是那么犀利、睿智的一个人,我觉得他可以一眼看穿我的浅薄和无知。可是他没有,他像大海一样接纳了我。老师亲切地和我交谈,同我拉家常,送了我一本书,还为我亲笔签了名字。临走前,他还和我握了握手,我记得很清楚,他的手掌干燥、温热,充满了力量。他是那么的慈爱、温柔,有的时候甚至让我忘记了他有那么多光辉的荣誉,他有那么多高深的学术成就,他平易近人到就像是家里的一位长辈。

第二次见老师,是在老师家的读书会上。那也是我第一次见在校的师兄师姐们。我们围着老师坐着,认真聆听老师讲课。老师面色红润,声音浑厚,足足讲了两个半钟头。我记得老师讲了很多关于主要矛盾转变、国有企业改革的问题，老师还讲到了现在社会中存在着很多深刻的矛盾，比如国有企业占比过低、社会发展不均衡、社会贫富差距过大等问题。老师还讲了很多历史，新中国成立的时候、改革开放的时候、进入新世纪的时候，我们的社会经济是什么样子，我听得很入神。我觉得老师自己就是一本百科全书，他是中国经济发展过程的亲历者，因此他的目光更加长远，他的思想更加深邃，他的言辞也更加犀利、尖锐，总是可以指出我们经济发展中那些最深、最痛的问题。下课了以后，因为正值中秋节，为了表达自己的孝心，我准备了一盒糕点，打算送给老师，可是没想到却被老师严厉地斥责了一顿。老师说，我们现在还是在读书的学生，钱要留着，自己花就行了，不需要给他买东西。我跟老师解释说，我在做学校的助管，每个月都有工资拿，老师这才安心地收下。

再后来，我因为生病需要休养，不再到学校上课，可老师对我的爱护却一点都没有变。田师兄说，老师总是提起我，很关心我，也经常会问起我的学业。老师甚至还给我发了微信，问及我身体的恢复情况。我特别感动，只想早日恢复健康，可以再次见到老师。

可我却再也见不到他了。

在我回到学校3个月后，我记得很清楚，那是一节高级宏观经济学课，刚下课的时候，王涵枫师兄发来一条微信，告诉我，老师去世了。那一刻我感觉全世界都静止了，我听不进声音，也不知道自己在做什么，心里很麻木，拒绝接受这个事实。当我赶到老师的灵堂时，见到沉默的师兄和哭泣的师姐，见到从全国各地赶来的老师的学生们，他们忙忙碌碌，进进出出，我不知道做什么，就在角落里麻木地站着，总觉得这一切不像是真实的。在灵堂为老师守灵时，我经常望着老师的遗照出神，他还穿着那件常穿的深红色衬衫，他的笑容还是那么慈祥温暖，我总觉得他没有离开，他还在我的身边。

直到老师出殡那天，我们到八宝山去见老师最后一面。北京冬日的清晨，天非常冷，来的人也很多，每个人的脸上都是悲痛的神情。我和师兄师姐们一起，等着给老师鞠躬告别。当我终于见到老师的时候，看到他枯瘦的面庞，心如刀绞。老师是那么健硕的人，可现在却单薄成这个样子，他该是经历了多少病痛的折磨！他曾经是那么温暖的人，是那么有生命力的人，如今却只能冷冰冰地躺在那里。那一刻我终于意识到，我再也没有老师了，我再也见不到他慈爱的笑容了，再也握不到他的手了，我甚至不能再和他说上哪怕一句话。

我深深地向老师鞠躬，泪水滚滚而落。

时至今日，当我回想起这些，还是忍不住泪如雨下。我和老师之间，有着太多太多的遗憾，我很想告诉他，我真的很感谢他，感谢他收留了当年那个幼小无助的我，感谢他教会我那么多做学问的道理，感谢他一直以来的关心和爱护。这些爱和回忆，我将永远记得。

虽然老师离开了我们，但我相信生命的河流永不止息，就像老师的精神亘古长存。令公桃李满天下，何用堂前更种花？老师的学生遍布大江南北，我们每个人都将承担起自己的责任，将老师的精神一代一代传承下去。老师的恩情，此生无以为报，唯有更加勤勉学习，以慰恩师在天之灵。

（作者系 2018 级硕士，中国人民大学经济学院硕士在读）

要是能见卫老师一面那该多好

张耀军

敬爱的卫老师虽然离我们而去,没能来得及指导我,这是我人生中的一大遗憾,但是能成为卫老师的学生,是我的荣幸。我回忆考博历程以及来中国人民大学读博的所思所想,以表达我对卫老师离去的惋惜与遗憾,对卫老师的深切缅怀!

一、仰望与追求

工作多年后,我打算考博走学术研究之路,想考硕士所学的专业——政治经济学,继续深入研究马克思主义政治经济学和中国特色社会主义政治经济学,而且特别想考中国人民大学卫老师的博士。读硕士期间就听我的老师们说卫老师是令他们仰望的马克思主义政治经济学领域的大师,是研究《资本论》的权威。而我感觉报考人民大学特别是卫老师的博士竞争一定非常激烈,总有些底气不足,但总觉得想试一试,想追逐自己的梦想。经常想如能成为卫老师的学生,跟着他研究马克思主义政治经济学和中国特色社会主义政治经济学,那该是多好啊!在复习备考时我看过卫老师和其他学者的著作和论文,发现我更认同卫老师的观点,每每看到卫老师和其他学者商榷的论文,总觉得特别有趣,卫老师敢于进行学术争鸣,有自己坚定的学术立场,他的理论功底深厚,文章逻辑严谨,观点鲜明,让我非常敬仰。通过看卫老师的《走进马克思经济学殿堂》《〈资本论〉精选讲解》《社会主义初级阶段理论与实践》《中国特色社会主义理论体系研究》等书籍让我对马克思主义政治经济学的基本原理和中国特色社会主义政治经济学的理论体系有了更加深入的掌握。也正是由于看卫老师著的书使我越发喜欢政治经济学专业，也更加坚定了我的研究方向。于是，2018年冬天，我坚定地报考了人民大学卫老师的博士。

二、幸运与欣喜

经过数个月的努力复习，2019年我通过了人民大学博士考试，被录取为卫老师的博士生，录取名单公布的当天中午，我一下轻松了很多，心里比吃了蜜还甜。我感到非常幸运，心情由原来的忐忑担心变成了欣喜，我兴奋得睡不着觉，去路上走了又走……我终于可以去人民大学读博士了，而且是师从"泰斗"卫老师读我喜欢的专业和方向。暑假的时候，我详细地看了卫老师的自传，从自传中了解到卫老师在青年时期有参加革命的经历，我对八路军抗日的故事挺感兴趣，心想等开学见到卫老师要多听他讲讲他参加革命的故事，在复习考博的过程中我有很多复习心得和笔记都记录下来想见到卫老师后向他请教。我的朋友和同学得知我考上人大卫老师的博士，觉得我非常幸运！整个夏天我沉浸在欣喜之中。

三、担心与期盼

2019年9月开学报到后，我想去拜访卫老师，但从师兄那里得知卫老师生病住院了，在重症病房不便探视。每次遇到班里的同学都会问我："卫老师身体怎么样了，你见到卫老师了没？"我说，"卫老师还在医院。"9月份，校园里的电子屏幕上不停地播放国家荣誉称号颁奖的画面，我每次都会停下脚步看一下，卫老师因病没能参加颁奖仪式，我想要是卫老师能坐上轮椅去参加颁奖那该多好啊！央视新闻报道了卫老师的事迹，给我留下了深刻印象，报道中提到"在 2019 年人民大学经济学院（新）成立大会暨中国经济学 70 年演进与发展学术研讨会上，卫老师连发三问：怎么样培养新人才？怎么样加强我们的理论经济学队伍的建设？怎么样提高我院理论经济学教材的建设？我们要有危机感"。媒体采访卫老师的时候，他说："我有一个信仰，信仰就是为新中国而奋斗，为广大老百姓的富裕、安康、和谐、共同富裕而奋斗"，"老宣传老同志要发挥余热，发挥余热这个词啊，我觉得不太好，我不要做余热，炭火烧完了变成灰了，木炭还有点余热，我说我还在继续燃烧着呢，燃烧得还很旺。"说完卫老师开心地笑了……到了 10 月份，11 月份，我越来越担心，心里想怎么卫老师住院这么久还没康复啊？每天路过卫老师的住处，都会盼望着他能安全度过冬天，赶快好起来，期盼着他能赶快回来指导我们！与在校师兄师姐师弟师妹聚餐后，约定说等卫老师转到普通病房的时候，我们一起去医院看望他。

四、悲痛与遗憾

2019 年 12 月份的晚上我一直睡得不踏实，12 月 6 日早上我比平时醒得都早，6 点钟就醒了，上午 8 点多听师兄说卫老师去世了，我的心一下凉了，对卫老师的去世感到悲痛，那天上午都没心思看书，和师兄聊了一上午，一起排解心里的难受，感慨遗憾没见到卫老师。同学们得知卫老师去世后，给我发微信表达对卫老师去世感到悲痛，安慰我节哀顺变。我的硕士导师黄铁苗教授得知卫老师去世后作一首挽诗沉痛悼念卫老师！（见文末）在哀悼卫老师的那天，看到那么多向卫老师敬献的花圈，我边拍相片，边不由得落泪。我后悔自己没能在录取结果公布后提前来北京看望卫老师，听他讲讲《资本论》，我后悔自己非要等到开学才来学校！我甚至想哪怕卫老师回来没精力给我们讲课，没精力指导我们学业，能和他聊上几句，也该是多么美好！在听到师兄师姐们回忆与卫老师在一起探讨学术，温馨相处时的情景，我更加觉得特别羡慕，特别遗憾！

五、感恩与坚守

虽然卫老师没能来得及指导我，我没有能见到卫老师，但是我依然感恩卫老师收我为他的学生，感恩人民大学给予我读博学习的机会。我还算是比较幸运，我相信还有很多学子早已精心复习，想报考卫老师的博士，遗憾的是他们不能再报考卫老师的博士，他们来人民大学后再也不能看到卫老师了。

在一起哀悼卫老师的日子里，我从师兄师姐身上感受到卫老师对他们的影响，他们身上体现的低调、严谨、踏实、认真等这些特质影响着我。虽然卫老师没能指导我，但卫老师永远是我的老师，永远活在我的心中。卫老师一直希望学生们认真读经典原著，我会化悲痛和遗憾为力量，以卫老师为榜样，继续深入研读马克思主义经典著作，特别是《资本论》，继续深入研读卫老师的著作，吸收其中的营养。继续深入研究马克思主义政治经济学和中国特色社会主义政治经济学，为做卫老师的合格学生而努力！

广东省委党校黄铁苗教授得知卫老师去世后作一首挽诗！

沉痛悼念卫老师

数十年来多蒙教，无限关怀若慈亲。
殚精竭虑研马列，呕心沥血育后昆。
弟子成材多砥柱，著述等身为人民。
遥从南国寄哀念，引领北望泪沾襟。

（作者系 2019 级博士，中国人民大学经济学院博士在读）

寻路凭义薄云天
——挽人民教育家卫兴华教授

张宝贵

卫兴华教授走了！

2019年12月6日晚，我在微信朋友圈内得知这一消息，痛彻心扉，一位伟大的教育家永远离开了我们。

在70周年国庆的两个月前住院治疗，在被授予"人民教育家"国家荣誉称号的两个月之后去世。我读过卫教授的著作和论文，但从未见过他老人家。确切地说，我是卫兴华老师的学生——天津财经大学经济学系石晶莹教授的同事。

2019年12月9日上课时，石教授对学生说："今天老师的心情不好，因为我的恩师去世了……"说完泣不成声。整堂课，与学生一起看着自己专门制作《卫兴华教授生平事迹和学术思想介绍》课件的播放，石老师泪流满面……"我转天要专门去北京，送恩师最后一程，所以，我实在讲不下去了"。12月11日，我听到这番话，对石老师说："这节课，肯定是学生在天津财经大学所有课程中最受教育的一节课。"

石老师告诉我："老人家虽然年事已高，但在经济学理论研究上可谓是'常青树'。今年7月还发表了论文，9月份还打算完成一部著作……"敬仰于这位历经沧海桑田依然"关注星空"、饱受人间苦难仍然心系国家未来的民族英雄，教育战线上生命不息、笔耕不止的坚强勇士，在谈起自己的恩师时，石教授难掩内心的激动，泣不成声地说："没想到这就走了！不要再继续说了！"

的确，当这位政治经济学的一代宗师真的不能再次站上讲台时，我们似乎才真正意识到，中国的经济理论学界、教育学界失去了一颗多么璀璨辉煌的巨星，因为：

——他本身就是一部经典。卫兴华教授的论文和著作，不仅每一篇每一章和每一节都是经典的文献，值得反复研读。更重要的是，作为一位坚定的马克思主义者，从来不把经典文献的话语作为教条，而是把马克思主义的基本原理、思想方法当作思辨的武器。每一篇论文、每一部著作都站在哲学的高度，从科学的逻辑起点出发，揭示经济问题的本质和规律，使得科学的理论能够更好地指导实践。

例如，关于生产力内涵的问题，卫老师于1980年在《哲学研究》发表论文提出生产力"多要素论"，突破了来自苏联著作生产力"二要素论"和出于对《资本论》一段论述的误解"三要素论"之争。卫老师指出：随着生产力的发展，劳动过程的劳动、劳动对象、劳动资料的"简单要素"，会有科学、分工协作、管理、自然力等新的生产力要素加入。这不仅在理论上确立生产力的科学涵义，而且为我国推动生产力的健康发展扫清了认识上的障碍。再如，关于社会主义市场经济体制问题，指出：中国不能完全实行市场经济。并且明确提出：社会主义市场经济体制，是由以公有制为主体的多种经济成分共同构成的，等等。这些观点，为中国特色社会主义市场经济建设指明了正确的方向。

正是像卫兴华教授这样"不唯书本教条""不唯他国样板"的"不唯上、不唯书、不唯风，实事求是追求真理"的经济学家，创立的坚持马克思主义中国化的先进理论，让我们中国人挺起了走中国特色社会主义道路的脊梁，让我们增强了中国特色社会主义理论的文化自信。

——他本身就是一座宝库。如果说马克思主义理论是一座高耸入云的宝矿，那么，在把马克思主义与中国发展相结合的理论开发中，卫兴华教授建立了中国特色社会主义的理论与研究方法的宝库。

例如，1985年，戈尔巴乔夫当选为苏共总书记，推行民主化、公开性和新思维，"私有化""市场化"思潮影响到我国，国有企业改革的"股份制"

做法风靡全国，针对"一股就灵"、一股风、一刀切、下指令完成的做法，卫兴华教授在1986年发出不同的声音，指出：股份制是一种资本组织形式或资产经营方式；私人资本组织的股份制，依然是私有制；不能以股份制成为公有制的主要实现形式，来否定或取代国有经济和集体经济这两种公有制形式。1987年，面对计划和市场的关系，卫兴华教授提出"计划调节市场，市场调节企业"的运行机制模式。于1990年1月进一步强调："这种调节机制是二层次的纵向结合关系，并不是何者为主何者为辅的关系。计划调节的导向作用，不会把市场调节降为'为辅'的作用"，等等。这样的一系列学术观点，为充分发挥政府职能、保证市场经济健康发展提供了有力的理论支撑。

——他本身就是一盏明灯。他一生的奋斗就是燃烧自己点燃中华民族复兴的灯塔，照亮一代又一代优秀的中华儿女前进的方向。一个出生在山西省五台县的普通农民家庭的孩子，小学老师给他取名"显贵"，在读中学补习班时，目睹日本侵略者的暴行后，立志抗击日寇、振兴中华，把名字改为"兴华"。参加了党的地下工作，在被捕入狱中也严守党的秘密，出狱转到北平还继续从事地下工作……新中国成立后在中国人民大学研究生毕业后留校任教，为中华民族的复兴奋斗了一生。

教育的真谛，并非把知识装进学生的头脑，而是把学生的人生之路照亮。石晶莹教授对我讲过：当年，在刚刚考入中国人民大学攻读博士学位时，自己经济学基础知识薄，研究能力差，是卫老师不厌其烦的耐心讲解，深入细致的周密指导，逐渐让她克服了身上的自卑与胆怯，树立了信心和勇气，努力拼搏进取，最后顺利取得博士学位毕业。为此，她对命运很感恩：遇到卫兴华教授！她在天津财经大学担任教师后，以卫兴华教授为榜样，工作勤奋努力、像邻家大姐姐一样关心、爱护每一个学生……我想：卫教授这种对待学生的态度，就是毛泽东主席所倡导的"以普通劳动者姿态出现""不摆架子，不摆资格""尊重每一个人"的"高级趣味"——"高尚的共产主义精神"。卫兴华教授就是率先垂范，践行这种共产主义精神，并使这种精神代代相传……

伟大的人之所以伟大，并非生就伟大，而是用一生奋斗使其伟大。卫兴华教授一生都在用教育家的仁爱之心,燃烧自己,照亮别人。2019年9月29日,卫兴华教授因病未能参加中华人民共和国国家勋章和国家荣誉称号颁授仪式,但在得知自己获得"人民教育家"国家荣誉称号时,卫兴华表达的内心期盼是:"愿马克思主义经济理论之树根深叶茂,祝人民教育事业蓬勃发展!"我作为多年从事教育工作的老师,作为刚刚入门学习马克思主义经济理论的学生,自然由衷感觉:卫兴华教授,多么可爱!多么可敬!

已是晚上5点40分,我和石晶莹教授结束了一整天的四级、六级监考工作。疲惫地走在校园的路上,想起石老师为学生临时添加卫兴华教授生平的教学内容,我也想告诉我的学生们:我们正在学习的马克思主义《政治经济学》理论,有卫兴华教授的智慧诠释;我们正在行走的中国特色社会主义道路,有卫兴华教授的心血浇筑。

走着,走着,头脑中显现出关于卫兴华教授的挽联:

自认命运无"显贵",笃定共产主义理想,行当世范,寻路淬炼血染党旗,智达生平《资本论》为巨擘,诠释济世正道,豪情立言、立德、立行,革命贯终生"最美奋斗者";

本悟真理为"兴华",志在民族复兴愿景,学为人师,问道探究勤耕杏坛,慧通《政治经济学》成大师,阐示经邦方略,挚爱传道、授业、解惑,桃李满天下"人民教育家"。

写到此处,苦苦地思索文章的标题,想着卫兴华教授的传奇人生:《资本论》正义、《政治经济学》讲义、中国特色社会主义道路和实现共产主义,这几个关键词定格在我的脑海中。其中,共同的一个字"义"闪现出这位马克思主义经济理论学家、政治经济学大师的夺目光彩是:"利计国家,益为人民"。我信笔写下:寻路凭义薄云天!

(作者系天津财经大学经济学院教授)

封 笔 之 作

新中国 70 年的成就与正反两方面的经验*

卫兴华

[摘　要]　今年是新中国成立 70 周年。讲新中国的 70 年，必然会涉及如何认识前 30 年和后 40 年两个历史阶段的关系问题。本文就改革开放前后经济发展和人民生活水平提高的实际情况，以及理论和实践中的得失是非做了实事求是的回顾与评析。本文认为，改革开放前后两个历史阶段是紧密衔接的，没有前 30 年的站起来和初步强起来，就没有改革开放后的富起来和进一步强起来。

[关键词]　新中国 70 年；前 30 年；后 40 年；两个历史时期的关系

一、从参加开国典礼庆祝游行谈起

岁月如流，新中国成立已经 70 年了。我还清楚地记着，1949 年 10 月 1 日，作为从解放区迁回北京的华北大学的一位学员，我有幸参加了开国典礼庆祝游行。当我们的游行队伍经过天安门金水桥时，大家热烈高呼"毛主席万岁！"毛主席看到华北大学的校旗，也喊"华北大学的同志们万岁！"使大家深受鼓舞。

我出身于农民家庭，在旧中国生活了 23 年，深知旧中国劳动人民极端贫

---

* 本文系国家社会科学基金重大项目"中国共产党纪念活动史的文献整理与研究"（项目号：15ZDB044）、中宣部"四个一批"人才工程项目"纪念活动与中共历史记忆的建构"的阶段性成果。原文发表于《教学与研究》2019 年第 10 期。

困的生活。读高级小学时，知道中国受列强侵略、割地赔款、山河破碎，国耻纪念日很多。抗战胜利后，在太原读中学，见证了国民党政权的腐败。在党的引导下，参加地下革命工作，并加入了共产党。从此结识了一批优秀的共产党员和党外革命同志，他们一心为中国的解放、为建立改天换地的新中国而不顾个人安危，全身心以赴。在太原解放前夕，他们积极搜集和传递敌人的军事情报、绘制敌军城防图、策动敌军起义等。事发后，多位革命同志惨遭敌人杀害。我深深怀念他们。开国典礼时，看到天安门广场红旗招展，深感红旗上凝聚着这些烈士们的鲜血，我潸然泪下。我看到了革命的胜利，新中国的建立。而我熟悉的一批革命同志为革命事业而献身，长眠地下，未能看到胜利的这一天。他们一心为党、为人民的事业无私奉献的精神永远激励着我，使我立志永远做一个替劳动人民说话、为增进人民福利、为社会主义事业而鞠躬尽瘁的经济学家。

我是在中国共产党创建的第一所新型正规大学——中国人民大学培养下成长起来的一位经济理论工作者。我见证了新中国经济社会发展的全过程，我的命运同党和新中国的发展过程是紧密相连的，有顺境，有逆境。但不管受到多大的挫折，坚持马克思主义经济学阵地、为继承和发展马克思主义经济学的初心不改。改革开放，改变了国家的命运，也改变了我的命运，使我有机会能够在新的历史时期继续为坚守和创新马克思主义经济学、创建和发展中国特色社会主义政治经济学而贡献一分力量。

作为马克思主义经济理论工作者，该怎样纪念和庆祝新中国成立70周年，可以从不同角度、不同方面进行论述，写多篇纪念文章。这里想就新中国70年所经历的两个时期——改革开放前后经济发展和人民生活水平提高的实际情况，以及理论和实践中的得失是非做一些回顾与评析。

新中国成立70年来，我国的经济社会发展成就，已有多方面的统计资料公布，这里不需要罗列。概括地说，我国的生产力快速发展了，综合国力大幅度增强了，人民生活水平显著提高了。新中国70年的成就超过了旧中国千年以上的成就。据统计，新中国建立前的1000年中，我国国内生产总值只增长了8倍，年均增长0.5%。[①]

讲新中国的70年，必然会涉及对前30年和后40年两个历史阶段的评析。我们不能认同一种非历史非科学的观点，即把两个历史阶段割裂开来。有的认同后40年而否定前30年；也有的褒前30年，贬后40年。关于改革开放前和改革开放后两个历史时期的关系，习近平同志已做了科学的说明："这是两个相互联系又有重大区别的时期，但本质上都是我们党领导人民进行社会主义建设的实践探索。"[②] 1949年建立新中国并进行社会主义革命和建设，为改革开放的后40年"积累了重要的思想、物质、制度条件，积累了正反两方面经验"。[③] 这里提出新中国改革开放前的历史时期"积累了正反两方面的经验"，就表明既有正面的成功的经验，也有反面的失误或错误的教训。总结两个时期发展的经验，既要弘扬重大成就，并探求成功的根源，又不回避失误和错误的事实，探求失误和错误的根源。这是为了吃一堑，长一智，以利于更好的发展。毛泽东在《我们党的一些历史经验》一文中说："错误有两重性。错误一方面损害党，损害人民；另一方面是好教员，很好地教育了党，教育了人民，对革命有好处。失败是成功之母。……'物极必反'。"[④]

二、对改革开放前新中国发展的回顾与评析

（一）毛泽东和党中央重视生产力的发展和人民生活水平的提高

由于改革开放前，曾经历过"左"的错误，受到批判，容易给一些人造成一种直觉的片面的印象：前30年搞"阶级斗争为纲""宁要社会主义的草，不要资本主义的苗"，大批"唯生产力论"，不关心发展生产力和提高人民的生活水平。似乎前30年全是负面的东西。这是以偏概全。另外，也有人完全肯定前30年的发展道路和政策，认为没有错误，完全正确。这两种认识，都

[①] 宗寒. 是什么改变了中国 [M]. 北京：红旗出版社，2009：3.
[②] 习近平谈治国理政 [M]. 北京：外交出版社，2014：22.
[③] 习近平总书记系列重要讲话读本 [M]. 北京：学习出版社、人民出版社，2016：31.
[④] 毛泽东文集（第7卷）[M]. 北京：人民出版社，1999：136.

是脱离实际的，是不正确的。

对前30年的发展，需要一分为二地进行实事求是的分析与评述。中国共产党和毛泽东主席在新民主主义革命时期，以及在新中国建立前后时期，是既重视发展生产力，又重视在发展生产力的基础上提高人民的生活水平。在革命战争年代，对地主富农所开办的工商业也予以保护，这是保护和发展生产力。1945年抗日战争胜利后，毛泽东提出：要"使解放区（指新解放区——引者）农民普遍取得减租利益，使工人和其他劳动人民取得酌量增加工资和改善待遇的利益；同时又使地主还能生活，使工商业资本家还有利可图；并于明年发展大规模的生产运动，增加粮食和日用必需品的生产，改善人民的生活"。[①]

1949年3月，毛泽东在党的七届二中全会上提出，革命胜利后中国的发展方向是由农业国变为工业国，建设成一个伟大的社会主义国家。他说："从我们接管城市的第一天起，我们的眼睛就要向着这个城市的生产事业的恢复和发展。"[②] 城市中其他的工作"都是围绕着生产建设这一个中心工作并为这个中心工作服务的。如果我们在生产工作上无知，不能很快地学会生产工作，不能使生产事业尽可能迅速地恢复和发展，获得确实的成绩，首先使工人生活有所改善，并使一般人民的生活有所改善，那我们就不能维持政权，我们就会站不住脚，我们就会要失败"。[③] 毛泽东还制定了解放城市后发展经济的方针政策："发展生产、繁荣经济、公私兼顾、劳资两利。"当时按照毛泽东"新民主主义理论"的指导，确定取得革命胜利后，先建立新民主主义社会制度，待新民主主义制度发展到一定阶段后再转向社会主义。所以，新中国建立后的一定时期以内，要公有制私有制并存——"公私兼顾"；资本家和劳动者同台——"劳资两利"。这样才能实现"发展生产、繁荣经济"的目的。上述发展经济的四句话成为中国人民政治协商会议的经济政策。在新中国成立前夕的1949年9月21日至30日，召开了中国人民政治协商会议第一届全体会议，制定了作为临时宪法的共同纲领，宣布"中华人民共和国为新民主

[①][②][③] 毛泽东选集（第4卷）[M]. 北京：人民出版社，1991：1172 + 1428 + 1428 - 1429.

主义即人民民主主义的国家"。"保护工人、农民、小资产阶级和民族资产阶级的经济利益及其私有财产,发展新民主主义的人民经济,稳步地变农业国为工业国"。① 根据毛泽东的新民主主义理论,在新民主主义制度下,允许和鼓励私人资本主义经济和个体经济发展。"共同纲领"所制定的经济政策是:"中华人民共和国经济建设的根本方针,是以公私兼顾、劳资两利、城乡互助、内外交流的政策,达到发展生产、繁荣经济之目的。"② 也就是通过所谓"四面八方"的政策,达到发展与繁荣的目的。

中国共产党领导中国革命,建立新中国,就是要让中国站起来、富起来、强起来,让全国劳动人民摆脱受侵略、受压迫、受剥削、受穷困的处境,不断提高生活水平。这一切都需要以生产力的高度发展为前提。

这里涉及新民主主义制度和社会主义制度的关系问题。总结新中国发展70年的经验,不能模糊这个重要问题。新中国建立初期直到1952年国民经济快速恢复,毛泽东和中央认为,由于我国革命是在生产力落后的基础上取得政权的,根据生产关系要适应生产力发展状况的原理,首先是建立新民主主义社会制度,将来再由新民主主义过渡到社会主义。这在毛泽东的《新民主主义论》《中国革命与中国共产党》以及七届二中全会上的讲话中都可以看得很清楚。这是毛泽东思想最重要的组成部分,是马克思主义与中国实际相结合的重要理论创新与发展。作为新中国临时宪法的全国政治协商会议共同纲领在各方面都突出了新民主主义的特色,不仅明确提出新中国"实行新民主主义""中华人民共和国为新民主主义即人民民主主义的国家",还表现在其他多个方面。如五星红旗的一个小星原代表民族资产阶级,其他三个小星分别代表工人阶级、农民阶级、城市小资产阶级,共同围绕着代表中国共产党的大星运转;青年团定名为新民主主义青年团。还应注意到,当制定政协共同纲领时,有的代表提出应把社会主义的前途写进共同纲领中去。刘少奇代表中央讲话时回应说:"有些代表提议把中国社会主义的前途写进共同纲领中

---

① 建国以来周恩来文稿(第1册)[M]. 北京:中央文献出版社,2008:356.
② 《人民政协文件选集》,华北大学印厂,1949年10月,第4章《经济政策》。

去，但是我们认为这还是不妥当的。因为要在中国采取相当严重的社会主义步骤，还是相当长久的将来的事情，如果在共同纲领上写上这一个目标，很容易混淆我们在今天所要采取的实际步骤。无疑问，中国将来的前途，是要走到社会主义和共产主义去的……但这是很久以后的事情。"[①] 显然党中央是要践行毛泽东的新民主主义理论的。根据我国生产力极端落后的国情，先建立新民主主义制度，在国有经济指导下，公私经济并存，共同发展，有利于快速发展生产力和提高人民生活水平。

（二）从 1949 年新中国成立到 1956 年的发展成就与问题

1949 年新中国成立到 1952 年，我国的经济发展是快速的，三年中国民收入指数分别为 19%、16.7%、22.3%。到 1952 年底，全国工农业生产量都超过了历史最高水平，工农业产值比 1949 年增长 77.5%，其中工业总产值增长 145%，农业总产值增长 48.5%，是具有恢复性的发展的。[②] 1953 年开始第一个五年计划，完成得比较好，提前一年完成。但有急躁冒进倾向，周恩来在 1956 年 6 月的报告中提出：生产的发展和其他一切事业的发展，都必须放在稳妥可靠的基础上，既要反对保守，又要反对急躁冒进。急躁冒进的结果，并不能帮助社会主义事业的发展，而只能招致损失。同月 20 日，《人民日报》发表了题为《要反对保守主义，也要反对急躁情绪》的社论。陈云也提出纠正冒进的创新性意见：计划指标必须符合实际，建设规模必须同国力相适应，人民生活和国家建设必须兼顾，制定计划必须做好物资供应平衡、财政收支平衡和银行信贷平衡。可是，1957 年 1 月，毛泽东严厉批评反冒进，说反冒进的结果出现了右倾。在 1958 年 1 月的几次会议上，继续反复批评反冒进，说反冒进反掉了多快好省，是方向性错误。这导致经济发展中的左倾思想发展起来。

需要进一步指出，新中国成立后直到 1956 年，生产力发展得很快，人民生活水平也得到了提高。1956 年，普遍提高了工薪人员的工资，有的连

---

① 《人民政协文件选集》，华北大学印厂，1949 年 10 月，《刘少奇讲话》。
② 虞宝棠，李学昌. 当代中国四十年纪事（1949—1989）[M]. 上海：上海人民出版社，1990：57.

提两级。1956年9月召开了党的八大，会议提出：我国三大改造完成以后，国内的主要矛盾转变为"人民对于建立先进的工业国的要求同落后的农业国的现实之间的矛盾"，是"人民对于经济文化迅速发展的需要同当前的经济文化不能满足人民需要的状况之间的矛盾"。解决矛盾的途径自然是通过大力发展生产力，发展社会主义经济和文化，满足人民物质文化的需要。但是这样好的经济发展势头未能继续发展下去。从1957年"反右"扩大化后"左"风日烈，否定党的八大提出的主要矛盾，改提两个阶级、两条道路的斗争是主要矛盾，直至酿成十年"文革"的灾难性后果。1981年《中共中央关于建国以来党的若干历史问题的决议》（以下简称《决议》）中指出：1958年，中央和地方不少同志在胜利面前滋长了骄傲的自满情绪，急于求成……发动了大跃进和农村人民公社化运动，使得左倾错误严重地泛滥开来，加上其他原因，我国从1959年到1961年曾发生严重困难，造成重大损失。《决议》明确指出，"文化大革命"给党、国家和人民带来严重灾难。习近平同志也肯定"文化大革命"是严重错误。

事实上，急于求成，急于发展生产力，急于建成社会主义的思想，在1958年以前就出现了。前面讲过：从新中国成立到1956年，我国经济社会的发展是比较顺利和成就显著的，但急于求成，夸大主观能动性的思想，在此时期已开始露头了。1958年和以后的左倾是这种思想的进一步放大和膨胀。前面讲到的批评反冒进就是急于求成。还有一个不能回避的理论和实际问题需辨明：毛泽东的作为马克思主义中国化的重要理论，即在生产力落后的半殖民地半封建主义的旧中国基础上建立新中国，要先建立新民主主义社会制度，发展到一定阶段后再过渡到社会主义。但是，国民经济刚恢复的1952年，在中央有关会议上就开始提出转向社会主义的过渡时期问题了，1953年正式提出了过渡时期总路线。过渡时期的总路线就是要通过"三大改造"消灭一切私有制经济，建立单一的公有制经济，实现社会主义工业化。过渡时期总路线的始点和终点是："从中华人民共和国成立到社会主义改造基本完成，这是一个过渡时期。"这就是说，从1949年10月1日起，就进入过渡时期了。显然，这与毛泽东原先提出的新民主主义概念和思想不完全一样了。由于《中共中央关于建国以来党的若干历史问题的决议》中肯定过渡时期总路线是完全正确的，所以不再有人去研究和讨论这一问题。从20世纪50年代起，一直到现在的普遍提法是，我国是从新民主主义过渡到社会主义。我自己于1955年在通俗读物出版社也出版过一本书，书名就是《由新民主主义到社会主义的过渡时期》。现在看来，新民主主义和过渡时期之间的关系究竟是什么，仍然是一个需要讲清楚的理论问题。我个人认为，为了表明我国经历过新民主主义阶段，同时又把过渡时期与新民主主义合二为一，主张过渡时期就是新民主主义，这就存在这样几个问题：第一，新民主主义制度支持资本主义性质的私营经济、个体经济有一个较大的发展，新民主主义经济纲领是国营经济领导下五种经济成分并存（还包括合作社经济、资本主义经济、个体经济、国家资本主义经济）。而过渡时期是要消灭资本主义经济和个体经济的。第二，新民主主义是一种经济社会制度，虽然从最终将转向社会主义制度这个角度来说也具有过渡性质，但它毕竟是具有相对独立性的特定阶段，而过渡时期不是一种社会制度。第三，如果新民主主义时期就是过渡时期，那只讲过渡时期就行了，有什么必要再加上一个新民主主义概念呢？

我国国民经济刚恢复，就开始了消灭私有制的三大改造，原计划经过10年到15年完成改造任务，但经过三年，到1956年就基本建立了社会主义制度，这就在事实上超越了原来设想的新民主主义制度。许多同志不承认超越，这偏离事实。从新中国成立的1949年10月1日起，就进行消灭一切私有制经济的三大改造，哪有实行新民主主义制度的时间和空间？应注意到朱佳木同志于2014年9月25日发表于《人民日报》的论文《走向中华民族伟大复兴的壮阔历程》。其中明确指出"毛泽东同志关于由新民主主义向社会主义转变的设想发生了变化"，是"提前向社会主义过渡，目的是为了抓住当时国内国际的有利时机"，等于肯定了超越新民主主义制度。怎样评价这一事实？我认为，也应进行实事求是的分析。应肯定我国对资本主义工商业的改造是成功的，是运用赎买政策进行了和平改造，是国际共产主义运动中的创新。不但没有对经济社会发展造成明显损失，而且如前所说，到1956年，我国的第一个五年计划提前一年完成,经济、社会、文化都有显著发展。需要进一步探讨的问题是,为什么会发生提前超越原来设想的新民主主义制度这一现象呢?这有其客观原因和主观原因。客观原因是:我国解放战争的迅速胜利缩短了预期时间;抗美援朝也节节胜利;"三反""五反"取得成功;国营经济所占比重历年上升;全国人民包括民族资产阶级和各民主党派拥护中国共产党的领导;在国际上有苏联的大力支持。有利的客观条件激励了急于求成,引致提前向社会主义过渡。主观条件是,社会主义事业只有在共产党领导下才能完成,共产党领导的社会主义事业,需要有高度的自觉性和谋略性。党中央和政府的决策,具有较高的主观能动性。这种高度自觉性和主观能动性,如果客观条件与急于求成相结合,就容易做一些超阶段的事情。之所以会产生急于求成,是因为几十年的新民主主义革命经历了艰苦卓绝的斗争,条件顺利时,希望尽早看到自己所从事的社会主义事业成功,尽快发展生产力,尽快造福劳动人民。这样,较高的主观能动性,就容易产生主观唯意志论。大跃进中的"人有多大胆,地有多大产""没有做不到,只有想不到",就是事例。

三大改造的胜利进行,第一个五年计划提前完成,似乎超越了新民主主义并且没有任何负面效应。其实不然。过早地消灭一切私有经济,带来了居民生活中的诸多不便,日用消费品花色品种减少,服务质量降低,吃饭排长队,理发排长队,修理排队,等等。毛泽东注意到这个问题。1956年12月7日,他同民建和工商联负责人谈论时提出:"上海的地下工厂同合营企业也是对立物。因为社会有需要,就发展起来。要使它成为地上,合法化,可以雇工。现在做衣服要三个月,合作工厂做的衣服裤腿一长一短,扣子没眼,质量差。最好开私营工厂,同地上的作对,还可以开夫妻店,请工也可以。这叫新经济政策。我怀疑俄国新经济政策结束得早了……只要社会需要,地下工厂还可以增加。可以开私营大厂,订个协议,十年、二十年不没收。华侨投资的,二十年、一百年不要没收。可以开投资公司,还本付息。可以搞国营,也可以搞私营。可以消灭了资本主义,又搞资本主义。……只要有原料,有销路,就可以搞。现在国营、合营企业不能满足社会需要,如果有原料,国家投资又有困难,社会有需要,私人可以开厂。"①

毛泽东的这一"新经济政策"思想是有见地的。但是,紧接着1957年"反右"后的左倾思潮日盛,使毛泽东的设想并没有得到完全的实现,他的这一设想在改革开放后的中国特色社会主义实践中实现了。

过早超越新民主主义制度,急于消灭一切私有经济,还产生了人们一般不会注意到的负面影响。主观能动性的超现实发展所形成的形式上的成功,会激励进一步搞唯意志论。还应注意到,在所有制结构上,形成了改革前30年和后40年的重大区别。现在,在理论界和历史学界,既肯定新中国成立初期通过"三大改造",消灭一切私有制、建立单一的公有制是正确的;又肯定改革以来实行公有制为主体多种所有制经济共同发展也是正确的。对于这个问题也要进行实事求是的分析。有目共睹的事实是,改革开放40年来,在国有经济主导下,鼓励和引导非公有制经济发展,对快速推进生产力的发展和提高人民的生活水平起了积极的作用。在旧中国三座大山的压迫下,私营经济、个体经济并没有获得充分发展,在新中国还有充分发展的余地。中国特色社会主义实践证明,改革开放后的发展成就,远胜于改革开放前。因此,应当肯定改革开放以来既不搞单一的公有制,又不搞私有化的路线是正确的。这样就可以进一步认清三大改造并急于消灭一切私有制的得失与影响。顺便讲一下:《中共中央关于建国以来党的若干历史问题的决议》是1981年公布的。《决议》只提了一句,我国社会主义处于初级阶段。对初级阶段的系统论证,是在1987年党的十三大报告中,允许私营企业发展也是在十三大报告中第一次提出。中国特色社会主义理论是党的十二大开始提出后来不断发展的。所以《决议》讲三大改造是"完全正确的"适用于一定的历史背景,是可以理解的。

(三) 实事求是地分析改革前 30 年的成就与缺失

1956 年 4 月,毛泽东在中央政治局扩大会议上,做了关于《论十大关系的报告》。鉴于苏联发展经济偏重于优先发展重工业,对农业、轻工业的发展

---

① 毛泽东文集(第 7 卷)[M]. 北京:人民出版社,1999:170.

重视不够，中国要探寻自己的发展社会主义经济的道路。这篇报告不仅体现了毛泽东对发展经济社会的极大关心，又表明他提出怎样更有效地发展中国经济社会的途径与方略。例如在重工业、轻工业和农业的关系问题上，提出用多发展一些农业、轻工业的方法来发展重工业。在沿海工业和内地工业的关系问题上，提出必须充分利用和发展沿海的工业基地，以便更有力量来发展和支持内地工业。在国家、生产单位和生产者个人的关系问题上，提出三方面必须兼顾，不能只顾一头，要给生产单位一定的独立性和权益，要关心群众生活。在中央和地方的关系上，提出在巩固中央统一领导的前提下，扩大地方的权力，发挥中央和地方两个积极性。在中国和外国的关系上，要学习别国的长处，包括学习资本主义国家的先进的科学技术和管理方法，但不能照搬照抄。对苏联和其他社会主义国家经验也应采取这种态度。后来，毛泽东还提出：我国经济发展要以农业为基础，工业为主导；要以农轻重为序安排经济发展。这些指导思想，在改革开放40年后的今天看来也是正确的，甚至可以说已提出了改革开放的初步思想。

即使在"左"风盛行的年代，毛泽东也一直坚持要发展商品生产和利用价值规律，提出价值规律是一个伟大的学校。那个时候一些人曾认为发展商品经济就是发展资本主义，显然与毛泽东的见解是相悖的。

改革前30年的"左"的错误确实给生产力的发展造成很大损失。经济发展大起大落，曾几次出现经济负增长，人民的生活水平也提高缓慢。不少工薪阶层20多年未提工资。

有一个关于经济增长的是非问题需要澄清。"文化大革命"结束后，有的中央领导包括华国锋、邓小平都讲过，"文化大革命"的破坏使我国国民经济走向崩溃的边缘。经常有人对此提出质疑。应当肯定改革开放前30年我国经济年均增长6%以上，还不算低。但由于"四人帮"极左势力的破坏，经济增长起伏较大。比如1972年在周恩来主持下，国务院通过整顿和加强管理，经过1972年和1973年两年的努力，形势好转，国民经济计划都完成和超额完成。但1973年下半年，"四人帮"掀起了反对"右倾复辟"的逆流。把周恩来采取的一系列正确措施诬之为"黑线回潮"。国民经济好转的势头被打断。1974 年的国民经济计划未能完成，许多重要产品如钢铁、原煤、棉花、铁路货运量等都减产。特别是 1975 年 11 月发动"反击右倾翻案风"后，国民经济发展再次受到挫折，加上唐山大地震，导致 1976 年国民经济陷入很大困难。郑州铁路局 1976 年发生 12 次大堵塞，造成 12 个省、市煤炭供应紧张。国民收入下降 2.7%，许多产品未完成计划，国家财政收入比上年减少 39 亿元，出现赤字 29.6 亿元。[①] 从 1974 年到 1976 年的经济发展情况来看，特别是从 1976 年陷入极端困难的情况来看，称之为"文革"动乱使国民经济陷入崩溃的边缘并非无根据的。李先念 1979 年在中央工作会议上的讲话也一再提及："'四人帮'垮台以后，我们大家都看到当时的国民经济已跌到了崩溃的边缘"，也是指"当时"的情况。

回顾新中国成立前 30 年的岁月，虽然"左"的政治和经济运动损害了我国经济社会的正常发展，但总的来说还是有巨大进步的。建立了完整的工业体系；兴修了大量水利工程；农业生产条件有一定的改善；在世界上首先育成强优势杂交水稻；建成了胜利油田和大港油田，大庆油田连年大幅增产；南京长江大桥建成；成昆铁路和湘黔铁路建成通车；我国制造的第一艘万吨远洋巨轮"跃进号"下水；发射了导弹核武器，爆炸了氢弹；发射并收回了人造地球卫星等。这里既有老一辈无产阶级革命家的功劳，也有工人、农民、科技人员的功劳。

总结新中国前 30 年社会主义事业的经验，还有一个问题需要讲清。前 30 年中我国经济也有发展，但是人民生活水平长期处于贫困状态。1978 年，还有几亿绝对贫困人口温饱问题没有解决。李先念 1979 年 12 月 22 日在全国计划会议上的讲话明确提出："我国人民的生活长期以来几乎没有得到什么改善。"有"四人帮"的干扰破坏，我们工作中"也有缺点、错误。看不到我们工作中的缺点错误是不对的"。综合考虑人民生活水平长期没有获得多少改善的原因是多方面的。有"四人帮"的干扰，有工作上的缺点错误，也有特殊原因引致的过多支出。首先，"四人帮"把改善人民生活的主张诬之为经济

---

① 蒋家俊. 中华人民共和国经济史 [M]. 西安：陕西人民出版社，1989：222.

主义，甚至上升为"修正主义"。只能讲"工人为革命而做工，农民为革命而种田"。不能讲发家致富，主张"穷革命，富则修"。从工作上的缺点错误看，第一个五年计划以后的经济发展，积累率过高。从1966年到1976年的10年中，有7年积累率在30%以上。国民收入增长缓慢而积累率高，自然影响人民收入水平的提高。另外，"大跃进"刮"共产风"，有人估计，国民收入损失了1200亿元。"文化大革命"十年浪费了大量资源和无效支出。有统计显示，损失约5000亿元。① 为备战而搞"靠山、分散、进洞"的三线建设，虽有其积极作用，但从全局看，耗费严重。谷牧同志曾主持三线建设工作。他说："三线建设中突出的问题是山高谷深路不通，大型设备运不进去""铁路建设十分艰苦"。要穿过崇山深谷，国家投资1200亿元。而且在"文化大革命"大动乱中，"在中央工作日程上'靠边站'了""确有不少损失浪费"。② 为了避战而"深挖洞"，全国搞人防工程（地下建筑）耗费大量建筑物资。还有援越抗美、抗法战争，耗费不少。再往前推算，抗美援朝，我国欠苏联十四亿零六百万新卢布的债务，于1965年全部还清。1958年搞大跃进变成大跃退，损失巨大，等等。这都造成了新中国成立前30年的落后贫困状态。

三、改革开放40年来的成就与总结

（一）对两个提法的思考和一个理论争论问题终见分晓

去年全国大规模庆祝改革开放40周年。改革开放40年的重大成就，有系统资料公之于世，这里不需要重复。只概括地讲一下：邓小平提出判断改革开放和一切工作是非得失的标准是三条"是否有利于"。是否有利于发展社会主义社会的生产力，是否有利于增强社会主义国家的综合国力，是否有利于提高人民的生活水平。我国40年的改革与发展，既完全遵循了三条有利于的标准，又以快速的发展和优异的成绩实现了这三条标准。其举世瞩目的成

---

① 三中全会以来重要文献选编[M]. 北京：人民出版社，1982：269.
② 谷牧回忆录[M]. 北京：中央文献出版社，2009：200-206.

就表现为我国从站起来到富起来、强起来。笔者认为,这三者的关系只是相对的划分。不是要把三者绝对化地作为三个小历史阶段来划分。新中国建立初期站起来了,谈不上富起来。随着改革与发展的推进,逐步富起来、强起来。新中国的建立,就改变了旧中国任由列强侵略、割地赔款、丧权辱国的境地,再没有哪个国家敢来任意侵略中国。新中国在抗美援朝战争中,以落后的武器,将以美国为首的装备现代化武器的侵略军赶回"三八线"以南,表明新中国强起来了。站、富、强是动态概念,有程度的不同。当富起来、强起来后,会站得更高、更坚定,要站到制高点。富起来则有助于强起来。强起来后,会进一步富起来。我国目前虽然站起来、富起来、强起来了,但还不够。只有达到大富大强,没有霸凌者敢遏制和挑战中国的发展,中国才能安然屹立于世界,成为维护世界和平的现代化强国。

前面讲过,改革开放前后两个历史阶段是紧密衔接的。没有前30年的站起来和初步强起来,就没有改革开放后的富起来和进一步强起来。改革开放前30年,虽然有严重的"左"的错误,延缓了社会主义的发展和优越性的发挥,但也还是有一定程度的发展的。既有经济社会文化的发展,也有马克思主义及其中国化的发展。所以,对中共十七大以来两个流行的提法还需要有更全面的理解。我所指的是第一,只有社会主义能够救中国,只有改革开放才能发展中国,发展马克思主义,发展社会主义;第二,只有社会主义能够救中国,只有中国特色社会主义能够发展中国。对这两个提法不能片面理解,不能因为强调改革开放和中国特色社会主义在发展上取得了伟大成就,就误认为改革开放前的社会主义没有发展。显然,没有任何发展的社会主义能够救中国吗?看不到改革开放前的社会主义发展,就在事实上把改革开放前后两个历史阶段割裂开了,也就否定了改革开放前的一切发展。其实,新中国的前30年,既在经济文化上有发展,也在马克思主义方面有发展。毛泽东、陈云和党中央也强调马克思主义与中国实际相结合,发展了马克思主义。如果放宽点讲,中华民族五千年的灿烂文化和科技发明曾处于世界领先地位。我主张这样的提法和理解:只有社会主义能够救中国,只有改革开放和中国特色社会主义才能更好地发展中国、发展马克思主义、发展社会主义。加上

"更好地"三个字，就符合实际了，符合历史逻辑和理论逻辑了。

当我国实行改革开放，转向中国特色社会主义道路时，出现了将中国特色社会主义与马克思的科学社会主义对立起来的观点。一些人把科学社会主义称之为"传统社会主义"，主张用中国特色社会主义摒弃"传统社会主义"。他们断言，这已是中央文件和理论界的共识。从媒体的报道来看，也确实大多数倾向于他们的观点。他们这样宣扬的根据就是，中央文件提出了"非公有制经济是社会主义市场经济的重要组成部分"。他们混同了"社会主义经济"与"社会主义市场经济"，认为非公有制经济也是社会主义性质的经济。我不赞同这种观点，因为中国共产党是以马克思主义为指导的党。改革开放以来，历届中央都强调马克思主义基本原理与中国实际相结合。1998年，我在中央党校的《理论前沿》第8期发表了不赞同用中国特色社会主义否定所谓"传统马克思主义"的观点，招来了个别学者上纲上线的批驳，与我展开长期论战。其论文一再强调要"坚持有中国特色的社会主义经济理论，摒弃传统社会主义经济理论"。他们把改革开放前极左的一套理论与实践加罪于"传统社会主义"。我据理辩驳，被扣上了否定社会主义市场经济，要回到计划经济等"左"的帽子。有些主流媒体也卷入他们一边，转载和支持对方批评我的文章。这个理论是非，争论了两年多后搁了下来，没有权威理论部门出来予以澄清。直到党的十八大后，习近平同志彻底讲清了马克思主义、科学社会主义与中国特色社会主义的关系，否定了将中国特色社会主义与科学社会主义对立起来的错误观点。他明确指出：中国特色社会主义"这一理论体系写出了科学社会主义的'新版本'，是深深扎根于中国大地、符合中国实际的当代中国马克思主义。它同马克思列宁主义、毛泽东思想是坚持、发展和继承、创新的关系"。[①]

（二）中国特色社会主义取得巨大成功的主要经验

有目共睹的事实是，作为马克思主义科学社会主义中国化和现代化的中国特色社会主义理论、道路、制度取得了巨大的成功。它显示了马克思主义

---

① 习近平总书记系列重要讲话读本［M］．北京：学习出版社、人民出版社，2014：26+35．

"行"，中国特色社会主义"好"，中国共产党"能"！如何总结中国特色社会主义和改革开放的成功经验，见仁见智，可以有不同总结。其实，从习近平同志的有关论述中可以领悟到总结的思路。

第一，是中国共产党的正确领导。

既要强调坚持共产党领导的重要性，更要强调坚持党的正确领导的重要性。在革命战争年代和社会主义建设年代，党的领导出现过右和"左"的错误，导致事业的失败。改革开放以来，我们党总结前30年社会主义建设事业正反两方面的经验教训，重新认识社会主义。明确了为什么要搞社会主义，什么是社会主义，怎样建设社会主义，提出了一系列新的理论、新的发展方略与途径。没有共产党的领导，就不会有社会主义和中国特色社会主义，就不可能有中国的今天。

第二，中国改革开放的成功，与坚持马克思主义为指导紧密联系。

习近平同志一再强调学好用好马克思主义理论，学好用好政治经济学。要原原本本学习和研读经典著作，引导广大党员干部学而信、学而用、学而行，更好地用科学理论武装头脑、指导实践、推动工作。"马克思主义政治经济学是马克思主义的重要组成部分，也是我们坚持和发展马克思主义的必修课。我们党历来重视对马克思主义政治经济学的学习、研究、运用"。[①] 中国特色社会主义遵循了马克思主义的基本原则，又根据中国实际和时代特征创新和发展马克思主义。马克思主义是中国特色社会主义取得胜利的真经。

第三，提出了社会主义初级阶段理论。

旧中国留给新中国的遗产，是十分落后的生产力和广大劳动人民的贫困生活。中国在特定条件下走上了社会主义道路，不能脱离开中国的实际国情，不应把马克思所讲的发达资本主义国家所建立的成熟的社会主义模式作为我国建立社会主义的起点模式。《共产党宣言》中提出："从这个意义上说，共产党人可以把自己的理论概括为一句话：消灭私有制。"[②] 应当明确，马克思

[①] 习近平总书记系列重要讲话读本 [M]. 北京：学习出版社、人民出版社，2014：26 + 35.
[②] 马克思恩格斯选集（第1卷）[M]. 北京：人民出版社，2012：414 + 304.

恩格斯是指发达资本主义国家走上社会主义道路时，最终要用公有制取代私有制。在《共产党宣言》发表的前一年即1847年，恩格斯写了作为共产主义者同盟纲领草案的《共产主义原理》，其中专门讲到消灭私有制的条件问题。能不能一下子就把私有制废除？"不，不能，正像不能一下子就把现有的生产力扩大到为实行财产公有所必要的程度一样。因此，很可能就要来临的无产阶级革命，只能逐步改造现今社会，只有创造了所必需的大量生产资料之后，才能废除私有制"。[①] 请注意：这里所讲的是，即使某些资本主义国家的无产阶级取得政权后，也不能立即消灭私有制。只有在生产力高度发展的条件下，才可能消灭私有制，我国提出社会主义初级阶段理论，就是为发展私营、个体经济提供了理论支持。在旧中国三座大山的压迫下，私营、个体经济没有获得充分发展。在新中国，支持鼓励和引导非公经济发展，有利于利用多种资源促进生产力的发展，增加就业，增加社会财富，满足人民多方面需要。但要否定有些人所宣扬的"国退民进"的改革方向，否定有些高官型学者主张取消所有制标签、主张"所有制中立论"等言论。应坚持宪法规定的以公有制为基础的社会主义经济制度和以公有制为主体，多种所有制共同发展的初级阶段的基本经济制度。

第四，提出和遵循了社会主义本质论，实践三条"有利于"的标准论。

改革开放前，政治经济学讲社会主义的经济特点，一般强调公有制、按劳分配、有计划按比例发展，不怎么强调发展生产力。似乎也有其根据：马克思主义政治经济学的对象是生产关系，不包括生产力；区分不同社会经济制度的标准是生产关系，中国是社会主义国家，但是生产力落后于发达资本主义国家；任何社会都在发展生产力，任何新社会制度的生产力都比旧社会制度高。这些理由都存在，但马克思主义政治经济学和科学社会主义还有关于什么是社会主义、怎样建设社会主义的本质性论述，在《共产党宣言》和马克思的经济学手稿中，在恩格斯和列宁的有关著作中，都明确指出未来的社会，一是要快速发展生产力，二是要在生产力发展的基础上不断提高人民

---

① 马克思恩格斯选集（第1卷）[M]．北京：人民出版社，2012：414+304．

的生活水平，最终实现共同富裕。这是社会主义建设事业中必须抓好的两大环节。如果搞社会主义不抓好这两条，只能是贫穷的公有制，贫穷的按劳分配，显示不出社会主义的优越性。贫穷的社会主义没有任何吸引力。可以说，搞社会主义的根本目的，是要让劳动人民摆脱受剥削、受奴役、受贫困的处境，实现共同富裕。而根本任务就是大力快速发展生产力。也可以说建设社会主义，要以快速发展生产力和实现共同富裕为纲。邓小平继承和发展了马列主义关于社会主义本质的规定，提出社会主义本质论：解放和发展生产力，消灭剥削，消除两极分化，最终达到共同富裕。这就确立了社会主义社会的生产力标准和社会主义生产关系标准，这是建设社会主义必须遵循的标准。

第五，实行改革开放，由市场取向的改革到社会主义市场经济体制的确立。

改革开放是服从于解放和发展生产力，提高人民的物质文化生活水平的任务和目的的。我国市场取向的改革，经历了不断深化和曲折复杂的过程道路：由"计划经济为主，市场调节为辅"；到"公有制基础上的有计划的商品经济"；到计划和市场是覆盖全社会的，提出"国家调节市场，市场引导企业"的运行模式再到"计划经济和市场调节相结合"；最后确立了社会主义市场经济体制模式。事实证明，由市场决定资源配置，有其自主性、灵敏性、时效性的长处，有利于调节生产结构和供求关系，搞活经济。社会主义市场经济可以把社会主义经济的优越性与市场经济的灵活性相结合，可以更有效地发展社会主义经济。

第六，最根本的一条是选择了中国特色社会主义。

其实，前面讲的诸多条，也可以纳入中国特色社会主义之中。但中国特色社会主义又有其独立的规定性。比如，它与社会主义初级阶段有交叉，都包括公有制为主体、多种所有制经济共同发展；按劳分配为主体、多种分配方式并存。但中国特色社会主义不限于初级阶段。即使到21世纪中叶走出初级阶段，进入中级、高级阶段，将依然发展不断成熟中的中国特色社会主义。

习近平同志对中国特色社会主义有系统的论述。中国特色社会主义包括中国特色社会主义道路、理论体系、制度。中国特色社会主义道路既坚持以经济建设为中心，又全面推进经济建设、政治建设、文化建设、社会建设、生态文明建设以及其他各方面建设；既坚持四项基本原则，又坚持改革开放；既不断发展生产力，又逐步实现全体人民的共同富裕、促进人的全面发展。中国特色社会主义坚持以人民为中心的立场。新时代的社会主要矛盾已转化为人民日益增长的美好生活需要和不平衡不充分的发展之间的矛盾。解决这一矛盾需要在生产供给侧提供高质量和高科技含量，更安全、更个性化的高端产品。这就需要进行供给侧结构性改革，实现新的供求平衡。所谓不平衡不充分，本意是讲：虽然我国生产供给的优质高端产品也增多了，但还不能充分满足美好生活需要，形成了高层次的供求不平衡。然而，主流媒体却错解"不平衡不充分"。用什么还有落后生产工具、城乡区域发展不平衡等进行解读。

中国特色社会主义不仅重视快速发展生产力，而且更重视"科学发展"，即以人为本、全面协调可持续发展；重视由数量扩张型发展转向质量效益型发展。习近平同志提出了新的发展理念，即"创新、协调、绿色、开放、共享"理念。同时强调生态保护，形成绿色发展方式和生活方式。

（三）中国特色社会主义不是一帆风顺地发展的，也有负面的经验

新中国70年，包括改革开放40年，不是一帆风顺发展过来的。改革开放40年来的成就及其经验是突出的，但也存在一些负面的事项。兹举几例：在改革开放的前一时期，实行价格双轨制：较低的计划价格和较高的市场价格并存。有些有门路的人物可通过私自"批条"低价倒买高价倒卖紧缺商品，出现不少所谓"倒爷"一夜暴富，人民侧目不满。再如，中央决策层曾不考虑实际条件，主观主义地搞"价格改革闯关"，结果流于失败。这个问题需要做些说明。1988年5月后，中央主要领导同志提出要搞放开价格的改革。他说：现在中国的改革进入了关键阶段，到了不进即退的阶段，改革的重点转向价格问题。我们准备试一试，冒点儿风险，有成功的可能。7月底放开了名酒、名烟的价格，引起这类商品价格猛涨。8月中旬，政治局会议决定放开绝大部分商品的价格，造成了人们放开价格就是价格猛涨的心理预期。全国出现了大规模排队提款抢购物品的恐慌性风潮。在此情况下，中央迅速改变了决策。在1989年3月的政府工作报告中，李鹏总理代表中央指出了上年工作中的失误。"我们在去年初制定了稳定经济、深化改革的方针，但由于后来对1987年经济形势的估价过于乐观，因此在执行中没有坚持把稳定经济放在首位……我们认识到了价格改革在整个经济体制改革中的重要地位，但在实际工作中对国家、企业和群众的承受能力考虑不够，在通货膨胀已经比较明显的情况下没有及时采取稳定金融、控制物价的有力措施，又放开调整了一些商品价格，以致加剧了群众对物价上涨的恐慌心理，在许多地方诱发了抢购商品和储蓄下降"。① 这种光明磊落的承认和检讨失误，体现了共产党的优良作风。

"价格改革闯关"之所以失败，是因为对经济形势缺乏科学认识与分析。当时，总供给与总需求的缺口很大，存在明显的通货膨胀压力。所谓存在价格改革的有利时机完全是判断失误。

在经济发展速度上，也有正反两方面的经验。在改革开放后的一些年代也曾出现过脱离国情，盲目追求高速度。中央还就此做过自我批评。从1978年进入改革开放时代，到1993年的十多年中，中央一再提出要防止片面追求过高发展速度、忽视提高经济效益的非科学发展。1986年发布的关于《第七个五年计划的报告》，针对1984年以来的经济过热情况尖锐提出："脱离现实条件的可能，盲目追求过高的速度，即使一时上去了，也难以持久，最终还要掉下来。增长速度上的大起大落对经济发展的危害极大。"② 1989年《中共中央关于进一步治理整顿和深化改革的决定》中进一步指出："我国经济发展过程中，脱离国情，超越国力，急于求成，大起大落，是四十年来最重要的教训，这种指导上的失误，严重挫伤群众积极性，往往造成巨大损失，是经济工作中的要害问题。……坚决防止片面追求过高的发展速度，始终把不断提高经济效益放到经济工作的首要位置上来。"③ 中央还承担了指导上失误的

---

① 十三大以来重要文献选编［M］. 北京：人民出版社，1991：428.
② 十二大以来重要文献选编［M］. 北京：人民出版社，1986：935.
③ 十三大以来重要文献选编［M］. 北京：人民出版社，1991：687+683+546.

责任："党中央、国务院对我国经济生活中出现的困难和问题负有重要责任"。①"对经济建设和改革开放的具体指导也有失误"。② 但是，1991年经济形势刚一好转，又重蹈覆辙，出现了1992年和1993年再次追求过高速度的情况。追求经济高速发展，会引致经济过热，造成经济无序运行。自1992年由经济过热引起严重通货膨胀，到1996年经济实现软着陆后，不再追求过高速度。反而从控制需求转向拉动需求，由过去防止经济过热转向促进经济增长。这些年来国内外条件和情况发生了变化，不可能再追求过高速度，反而要面向经济运行下行压力。年均9.5%的高速增长经历了30多年，这在人类社会发展史上是空前的。减速是必然的。从发展趋势上看，我国经济增长速度到一定时期将会降到6%以下，甚至5%以下。但每个百分点所代表的经济总量在不断扩大。日本从20世纪50年代到70年代，曾经历了20年的经济高速增长，一跃为资本主义世界第二大国，后来陷入低迷。这些年来，年经济增长率在1%左右，但依然保持其大国地位。美国这些年的增长率在3%以下，远远低于我国，但其仍不失为头号强国。高质量、高效益、高科技含量的较低速度，胜于低质量、低效益的数量扩张型的较高速度。

特别应当注意到，我国20世纪末到21世纪初期的国企改革，没有科学的顶层设计和严格的监督与管理，出现了国有资产大量流失。有些人化公为私，一夜暴富。还有，国企实行下岗分流，固然有其必要性，但诸多国企的实际情况不同，有的国企领导根据自己的亲疏与好恶决定下岗人员。有的夫妻同时下岗，又无再就业门路，酿成悲剧。

目前，国企改革仍在进行中，应保证国企保值增值，防范国有资产新一轮流失。习近平同志在2014年3月9日参加安徽代表团审议时特别提出："要吸取过去国企改革经验和教训，不能在一片改革声浪中把国有资产变成谋取暴利的机会。"③

还有个不容回避的问题：从20世纪90年代以来，我国因分配制度不健

---

①② 十三大以来重要文献选编［M］．北京：人民出版社，1991：687+683+546．
③ 习近平：不能在一片改革声浪中把国有资产变成谋取暴利的机会［N］．人民日报，2014-03-10．

全，出现了收入差距过分扩大的趋势。我国不会是富者愈富、贫者愈贫的分化趋势。富者可以继续富，但贫者不会继续贫。我国已解决了十多亿人口的温饱问题，正在通过精准扶贫决胜全面小康社会。但在现阶段怎样缩小最高收入和最低收入的过大差距，实现共同富裕，依然是需要深入研究和有待缓解的一个关系社会和谐稳定的实际问题。习近平同志一贯重视公平正义。"全面深化改革必须着眼创造更加公平正义的社会环境，不断克服各种有违公平正义的现象，使改革发展成果更多公平惠及全体人民"。"'蛋糕'不断做大了，同时还要把'蛋糕'分好"。[①]

在庆祝新中国70周年之际，回望过去，展望未来，我们充满道路自信、理论自信、制度自信、文化自信。要明确在新时代坚持和发展中国特色社会主义的总任务，是实现社会主义现代化和中华民族伟大复兴，在全面建成小康社会的基础上，分两步走，到21世纪中叶建成富强文明和谐美丽的社会主义现代化强国。

---

① 习近平谈治国理政［M］．北京：外文出版社，2014：96–97．

必须澄清"重建个人所有制"的解读中的理论误区[*]

卫兴华　何召鹏

[摘　要]　《资本论》中所讲的社会主义"重新建立个人所有制"问题,一直是学界争议不清的理论问题。只要从系统性和总体性上研究和把握马克思的有关观点,并结合社会主义所有制的实践去理解其论述,是可以明确领悟其初心的。本文认为不能用消费品分配给个人的分配制度去解读和取代"重建个人所有制"的所有制度,论证了恩格斯对马克思有关论述的原意确实存在误解。论文对坚持重建"消费资料'个人所有制'"的论证与论据,提出了以马克思论述为依据的辨析与否定;又根据马克思的系统论述,论证了否定的否定本意和重建生产资料回归劳动人民所有的公有制,即"联合起来的社会的个人所有制"。

[关键词]　《资本论》;私有制;社会所有制;个人所有制;否定的否定

前　言

在《资本论》第一卷论述资本主义发展的历史趋势时,马克思讲了这样一段话:"从资本主义生产方式产生的资本主义占有方式,从而资本主义的私有制,是对个人的、以自己劳动为基础的私有制的第一个否定。但资本主义生产由于自然过程的必然性,造成了对自身的否定。这是否定的否定。这种

---

[*]　本文为卫兴华教授最后的遗作,拟发表于《政治经济学评论》。

否定不是重新建立私有制，而是在资本主义时代的成就的基础上，也就是说，在协作和对土地及靠劳动本身生产的生产资料的共同占有的基础上，重新建立个人所有制。"①

这段话是要说明：以英国为例，在资本主义原始积累中个体劳动者的私有制被资本主义私有制所取代。在资本主义发展到一定阶段，又会被社会主义的社会所有制即全社会的公有制所取代。这是否定的否定。这里所讲的否定的否定是指三种生产资料所有制的相继否定。

马克思讲这段话的本意是要说明取代资本主义生产资料私有制的社会主义公有制具体内涵的，但在理论界的解读上产生了重大分歧。因为这个问题涉及怎样以马克思的所有制理论为指导建立和完善社会主义所有制问题，具有重要理论和实际意义，必须回归马克思论述的原义，澄清理论是非。理论认识的分歧集中在怎样解读生产资料的共同占有的基础上，"重新建立个人所有制"这句话上。学界有多种解读。有所谓"人人皆有的私有制"论；有"劳动力个人所有制"论；有重建"生产资料和消费资料个人所有制"论；有重建"消费资料个人所有制"论；有重建"生产资料归联合起来的劳动者的个人所有制"论。但作为理论重点需要辨明是非的主要是相对立的两种解读：一种是根据恩格斯在《反杜林论》中的解读，主张"重新建立个人所有制"，就是指"重新建立消费资料的个人所有制"；另一种解读是主张按照马克思多次讲过"个人所有制"是指生产资料由众多个人联合起来共同占有的社会所有制，所谓否定的否定，是三种生产资料所有制的否定的否定，不能用社会主义"消费资料的个人所有制"去否定资本主义生产资料私有制。许多研究《资本论》和有学术影响的学者持此观点。

马克思提出的这个问题，是要说明社会主义取代资本主义后应建立什么样的生产资料社会所有制（公有）问题。与我国建立什么样的社会主义公有制，或以什么原则改革国有企业的实践密切相关。因此，不应仅仅作为一个抽象的学理问题进行争论，要联合社会主义实践来进行讨论。

---

① 马克思恩格斯文集（第五卷）[M]. 北京：人民出版社，2009：874.

一、"重新建立个人所有制"是与生产资料社会所有制紧密结合的

我们认为,正确解读社会主义所有制要"重新建立个人所有制"问题,应当把握两点:一是要从整体上对马克思多次讲过的用联合起来的个人所有制取代和消灭资本主义私有制的有关论述,进行系统性了解和准确把握;二是应联系社会主义所有制实践准确理解其原意,在这方面已有不少有影响的马克思主义学者提出过自己的见解。

我国著名经济学家杨坚白在《中国社会科学》1988年第3期发表《论社会的个人所有制》一文,该文理论紧密联系实际,深刻论述了"个人所有制与公有制的辩证关系"和"这一理论的现实意义"。这里只摘引他的一段"论文提要":马克思多次讲过的重建个人所有制,实际指的就是生产资料公有制,即联合起来的劳动者个人对生产资料的共同占有。不能把个人同社会、集体对立起来。而我们现在的全民所有制,由于体制上的问题,却成了各部门、各地区的行政机构的肢体,变成了"无主所有制",劳动者感觉不到自己是企业的主人。经济体制改革的重要任务,就是要通过民主管理等,使之转化为名副其实的联合占有基础上的个人所有制。实现劳动者与生产资料的直接结合。[①]

罗郁聪教授生前是厦门大学研究《资本论》的资深学者,他早在1983年《经济学家》第1期就发表了《"重新建立个人所有制"辨》一文。他敢于突破依据恩格斯的解释并获得列宁赞同的我国改革开放前的传统解读,提出不同见解。他说,如同对待马克思主义经典作家的任何一个具体观点一样,我们对恩格斯的这个解释必须采取慎重态度。列宁也称赞恩格斯"给了杜林一个绝妙的回答"。然而这不等于可以不加独立思考。罗先生说:"把'重新建

---

① 杨坚白. 论社会的个人所有制——关于社会主义所有制的一个理论问题 [J]. 中国社会科学, 1988 (3): 19-28.

立个人所有制'理解为重建生活资料的个人所有制不符合马克思的原意"。他认为,"把分配所得(生活资料的最后占有)和产品占有(由生产资料占有决定的产品占有)混淆起来,是错误的。那种把'重新建立个人所有制'理解为生活资料个人所有制的观点,正是混淆了分配所得的最后占有和产品占有的关系。他们没有看到未来社会重新建立的公有制和个人所有制是一种围绕着生产资料占有问题的不同层次又不可分割的关系"。"个人所有制不是独立于公有制而存在,它溶解于公有制之中"[①]。

着重研究马克思理论思想史的专家顾海良教授,于1994年在《教学与研究》第4期发表《正确理解马克思"重新建立个人所有制"论断的本意》[②]一文。他指出:"从对《资本论》第一卷各版有关'重新建立个人所有制'论述的比较中,我们可以得出以下两方面结论:一方面,马克思在对'重新建立个人所有制'论述中提到的'否定的否定',指的是小私有制被资本主义私有制否定、资本主义私有制又被'个人所有制'否定的历史过程",社会主义经济中的"个人所有制"是对形形色色的私有制的否定,其实质就是马克思所说的"公有制""公共的集体的所有制"。作者最后指出,"如果不能正确理解马克思这一论断本意,甚至作出歪曲的解释,这不仅不是严肃的科学的态度,而且也不利于我们坚持和发展马克思主义"。

著名马克思主义哲学家赵家祥教授于2013年在《理论视野》发表《按照〈资本论〉的逻辑和历史理解"重新建立个人所有制"的含义》一文。他对马克思哲学和经济思想史进行了考证和分析,得出这样的结论:马克思所说的建立"社会所有制"就是"重新建立个人所有制",但遭到杜林、米海洛夫斯基等人的反对,将其污蔑为"混沌杂种"。"重新建立个人所有制"的论断,无非是说,资本主义私有制消灭了劳动者与生产资料结合的"以自己劳动为基础的私有制",即个体农业和手工业的"个人所有制"。资本主义私有制的消灭,在生产资料社会所有制的基础上重新建立起劳动者与生产资料相

---

① 罗郁聪,王瑞芳."重新建立个人所有制"辨[J].中国经济问题,1983(S1):19-24.
② 顾海良.正确理解马克思"重新建立个人所有制"论断的本意[J].教学与研究,1994,V(4):41-42.

结合的所有制，因而每一个成员都是生产资料的所有者。所以马克思说建立"社会所有制"就是"重新建立个人所有制"。①

资深学者李光远曾在《求是》杂志发表一篇论证充分的论文《重温马克思"重建劳动者个人所有制"的思想》，其中引证了马克思有关个人所有制的多条论述，说明社会主义公有制的本质，就是摆脱了资本主义剥削的劳动者们联合起来，对生产资料实行共同所有。每一个劳动者都是所有者，公有制经济的利益归于联合起来的全体劳动者个人。②

中国《资本论》研究会会长林岗教授在1985年也提出："《资本论》中所讲的'重新建立个人所有制'，实际上就是讲联合起来的个人对全部生产力总和的占有。但是，这种'个人所有制'往往被错误地解释为消费品个人所有制。这种解释显然与马克思的原意不符。"马克思把取代资本主义所有制看作是一个否定的否定的终点，而其起点则是为资本主义所否定的小生产者的生产资料所有制。"既然起点是生产资料所有制，那么终点也应该是生产资料所有制，而不可能是消费资料所有制。这不符合否定之否定规律之内在逻辑"。③

这里只是列举几位著名马克思主义学者的大体一致的解读"重新建立个人所有制"的论述，持相同观点的论文还有不少，这里从略。下面再举几本专门讲解《资本论》的著作，它们也是将"重新建立个人所有制"与社会主义生产资料公有制作为具有内在联系的关系阐述的。

作为"马克思主义理论研究和建设工程重点教材"的《〈资本论〉导读》，这是经过国内众多著名学者审读通过的教材，同样认为，所谓"重新建立个人所有制"，是以"生产资料的全社会成员共同占有为基础的。也就是说，在资本主义条件下失去了生产资料的所有劳动者，都将通过公有制的形

---

① 赵家祥. 按照资本的逻辑和历史理解"重新建立个人所有制"的含义 [J]. 理论视野, 2013 (1).
② 李光远. 重温马克思"重建劳动者个人所有制"的思想 [J]. 求是, 2007 (16): 54-56.
③ 林岗. 分工的消灭和马克思恩格斯关于共产主义所有制的科学假设 [J]. 哲学研究, 1985 (10): 3-9.

式重新占有生产资料。……马克思所说的'重新建立个人所有制',只能理解为每一个劳动者都通过公有制而实现对生产资料的占有"。①

洪银兴等编著的《〈资本论〉的现代解析》中这样解读社会主义公有制与个人所有制的内在联系:"生产资料的公共占有,首先表现为社会的单个人都同等地拥有对生产资料的所有权,从这个意义上说,这是个人所有制,但这种个人所有制不是孤立的,而是一个联合起来的个人所共同拥有的所有制。所以,马克思称生产资料公有制是'非孤立的单个人的所有制,也就是改造为联合起来的社会个人的所有制'②。"③

一直从事《资本论》教学与研究的胡世祯教授在其所著《〈资本论〉研读》一书中,同样主张"重新建立个人所有制"是指与生产资料公有制具有内在联系的个人所有制。他认为,若将其解读为生活资料的个人所有制和劳动力的个人所有制,就离开了马克思这里所阐述的否定的否定规律。即使在资本主义私有制条件下也存在着生活资料的个人所有制。工人通过出卖劳动力,也得到个人必要的生活资料。在社会主义制度下,生活资料也不一定完全归个人所有。不仅分配之前,公有经济的生活资料产品属于公共所有,而且社会总产品中的一部分消费资料也属于公共消费品。④

中央编译局的众多翻译专家,也不赞同将"重新建立个人所有制"作背离原意的解读。大家知道,《炎黄春秋》于 2007 年第 6 期刊登了谢韬和辛子陵撰写的《试解马克思重建个人所有制的理论与中国改革》一文,产生了较大的负面影响,论文作者无中生有地说什么长期以来占统治地位的理论隐瞒了马克思关于在公有制基础上重建个人所有制的主张,并批判我国长期以来把公有制、国有化宣称为社会主义的最高原则。他们任意错解马克思关于重建个人所有制的观点,断言马克思的设想是:第一步,把资本家的大公司收归国有;第二步,将其回归人民,重建个人所有制。重建个人所有制的形式

---

① 《资本论》导读 [M]. 北京:高等教育出版社,2012:220.
② 马克思恩格斯全集(第48卷)[M]. 北京:人民出版社,1985:21页.
③ 洪银兴等.《资本论》的现代解析 [M]. 北京:经济科学出版社,2005.
④ 胡世祯.《资本论》研读(上卷)[M]. 广州:暨南大学出版社,2012:377–378.

就是股份公司，就是股票。人人有份，然后分给每个个人私有。主张实行民主社会主义。由于此文充满曲解和否定科学社会主义的负面内容，上级部门要求马克思主义理论研究与建设工程应做出正确解答。当时，中央编译局担负"马克思主义经典著作基本观点课题组"任务，我是该课题组子课题的首席专家，编译局领导就把此写作任务交给我完成。并事先嘱咐，不是消费资料的个人所有制，要将"重建个人所有制"与社会主义公有制相联系。由于这正符合自己的理解，所以很快交付了论文稿。既不指谢、辛姓名，也不用批判性语言，纯属理论是非辨别之作。很快经中央一位领导批示，在《光明日报》2007年9月25日以《正确理解马克思关于重建个人所有制的理论观点》为题刊发。现在讲这件事不仅是要表明自己的观点，更是以此说明中央编译局的众多高水平翻译专家，他们也是能深刻理解马克思著作的理论工作者，他们同样不赞同将"重新建立个人所有制"解读为消费资料的个人所有制。同时也可看出，上级部门对谢、辛的错误观点虽不认同，但只以学术讨论态度对待之。

在这个问题的讨论中，不少学者批评把重建个人所有制理解为"人人皆有的私有制"，但如果核对其原文可以看出，有些学者的表述是词不达意、以词害意。其本意是强调生产资料公有制。比如，我们看到林惠勇早年发表的《必须纠正对马克思所有制理论的一个误解——兼评社会主义所有制的变革方向》一文，如只看其个别字句，确实在其论文的提要中就提出"人人皆有的私有制"。似乎主张全面私有化，这当然是不能同意的。但若细看其论述，他是把人人有份的社会主义公有制，称作"人人皆有的私有制"，他认为，公有制有两种：一种实际上与个人的利益不挂钩，是"无主所有"，全民所有实际上无法具体体现。另一种公有制是"跟个人挂钩的公有制"，它是由所有个人组织起来的公有制。"它既是全体成员共同所有，同时，也是全体成员里的每一个成员所有"[①]。这样解读的本意，不应称其为"人人皆有的私有制"。他

[①] 林慧勇. 必须纠正对马克思所有制理论的一个误解——兼评社会主义所有制的变革方向[J]. 中国经济问题, 1989 (2): 1-6.

把马克思用以与私有制相区别的"个人所有制",错与"私有制"混同了。但他决不是全面私有化的主张者。我们专门提出这一问题,就是主张学术讨论和争鸣,一定要首先弄清对方的本意。

二、主张"重建消费资料的个人所有制"观点不能成立

学界关于"重新建立个人所有制"的论著颇多,见解纷繁,不可能进行全面评介。居主流地位的解读,除上述一种观点外,还有相对立的另一种观点,那就是将《资本论》中所讲的"重新建立个人所有制"解释为重新建立消费资料的个人所有制。持这种见解的也有多位学者。近年来,持这种观点的论文多见于《马克思主义研究》和《当代经济研究》两个刊物。如周宇和程恩富于 2012 年发表于《马克思主义研究》第 1 期的《马克思"重建个人所有制"的思想探析》[1],吴宣恭教授于 2015 年发表于该刊第 2 期的《对马克思"重建个人所有制"的再理解》[2],朱舜于 2015 年发表于该刊第 12 期的《"重新建立个人所有制":理解偏差及本质理解》[3],苏伟于 2017 年发表于该刊第 12 期的《从"劳动总产品"角度看"重建个人所有制"的本义》[4]。

《当代经济研究》2017 年连发两篇以相同观点解读"重新建立个人所有制"的论文。一篇是华德亚和朱仁泽发表于该刊第 2 期的《"重建个人所有制"争议及理论再思考》[5];另一篇是高冠中发表于同年第 11 期的《正确理

---

[1] 周宇,程恩富. 马克思"重建个人所有制"的思想探析 [J]. 马克思主义研究,2012(1):64-70.

[2] 吴宣恭. 对马克思"重建个人所有制"的再理解 [J]. 马克思主义研究,2015(2):97-108.

[3] 朱舜. "重新建立个人所有制":理解偏差及本质理解 [J]. 马克思主义研究,2015(12):32-41.

[4] 苏伟. 从"劳动总产品"角度看"重建个人所有制"的本义——纪念《资本论》第一卷发表 150 周年 [J]. 马克思主义研究,2017(12):50-62.

[5] 华德亚,朱仁泽. "重建个人所有制"争议及理论再思考 [J]. 当代经济研究,2017(2).

解"重新建立个人所有制"的含义及其现实意义》①。前几年也发过几篇同类文章。该刊还发表王成稼的有关论文，他用诬蔑性的语言，批判否定"重新建立消费资料个人所有制"，主张应与公有制相统一的学者是"杜林的阴魂不散""居心何在"，还不如谢韬、辛子陵的解读正确。本来，马克思主张社会主义所有制是在生产资料社会所有制的基础上重新建立个人所有制，既是社会的，又是个人的。但遭到杜林的攻击，而王成稼竟说：既是社会的又是个人的，"是杜林的臆想"，又说是"对马克思的污蔑"。把维护马克思的观点反驳杜林的攻击，诬指为杜林观点。是杜林的"阴魂"。把不赞同他的观点的学者诽谤为"惯于篡改马克思的观点"。失去理论讨论的严肃性和严谨性。他的几篇论文都充满自相矛盾的思维逻辑混乱。②

上述学者都否认"重新建立个人所有制"是指"联合起来的个人"即以公有制为基础的全体劳动者个人对生产资料的占有。坚持恩格斯的解读，即"消费资料的个人所有制"。没有必要一一介绍持该观点的诸作者文章的具体内容，只对有理论学术影响的两位马克思主义经济学者的反对意见进行辨析，他们的解读在该派观点中具有代表性。——程恩富教授和吴宣恭教授。程恩富的论文（以下简称程文）认为我们的观点"不妥"，吴宣恭所否定的对方的论点论据也多是我们所坚持的。我们赞赏吴、程二位学者在经济理论的许多方面所获取的成就，但在这个问题上持相反认知，认为他们的解读不符合马克思的原意，对完善和发展我国社会主义所有制也缺乏理论和实际意义。所以，愿以他二人的观点为对立方的主要代表进行探讨，以辨明理论是非。我们主张对立观点的争鸣，既要摆事实、讲道理，有论证、有论据；又要辩驳对方所持的论证与论据。不要自说自的一套，回避对方提出的论证与论据。细读吴宣恭的论文（以下简称吴文），可以看出其有针对性的辩驳，都是与我们的论证与论据对立的，是不指名的争辩。而且吴文的理论见解在主张社会

---

① 高冠中. 正确理解"重新建立个人所有制"的含义及其现实意义——纪念《资本论》第一卷出版一百五十周年 [J]. 当代经济研究，2017（11）：42 - 47.

② 王成稼. 论"重建个人所有制"逐步实现"共同富裕"——兼评谢韬、辛子陵对"重建个人所有制"的试解 [J]. 当代经济研究，2007（10）：36 - 40.

主义重建个人所有制是重建消费品的个人所有制同派见解中最具理论系统性，所以我们要针对吴文的解读和论据展开争鸣。另外，程恩富教授所持"重建消费资料个人所有制"的理由虽较简单，但他是一位有影响的马克思主义经济学家，而且他在支持和发展同派观点的事情上起了不小的作用。他对重新建立个人所有制的解读的理由，我们也不能赞同。我们既认同"吾爱吾师，但吾尤爱真理"，又主张"吾爱吾友，然吾尤爱真理"。下面，我们先从程恩富教授的有关论文谈起。

（一）对程恩富同志见解的辨析

《社会科学报》于2004年3月18日刊发了程文《不应误用"重建个人所有制"》，首先讲"马克思提出的'重建个人所有制'，现被中国称为经济学上的'哥德巴赫猜想'。其实，这是一个简单而又明确的观点，它是指在协作和生产资料共同占有的基础上（生产资料公有制的基础上）重新建立消费品的个人所有制"。[①]

程文所持观点的一个重要理论根据，就是恩格斯在《反杜林论》中反驳杜林对马克思有关理论的攻击时所提出的一种解读：取代资本主义私有制的社会主义所有制，就是在生产资料公有制的基础上重新建立消费品的个人所有制。再一个理论依据是他对否定之否定的自我阐述。《马克思主义研究》2012年第1期，发表了程恩富教授为第二作者、周宇为第一作者的论文：《马克思"重建个人所有制"的思想探析》，其论述的观点与前文一样，也是坚持重建消费资料的个人所有制，但内容和论证比前一文增进了。更多地引证恩格斯的论述，如恩格斯讲过，《反杜林论》的原稿曾全部念给马克思听，恩格斯对杜林攻击马克思的反驳等，还引证列宁的类似论述。他们简单点了一些自认为不正确的解读者的观点，如：

戴道传的"劳动者个人对于生产资料的联合占有制"（《论公有制基础上的个人所有制》，载《江汉论坛》1981年第3期）；诸位学者的"溶解于公有制之中的生产资料个人所有制"观点，包括：罗郁聪、王瑞芳：《"重新建立

[①] 程恩富．不应误用"重建个人所有制"[N]．社会科学报，2004-03-18.

个人所有制"辩》（载《中国经济问题》1983年增刊）；卢钦堂：《马克思说的"重新建立个人所有制"究竟是什么意思？》（载《经济科学》1983年第4期）；黄世雄：《如何理解"重新建立个人所有制"？》（载《经济理论与经济管理》1983年第6期）；孔陆泉：《"个人所有制"和我国现阶段基本经济制度》（载《学习与探索》2010年第3期）；还有"社会主义公有制基础上人人都有一份的个人所有制"的观点，如梁万成：《马克思讲的"个人所有制"就是指生活资料的个人所有制吗？》（载《江淮论丛》1981年第2期）；卫兴华：《究竟怎样理解马克思提出的"重建个人所有制"的理论观点》（载《当代经济研究》2010年第6期）。从程文点出众多相反观点的学者，可以看出，越来越多的学者不再拘守"重建消费资料的个人所有制"，主张将重建个人所有制与生产资料公有制的内容结合起来。程文还点了其他人的另外一些观点。然后总结说，"我们认为这些看法都有欠妥当……经济学界在这个问题上的混乱状态，表明经济学家只有理解黑格尔和马克思关于否定之否定的辩证法表达方式，这个讨论才能形成共识"[①]。然而，认真拜读上引两篇程文，我认为他对关于重建个人所有制的解读，都没有对他所否定的对方的论点、论证与论据进行认真的研究，提出有理有据的辩驳，也未引证对方的一句原话。他把我多篇有关的论文全部内容，概括为一句我并没有讲过的不知从何而来的"社会主义公有制基础上人人都有一份的个人所有制"。进行理论争鸣，必须引证对方的原话和所提出的论证与论据，但程恩富同志的两篇文章都离开这一理论争鸣的基本原则。他自己提出的解读和论据，我们认为完全不能成立。"两刃相割，利钝乃知；二论相订，是非乃见。"我们愿以学术争鸣的方式，进行辨析。

改革开放以前，中国和其他社会主义国家的理论界，都把《资本论》中所讲的"重新建立个人所有制"，解读为"消费资料的个人所有制"，因为那时都认为恩格斯对马克思论著的解读是绝对正确的。何况恩格斯说明，《反杜

[①] 周宇，程恩富. 马克思"重建个人所有制"的思想探析[J]. 马克思主义研究，2012 (1)：64-70.

林论》的原稿全部给马克思念过。没有谁会去想这里有没有存在问题。改革开放后，学界思想解放，纷纷有人对恩格斯的解读提出质疑。认为用社会主义消费资料的个人所有制去消灭资本主义生产资料私有制，在理论逻辑上难以成立。于是出现了多种解读。不言而喻，马克思主义学者是把马恩的理论联结在一起作为经典予以信仰的。恩格斯对马克思著作的阐述和解读，最具有权威性和可靠性，再加上列宁对恩格斯解读的认同，后人都会以此为依据进行解读。目前，认为恩格斯解读绝对正确的学者依然以此为主要根据，坚持重建消费品的个人所有制。但我们认为，任何伟大人物和理论大家，都不可能句句是真理。马克思和恩格斯两位伟大人物志同道合，共同创建了马克思主义。但他们毕竟是两个人，不可能在一切认识问题上都绝对一致。为了证明这一点，更为了与包括程恩富、吴宣恭同志在内的众多拘守恩格斯解读的学者辨明理论是非，我们可以举三个例子。

1. 恩格斯对马克思论著的解读存在个别偏误。在《反杜林论》中，就有两处解读不符合马克思原意。一处是现在还继续争论的"重新建立个人所有制"问题。可以肯定，马克思的论著中从来没有提出过取代资本主义私有制的是"消费资料个人所有制"，在整个马克思的著作中没有用过这个概念。恩格斯引为论据的是《资本论》第一卷的一段话：马克思设想了一个"自由人的联合体"。"这个联合体的总产品是一个社会产品。这个产品的一部分重新用作生产资料。这一部分依旧是社会的。而另一部分则作为生活资料由联合体成员消费，因此这一部分要在他们之间进行分配"。[①] 这个引证偏离了主题。第一，马克思讲的是三种所有制的否定的否定，落脚点是讲建立社会主义所有制度，而恩格斯引证的是社会总产品的分配问题。由于社会主义实行生产资料公有制，总产品用作生产资料的部分，当然要归社会所有。而用作消费品的产品，必然归联合体的成员消费，从而在各成员之间"进行分配"。显然，这不是论述社会主义所有制问题，而是论述社会总产品的分配和消费品在成员之间的分配问题。不能用分配问题说明或取代所有制问题。第二，马

---

① 马克思恩格斯文集（第五卷）[M]. 北京：人民出版社，2009：96.

克思讲消费品的分配时,根本没有提"个人所有制"概念。消费品由社会成员个人享用,各个社会都如此。还需要确立什么个人消费的社会制度吗?请问:我国社会主义重新建立了什么样的个人消费制度。王成稼说,要重新建立封建社会末期的消费品的个人所有制,那就请回答:封建社会末期确立了什么样的个人消费制度?被资本主义剥夺了的个体农民的个人消费还需要遵守什么社会制度吗?第三,遍查马克思的论著,有多处提及"个人所有制"概念,没有一处是讲消费品的个人所有的,都是与生产资料所有制相联系。这个问题,我们在后面将进行专门分析。

2. 恩格斯对《资本论》的另一处误解。对这一误解我曾在《经济学动态》中简单提出过,没有人提出辩驳,这里有必要展开讲一下。这是指《资本论》第一卷讲《资本的积累过程》,论述剩余价值资本化的问题时,提出"商品生产所有权规律转化为资本主义占有规律"。《资本论》中用下面一段话说明这种规律的转化:"既然构成第一个追加资本的剩余价值,是用一部分原资本购买劳动力的结果,而这种购买符合商品交换的规律,从法律上看来,这种购买的前提不外是工人自由地支配自己的能力,而货币或商品的占有者自由地支配属于他的价值;既然第二个追加资本等等不过是第一个追加资本的结果,因而是前一种关系的结果;既然每一次交易始终符合商品交换的规律,资本家总是购买劳动力,工人总是出卖劳动力,甚至可以假定这种交易是按劳动力的实际价值进行的;那么很明显,以商品生产和商品流通为基础的占有规律或私有权规律,通过它本身的、内在的、不可避免的辩证法转变为自己的直接对立物。表现为最初活动的等价物交换,已经变得仅仅在表面上是交换,因为,第一,用来交换劳动力的那部分资本本身只是不付等价物而占有的他人的劳动产品的一部分;第二,这部分资本不仅必须由它的生产者即工人来补偿,而且在补偿时还要加上新的剩余额……劳动力的不断买卖是形式。其内容则是,资本家用他总是不付等价物而占有的他人的已经对象化的劳动的一部分,来不断再换取更大量的他人的活劳动。"[1] 较长地引证

---

[1] 马克思恩格斯文集(第五卷)[M]. 北京:人民出版社,2009:673.

《资本论》中的这段话是为了便于读者如实理解和把握马克思这段话的真实观点。《资本论》中讲"价值增殖过程""绝对剩余价值生产""相对剩余价值生产"等理论时,已经阐明了资本家对雇佣工人的剥削本质。在讲资本积累和剩余价值资本化时,又提出上面引证的一段话,是为了加深认识资本与雇佣劳动在资本积累中更深层次的本质关系。资本家承认雇佣工人的劳动力所有权;雇佣工人承认资本家对资本(货币)的所有权。两种"平等"的所有权,使两者在商品流通中,承认并实行等价交换。从资本主义简单再生产过程中就可以看出,资本与劳动力的等价交换,只是商品交换中的表面现象。在生产过程中转化为资本无偿占有雇佣工人的剩余价值,这已经揭示了商品生产所有权向资本主义占有权的转化。为了在更深层次上认识这一规律的转化,马克思在论述资本积累时,要突出两种规律的转化,就是要进一步说明:资本积累,是无偿占有的剩余价值的资本化。资方用这种资本化的剩余价值来购买更多的劳动力,获取更多的剩余价值。从雇佣工人方面看,就是资方用无偿占有的自己创造的剩余价值作为追加资本,反过来再买自己更多的劳动力,并提供更多的剩余价值。这种不断累加的无偿占有,没有违反商品生产所有权规律。流通领域凭商品所有权的等价交换规律,转化为资本不断累加占有的规律。马克思的这段论述的理论观点是很明确的。然而,在《反杜林论》中,恩格斯作了偏离原意的解读。他用马克思的上述两种规律的转化,作为批判杜林"暴力论"的理论根据。恩格斯说:"劳动产品转化为商品,即不是为自身消费而是为交换所进行的产品生产,对古代公社的瓦解,因而对私有制的直接或间接的普遍化,起了怎样的作用。马克思在《资本论》中再清楚不过地证明(杜林先生小心翼翼地对此甚至一字不提),商品生产达到一定的发展程度,就转变为资本主义的生产;在这个阶段上,'以商品生产和商品流通为基础的占有规律或私有权规律,通过它本身的、内在的、不可避免的辩证法转变为自己的对立物。'"[①](以下引证省略)恩格斯正是长篇幅地引证了我们上面引证过的《资本论》中的原文,得出结论说:"即使我们排除任

---

① 马克思恩格斯全集(第二十六卷)[M]. 北京:人民出版社,2014:171.

何掠夺、任何暴力行为和任何欺骗的可能性,即使假定一切私有财产起初都基于占有者自己的劳动,而且在往后的全部进程中,都只是相等的价值和相等的价值进行交换,那么,在生产和交换的进一步发展中也必然要产生现代资本主义的生产方式。"①

从恩格斯的上述论述中可以看出,他把《资本论》中讲的"商品生产所有权规律转变为资本主义占有规律"解读为由简单商品生产向资本主义生产方式的转化。恩格斯的这种解读也为列宁所认同。正因为如此,中苏学者都曾按照恩格斯的这一解读,误解马克思的原意。我在20世纪八十年代初的《〈资本论〉研究资料》第7期就提出中苏学者在《资本论》研究中,对上述两种规律的误解。但出于对恩格斯的"高山仰止",没有提及这一误解的来源。这个问题的理论是非是容易分清的。没有学者能够提出论据肯定恩格斯在此问题上的解读完全符合马克思的本意,其实,商品生产和流通转化为资本主义生产的论述,在《资本论》第一卷前两篇中就讲清楚了,在第四章《货币转化为资本》的开头就讲:商品流通是资本的起点,商品生产和发达的商品流通即贸易,是资本产生的历史前提。第三章就讲由商品交换进入生产过程,就转变成资本无偿占有剩余价值。

3. 再举一个具体事例。马克思在《资本论》中研究资本积累时,想要说明固定资本的折旧基金也可用于积累,但没有现实资料可资利用,便请教其父亲为工厂主的恩格斯,马克思于1862年8月20日写信说:"你是实践家,有一点必定知道得很清楚,这就是:假定某一个企业在开业时,它的机器价值等于一万二千英镑,这些机器平均使用十二年。如果每年投到商品上一千英镑,那末机器的价格在十二年内就得到补偿。亚·斯密以及他的追随者都这样说。但是事实上这只是一个平均数,能使用十二年的机器,和有十年生命或有十年役力的一匹马相似。虽然这匹马在十年以后要用新马来替换,但是如果说这匹马每年要死去1/10,这在事实上毕竟是不对的。相反地,奈斯密斯先生在他给工厂视察员的一封信中指出,机器(至少是某些机器)在第

---

① 马克思恩格斯全集(第二十六卷)[M]. 北京:人民出版社,2014:171-172.

二年比第一年运转得更好。无论如何，在这十二年中总不是每年都要以实物形式替换机器的 1/12 的吧？预定每年用来补偿机器 1/12 的基金将怎样办呢？这笔基金实际上不就是用于扩大再生产的，同收入转化为资本的一切情况无关的积累基金吗？"① 同年 9 月 9 日，恩格斯回信说："关于机器损耗也是这样，虽然我确信，在这个问题上你走入了歧途。要知道，损耗期并不是一切机器都相同的。"② 这等于否定了马克思的见解。1867 年 8 月 24 日，马克思再次写信给恩格斯："我在好几年前曾写信告诉你，在我看来积累基金就是这样形成的，因为资本家在用流回的货币补偿固定资本以前，在这期间已经使用了这种流回的货币……你作为一个厂主一定会知道，在必须以实物形式去补偿固定资本以前，你们是怎样处理那些为补偿固定资本而流回的货币的。你一定要回答我这个问题。"③ 8 月 27 日，恩格斯用较长篇幅并且列了计算表回答了马克思。证明马克思原有的见解是正确的。在《资本论》第二卷中，明确阐述了将折旧基金作为补充的积累基金用于企业的内涵扩大再生产或外延扩大再生产。

前两例是恩格斯对马克思有关论述的错解；后一例是恩格斯将马克思的正确认识，开始否定，后来根据实际情况予以肯定。

智者千虑，难免一失；愚者千虑，或有一得。我们是以愚者的一得，讨论伟人的一失。这样讲，是为了提醒我们的学者，不要把恩格斯的误解作为自己误解的主要依据，《外国理论动态》2011 年第 6 期发表了何干强翻译的苏联解体前瓦吉·康德拉索夫的论文。他指出，"借助恩格斯和列宁的权威将'重建个人所有制'理解为重建消费品的个人所有制是错误的"。他引证马克思在《法兰西内战》中的表达，论证"重建个人所有制"是重建生产资料归劳动者所有的所有制。

主张重建消费品个人所有制的学者，包括程恩富和吴宣恭同志的论文，一个重要的理论依据，也是《资本论》中的这样一段话："这个联合体的总产

---

① 马克思恩格斯全集（第三十卷）[M]．北京：人民出版社，1975：282．
② 马克思恩格斯全集（第三十卷）[M]．北京：人民出版社，1975：284．
③ 马克思恩格斯文集（第十卷）[M]．北京：人民出版社，2009：269 - 270．

品是一个社会产品。这个产品的一部分重新用做生产资料。这一部分依旧是社会的。而另一部分则作为生活资料由联合体成员消费。因此，这一部分要在他们之间进行分配。"① 用这段论述论证马克思所讲的"重新建立个人所有制"，是完全失范的。试问：马克思的这段话是讲社会主义所有制问题吗？不！绝对不是。这里只是简要提及社会总产品的分配问题。这段话是要区分社会主义与资本主义在生产资料所有制和社会总产品分配方面的差别。其一，资本主义是用私人的生产资料进行生产，而社会主义是"用共有的生产资料进行劳动"。这是所有制的差别。其二，资本主义社会总产品的分配是，用作生产资料的产品，依然分配给资本家和地主个人；用作消费品的产品，首先被剥削者所攫取，雇佣劳动者靠出卖劳动力分得一份个人消费品。而社会主义总产品的分配是，全部产品归社会所有，其中用作生产资料的部分依然归社会公有；而用作消费资料的部分，完全由作为劳动者的联合体成员消费。而主张"重新建立消费资料个人所有制"的学者，则把马克思讲的社会主义总产品的分配问题，错解为所有制问题。

把分配问题错解为所有制问题，程恩富同志的错解走得更远。他引证《哥达纲领批判》中关于分配问题的论述，来证明社会主义所有制中"重建消费资料的个人所有制"的观点。他认为《哥达纲领批判》写于1875年，晚于《资本论》第一卷出版7年，所以理论更成熟，这种提法很不妥。似乎《资本论》比起《哥达纲领批判》还不够成熟。《资本论》是马克思成熟的政治经济学理论的顶峰之作。两部著作中的理论观点是完全一致的。程文大幅转述该书的这样一段话："共产主义第一阶段……是一个集体的、以共同占有生产资料为基础的社会。由于它在经济、道德和精神诸方面还带着其所脱胎出的那个旧社会，即资本主义社会的痕迹，更由于受到社会生产力发展水平的限制，因此，在社会成员的消费资料分配上，实行的是按劳分配制度……一方面，由于生产资料公有，对于生产者个人来说，除了自己的劳动，谁都不能提供其他任何东西；另一方面，除了个人的消费资料，没有任何东西可以成

---

① 马克思恩格斯文集（第五卷）[M]. 北京：人民出版社，2009：96.

为个人的财产……这种劳动权利平等的原则，仍然属于资产阶级法权的范畴"①。这里只是截取了程文的部分引文。而程文引证的不是原文，是有违原意的增减转述。这里只指出其两方面的不当。一方面，这里明确谈的是社会主义的分配原则问题，即按劳分配，由于实行公有制，每个人只能凭借自己的劳动领得与其劳动量相当（社会扣除后）的一份消费资料，这里根本不是讲所有制问题，所有制是分配的前提，而分配不能等于也不能取代所有制。另一方面，程文对其不规范地大幅转引的这段话的本意，存在错解，把社会主义按劳分配说成"资本主义社会的痕迹"，是"资产阶级法权的范畴"。试问：资本主义社会实行按劳分配吗？是资产阶级所争取和坚持的法权（今译为权利）吗？《哥达纲领批判》中所讲的"旧社会的痕迹""资产阶级权利（法权）"并不是指按劳分配原则本身，而是指按劳分配中的等量劳动相交换与商品等价交换是同一原则。等价交换也是等量劳动交换。而等价交换的平等权利，资产阶级是认同和实行的。马克思在这里是批判《纲领》中所渗透的拉萨尔主义脱离开生产资料所有制空谈"公平分配""平等权利"的错误，背离《资本论》中早已讲清楚的生产关系决定分配关系的原理。程文却把这些互不相干的问题混在一起，来论证其"重建消费资料的个人所有制"的观点，事实上是把他所坚持的社会主义"重建消费资料个人所有制"，说成是"资本主义社会的痕迹""资产阶级法权"！

任何社会，供个人吃穿用的消费资料都属于个人所有。资本主义社会的劳动者靠出卖劳动力购买来的消费品也属个人所有，王成稼先生否认这点，他主张社会主义所有制是要重建封建社会末期的消费资料个人所有制，令人不解。似乎资本主义社会消灭了消费品的个人所有。马克思没有这样的观点。他明确指出：奴隶社会、封建社会和资本主义社会的"劳动者只是生活资料的所有者，生活资料表现为劳动主体的自然条件"。② 有必要指出：在马克思论著中，找不出一处使用"消费资料个人所有制"的概念。消费资料属于个

---

① 周宇，程恩富. 马克思"重建个人所有制"的思想探析 [J]. 马克思主义研究，2012（1）：64-70.
② 马克思恩格斯选集（第二卷）[M]. 北京：人民出版社，2012：754.

人所有，但并不存在特定的消费资料个人所有制度。社会历史发展经历了五种生产资料所有制，并没有谁讲经历了五种消费资料的个人所有制。消费资料个人所有，任何社会都存在，何来"重新建立"问题？程文回答说："关于为什么要说'重建'，马克思在《哥达纲领批判》里有明确的回答：生产方式的性质变了，消费资料的分配方式当然需要重建。重建后的个人消费资料在性质上是属于个人或私有的。"程文的这种回答，充满了理论逻辑的混乱。第一，生产方式决定分配方式，这是众所周知的常识。但马克思讲的"重新建立个人所有制"，是指重建归劳动人民占有的所有制，不是重建分配方式。每个社会制度的生产关系不同，分配方式也不同。不存在重建被消灭了的分配方式问题。不能把新建分配方式错解为重新建立。第二，社会主义实行"按劳分配"是"重新建立"的吗？难道资本主义消灭了按劳分配，社会主义要来"重建"吗？第三，程文的解答陷入与马克思的说法相对立的一面。他认为消费品的个人所有就是私有，这可以认同，但马克思讲："否定的否定"不是"重新建立劳动者的私有制"，而程文却将其解读为要重新建立消费资料的私有制，与马克思的原意背道而驰。"不是重新建立劳动者的私有制"，既排除了生产资料的私有制，也不会涉及消费资料的私有制。硬把马克思所主张的取代资本主义私有制而新建的社会主义公有制，落脚到消费资料个人所有制方面，是强加给马克思的错解。

在《资本论》出版以前和以后，马克思在其他论著中曾多次用过"个人所有制"这个概念。没有一处提到消费资料个人所有，实际上都是讲生产资料所有制问题。程文为了论证社会主义要重建消费资料的个人所有制或私有制，又文不对题地引用了其中的一处，按自己的需要做了反解。他说：马克思在1871年所著的《法兰西内战》中，提到巴黎公社"曾想把现在主要用作奴役和剥削劳动的工具的生产资料、土地和资本变成自由集体劳动的工具，以实现个人所有权"。[①] 这个引证是从1963年出版的译本中摘取的，而非引证新出版的译本。《马克思恩格斯文集》中译文是：巴黎公社曾"想要把现在主

---

① 马克思恩格斯全集（第17卷）[M]. 北京：人民出版社，1963：362.

要用做奴役和剥削劳动的手段的生产资料,即土地和资本完全变成自由的和联合的劳动的工具,从而使个人所有制成为现实"。① 程文将这里的"个人所有权"作为重建消费资料个人所有制的佐证。真使人有"假作真来真亦假"的感觉。试问：难道巴黎公社以前不存在消费资料个人所有权,需要通过巴黎公社的革命来实现吗？很显然,巴黎公社是要将用以剥削和奴役劳动者生产资料变为"自由的和联合的劳动的工具",也就是变为劳动者集体所有的工具,这样就可以实现每个集体成员人人有份的生产资料所有制。"使个人所有制成为现实"是指公有制中每个劳动者个人都是生产资料所有者的一员,不再是失去生产资料受剥削奴役的个人。程文硬将其解释为重建消费资料个人所有制,从文法、语法上说,也是悖理的。

（二）对吴宣恭同志解读的辨析

吴宣恭同志的研究方向中,所有制问题是其重要一环。他对发展和完善社会主义公有制发表过不少有益的论著,但他在解读马克思所讲的"重新建立个人所有制"问题上的观点,我们不能认同。他发表在《马克思主义研究》2015 年第 2 期的《对马克思"重建个人所有制"的再理解》一文的见解,与马克思原意是完全相悖的。先谈吴文的"论文提要"："恩格斯认为马克思设想的未来社会的'个人所有制'是建立在协作和生产资料公有制基础之上的生活资料所有制,这个解释同马克思的系统理论是相一致的,对其他几种质疑是站不住脚的。对此问题要得到科学的答案应该准确认识公有制的主体和基本特征。公有制的主体不是单独、分散的个人,而是联合起来形成一个社会整体的个人,过分强调个人所有不利于正确认识公有制的特征。在这场讨论中,有些人利用对恩格斯解读的否定,篡改马克思的观点……"②

吴文强调"公有制的主体不是单独、分散的个人",没有哪个主张"重建个人所有制"是属于社会主义生产资料公有制内涵部分的学者有这样的观点。吴文又说"过分强调个人所有不利于正确认识公有制的特点",有谁"过分强

---

① 马克思恩格斯文集（第三卷）[M]. 北京：人民出版社,2009：158.
② 吴宣恭. 对马克思"重建个人所有制"的再理解 [J]. 马克思主义研究,2015（2）.

调"？怎样"过分强调"？我们与诸多学者所强调的是社会主义公有制无论称之为社会所有制或采取国有制形式，其发展成果都应惠及每个社会成员。每个劳动者个人都是公有制的主人。这就表示：讲公有制或社会所有制或全民所有制，不是抽象的、与每个劳动者个人疏远的所有制，不是官员所有制或企业高管所有制等。不是被讥讽为"人人皆无"的公有制。强调公有制要惠及联合体的每个个人，每个社会成员个人都是联合体生产资料的所有者。以此解读"重建个人所有制"，正是马克思的本意，怎么能批评"这是站不住脚的""是篡改马克思的观点"呢？吴文自己也讲：公有制"是联合起来形成一个社会总体的个人"，如果这句话是指联合体是由各个人组成的，这是事实，正是我们的观点。由此推理：联合体是由生产资料公有制联合起来的，因此，构成联合体的每个个人都是生产资料的所有者。这不是顺理成章的逻辑吗？这不正是马克思的重建联合起来的个人所有制吗？吴文在全篇论文中的论点、论证与论据，我们认为都存在问题和自相矛盾，需要一一辨清。

  吴文的第一个论证是："马克思的表述是非常清楚的，即从生产资料归劳动者个人所有的私有制发展为资本主义的私有制是第一个否定；消灭资本主义私有制而建立劳动人民共同占有的生产资料公有制，就是否定的否定。至于这段话提到的'个人所有制'，只是完成了否定的否定后在新的生产资料所有制的基础上形成的……前一个是归属于全体劳动人民生产资料公有制……后一个是在生产资料公有的基础上形成的'个人所有制'……是派生出来的。这种所有制的主体客体及其在生产关系中的地位是不同的，不可能都是生产资料所有制。"吴文硬把马克思关于社会主义所有制的整体特点的论述，分成两截：一截是讲生产资料公有制；另一截是所谓与公有制不同，只是派生出来的"个人所有制"。他认为，建立了生产资料公有制，就完成了否定的否定。"重新建立个人所有制"是另外一回事，只能是消费资料的个人所有制。这种解读完全偏离马克思的原意。马克思原文是："在协作和对土地及靠劳动本身生产的生产资料的共同占有的基础上，重新建立个人所有制。"[①] 整句都

---

① 马克思恩格斯选集（第二卷）[M]. 北京：人民出版社，2012：300.

是用的逗号,是完整的一句话。是否定的否定的整体落脚点。怎么能任意分解为两段不相关的内容呢?吴文为此观点提出的论据,依然是恩格斯所讲的论据,即《资本论》中所讲的联合体社会总产品的分配关系。总产品中的生活资料在联合体成员间进行分配。同样是用分配问题取代马克思的所有制问题。经过概念的转换后,吴文得出结论说:"从马克思的这个基本理论看,在消灭了资本主义,归劳动者'个人所有'的就不可能是生产资料,而只能是经过分配的消费资料。"这是通过主观偏好硬把马克思的一个关于社会主义所有制的整体规定,拆裂开来,得出了"消费资料个人所有制"的结论。这种论证存在逻辑上的纰缪:首先,应肯定,《资本论》中讲的是三种生产资料所有制的否定的否定,最后是由社会主义生产资料公有制否定资本主义生产资料私有制,不会涉及否定一切社会都存在的消费资料归个人所有。其实,更为重要的是,不应随意偏离马克思的理论逻辑。马克思的逻辑是:三种所有制的前后否定,这种否定不是重新建立私有制,而是在公有制基础上,重新建立"个人所有制"。这是讲由社会主义所有制取代资本主义私有制的一个完整的概念。就是说明被资本主义消灭了的劳动者的所有制,社会主义要"重新建立",但重建的不再是孤立的单个人的个人所有制,而是要重建更高层次、由公有制联合起来的、每个个人都有份、都是生产资料所有者的社会所有制。这种表述,在《共产党宣言》中就有。《共产党宣言》中对社会主义所有制有两种看似有区别,实际上一致的论述。一个论述是:无产阶级取得统治后,要"一步一步地夺取资产阶级的全部资本,把一切生产工具集中在国家即组织成为统治阶级的无产阶级手里"[①],也就是建立国有经济。没有提个人所有问题。另一论述是:社会主义要把"全部生产集中在联合起来的个人的手里的时候"[②]。这句话很明确,是要把生产所必需生产资料集中在"联合起来的个人"手中。这里丝毫找不出消费资料归个人所有的痕迹。在马克思的著作中,有两种"个人所有制"的提法。一种是孤立的单个人的个人所

---

① 马克思恩格斯选集(第一卷)[M].北京:人民出版社,2012:421.
② 马克思恩格斯选集(第一卷)[M].北京:人民出版社,2012:422.

有制，另一种是联合起来社会的个人所有制，前者是指个体劳动者的生产资料所有制，后者是指取代资本主义后的社会主义生产资料公有制或称社会所有制。

吴文引证《共产党宣言》中的另外一段话，作为其观点的佐证："我们决不打算消灭这种供直接生命再生产用的劳动产品的个人占有，这种占有并不会留下任何剩余的东西使人们有可能支配别人的劳动。"[①] 吴文的引证删去了前面的一句重要的话，即"雇佣工人靠自己的劳动所占有的东西，只够……"。这段话本来是要说明在资本主义制度下，工人的工资只能限定在"维持其工人的生活所必要的生活资料的数额"，这里丝毫不涉及所有制问题。共产主义消灭资本主义，绝不消灭劳动者为维持其生命再生产的"劳动产品的个人占有"。这当然是讲消费资料的个人占有。但是，这段话，恰恰否定了"重新建立消费资料个人所有制"的观点。因为这里明确讲资本主义社会的雇佣劳动者也有消费资料的个人占有，因而建立社会主义所有制不存在"重新建立"消费品的个人所有问题。这正是对吴文观点的否定，却被他拿来作为自己的观点的佐证。吴文还引用了不少英文版中的英文表述来证明自己的解读正确，我们认为这无助于解决问题。中央编译局聚集了众多专门翻译马恩著作的高级翻译家，他们首先根据德文原文又参照英文进行翻译，他们也否定重建所谓"消费资料的个人所有制"。

吴文为坚持重建消费资料的个人所有制，用较多篇幅讲解了"否定之否定"的常识。但有的讲解，如他讲原始社会内部的否定之否定，就使人有迷茫之感。吴文讲："原始社会，生产力极其低下，个人只能依靠集体的力量对付自然界才能获得起码的生存资料，集体也才能存在。那时，共同劳动，平等分享产品，生产资料和劳动产品都是公有的。随着生产力的较大提高，劳动条件发生变化，个人（家庭）劳动逐步取代部落全体成员的共同劳动，生产资料……就从共同所有、共同占有变为共同所有、个人占有，劳动所得也

---

① 马克思恩格斯选集（第一卷）[M].北京：人民出版社，2012：415.

归个人所有。这样就发生了生产资料和劳动产品共同所有关系的否定。"① 接下来又讲出现了私有制，对原始社会公有制的否定，又讲奴隶制、封建制、资本主义制度的相继代替，"各阶段又经历了社会经济形态否定的否定"。把原始社会经济的发展与变革称作否定的否定，把三种私有制相继取代也称之为否定的否定，这种讲解让人难以认同。原始社会发展中的变革实际上应视为哲学的另一个原理：渐变到质变的发展过程，而不是否定的否定。三种私有制的交替也不能视作否定的否定，资本主义私有制并没回归奴隶制的私有制。如果讲从公有制到私有制，再到公有制，反而是一讲就明的否定的否定。原始社会经历了三百万年左右的公有制，被历经几千年的私有制所否定，私有制又会被社会主义公有制所否定。过程的起点是公有制，经过否定的否定后落脚点是社会主义公有制。但公有制的重建，实际上是新建，因为抽象地讲，原始社会与社会主义都实行公有制，但社会主义是更高层次的社会化的、以共同富裕为原则的新型公有制。

吴文并未讲清否定的否定原理，无助于论证其"消费资料的个人所有制"论。其实，我们前面已经说明，吴文把马克思的"重新建立个人所有制"的重要理论观点排除在"否定的否定"之外，就表明了他对否定的否定原理认识的失误。因而他用相当的篇幅专讲否定之否定的原理，已失去任何意义。何况对原理的例举还存在问题。

吴文坚持"消费资料个人所有制"的另一个论据，是反驳对方提出消费资料任何社会都归个人所有，不存在重新建立的问题。他提出了一个根本不能认同的理由："但是，从消费资料的构成，特别是消费资料的获得方式看，不同社会却存在巨大的差别。例如，奴隶是会讲话的工具或牲口，他们个人所得的消费资料是奴隶主用喂养牲畜的方式和低劣的质量、有限的数量给予的，以至于很难说是完整意义的消费资料个人所有制。封建社会的农奴得到的消费资料，是向领主缴纳地租后留下的劳动产品。由于农奴还处于人身依

---

① 吴宣恭. 对马克思"重建个人所有制"的再理解[J]. 马克思主义研究, 2015（2）：97-108.

附状态，他们的消费资料个人所有制仍是不完整的"。在资本主义社会，"只能通过出卖劳动力获取相当于劳动力价值和价格的工资，然后换取生活必需的消费资料……这种消费资料所有制的基础也是不稳定的。总之，在以前的社会里，劳动者获得消费资料的方式，都因生产资料所有制性质的差异而彼此不同，历次的变化都可视为消费资料获得方式上的否定和否定之否定"。在社会主义社会，"劳动者共同占有生产资料和劳动产品……其中一部分用于生活消费，按劳动者提供的劳动分配给个人，是更大轮回的否定之否定。这就是马克思所说的'在协作和对土地及靠劳动本身生产的生产资料的共同占有的基础上，重新建立个人所有制'……断言消费资料个人所有制不存在否定之否定而反对恩格斯的解释，是不符合辩证逻辑，也不符合人类社会发展的实际状况的"。① 我们已尽量缩短对吴文的引证，也还是显得较长。这样引述是为了让读者更好地鉴别理论是非。我们认为，吴文以此论述为论据反驳"不存在重建消费资料个人所有"的论点是毫无道理的，充满着逻辑混乱。

第一，消费资料归个人所有，是个抽象概念，一切社会都存在。这是马克思所肯定的。他指出：各个私有制社会的"劳动者只是生活资料的所有者，生活资料表现为劳动主体的自然条件，而无论是土地，还是工具，甚至劳动本身，都不归自己所有"。② 消费资料归个人所有任何社会都存在。而且，在私有制社会里，除了被剥削的劳动者存在消费品的个人所有，还有剥削者、个体劳动者、教育、文卫等的社会人士，更具有消费品的个人所有权。在同一社会制度中，就存在不同阶级和不同阶层占有个人消费品的重大差异。因此，不能用个人占有消费品的质与量的差异来论证重建消费品的个人所有制问题。

第二，各个社会都存在消费品归个人所有的事实，同个人消费怎么获得，消费品的结构如何是完全不同的问题。生产决定分配和消费，生产力水平不同，生产方式不同，分配方式不同，分给个人的消费品数量质量也不同。这

---

① 吴宣恭. 对马克思"重建个人所有制"的再理解 [J]. 马克思主义研究，2015 (2)：97 – 108.

② 马克思恩格斯选集（第二卷）[M]. 北京：人民出版社，2012：754.

是马克思主义的常识，但不能用此证明存在"重新建立消费品的个人所有制"问题，讲"重新建立"，意味着原有的事物被消灭了，需"重新"建立。一座旧房子倒塌了，在原址重新建立一座更高级的房子，这是"重建"。如果是新建一座房子就是"新建"，而不是"重建"。吴文把"重建"和"新建"混同了。不同社会制度因生产力水平和生产关系的不同，个人消费品的数量和结构会有差异，这能称之为"重新建立"吗？"重新建立"就有恢复的意思。试问：中华人民共和国成立后的50年代，消费资料归个人所有，是"重新建立"的吗？不！是根据新的分配方式即按劳分配将消费品分给各劳动者所有，不存在"重建"问题。那时中国十分贫穷，个人所有的消费资料不能满足低水平生活需要，远不如发达资本主义国家，何来"重新建立"，何来否定的否定呢？请问新中国社会主义的消费品个人所有否定了哪个社会的消费资料个人所有制呢？其实，消费资料的个人所有，根本不存在"否定的否定"问题。吴文历数各个社会制度下消费资料的获得方式不同，数量和结构不同，来论证"重建"问题和消费资料个人所有的"否定的否定"，完全是画蛇添足。

第三，即使在同一社会制度内部，随着生产力的发展，个人消费品的数量和结构也会大有差别。就资本主义来说，《资本论》中所描述的情况和目前的发展了的情况大不相同。就我国来说，40年前的短缺经济和现在对高质量消费品的要求也大相径庭，难道能由此证明，各个社会制度内部也存在不断"重建消费品的个人所有制"和否定的否定吗？显然道理不能成立。

第四，在马恩的论著中，论述了多种生产资料所有制的存在和区别，但没有提出过多种消费资料个人所有制存在区别。而且，凡提及消费资料个人所有的地方，都没有提"个人所有制"一词。所有制是一种社会制度。食品由各个个人吃，衣服供各个个人穿，家具由各个个人用，还存在什么社会制度的规定吗？在马克思的论著中，凡讲公有制基础上的个人所有制，或讲联合起来的个人所有制以及其他与私有制相对的个人所有制的地方，都是与生产资料公有制相联系相统一。这个问题我们在后面将专门分析。

吴文在其论文的第三部分讲"从争论中吸取有益启示"，其中讲了一些前文全面否定，在这一部分中又予以肯定的观点。他说："主张未来社会的个人所有制是生产资料所有制的基本观点虽然值得商榷，但其中的一些论者有个共同点：都肯定马克思所讲的否定之否定不是重新建立劳动者的生产资料私有制。他们在辩论中提出的许多论述，对如何理解公有制的内涵和正确处理公有制的内部关系具有重要的启示，对认清改革开放的正确方向有着积极的理论意义。""有些专家提出，'否定之否定'后形成的个人所有制是生产资料公有制……不属于任何单独的个别的人，不是劳动者个人的私有制，个人所有是建立在联合的基础上的，生产资料只属于联合起来的劳动者个人……这种意见值得重视之处在于他们指明全社会公有制的基本属性，强调要维护这种公有制的联合所有……全社会公有制的归属权主体遍及全体劳动人民，每个劳动者个人都是公有制主人的一分子，公共的整体的利益与每个劳动者个人切身利益密切相关，这就批判了所谓公有制'人人皆有、人人皆无'的说法。"

吴文所肯定和称赞的这些观点，正是我们予以论证的观点，正是我们强调要按马克思原意解读"重新建立个人所有制"，也就是指建立由公有制联合起来的生产资料个人所有的理由所在。吴文先把这种解读批评为"是站不住脚的"，现在又肯定这种观点。表明吴文在理论逻辑思维上的自相矛盾。他如赞同这些见解，就不应坚持"消费资料个人所有制"，反对主张联合起来的生产资料个人所有制的解读。

三、回归马克思"重新建立个人所有制"的本意

多年来在这个理论认识问题上的混乱，主要根源之一，是出自恩格斯的错解，这个事实不能回避。我们在前面已坦率地提出了这一事实。我们提出《资本论》中阐述的"商品生产所有权规律转化为资本主义占有规律"，在《反杜林论》一书中做了错解，这个是非是很容易辨别的。有哪位高明学者能提出论证，说明恩格斯对两种规律转化的解读完全符合马克思原意呢？既然在这个理论认识上明显不符马克思原意，怎么能绝对肯定在"重新建立个人所有制"上的解释就是马克思的本意呢？

下面，我们再阐述一下对此问题的认知。

第一，必须系统地通过马克思的多处相关论述，从总体上把握《资本论》中的有关论述的内涵。如果只从字面上理解《资本论》中提出的"重新建立个人所有制"，这个所有制的内涵确实有不明确不知何解之感。杜林把重建"个人所有制"错解为重建"个人私有制"，因此，他认为《资本论》中讲，社会主义在生产资料公有制（社会所有制）基础上重新建立个人所有制，是自相矛盾的：既是社会所有的，又是个人所有（私有）的。由此攻击这是"混乱的杂种"。虽然恩格斯将个人所有制解释为消费品的个人所有制，也可表明既是社会的，又是个人的，是二者的统一，用以反驳杜林的攻击。单从文字表述上说，是容易理解的，可以消除杜林把个人所有制理解为个人私有制的错误，但学习和研究《资本论》，贵在掌握其内容的真谛，马克思在写作《资本论》前的著作中，已有多处提及"个人所有制"，都明确说明是指生产资料所有制。在《政治经济学批判（1861－1863年手稿）》中把生产资料个人所有制分为两种：一种是"孤立的单个人的所有制"，是指个体劳动者的私有制或个人所有制；另一种是"联合起来的、社会的个人所有制"，是指取代资本主义私有后的社会主义公有制。原文是这样讲的：个体劳动者的"所有权和劳动的这种分离，是生产条件的所有制转化为社会所有制的必要的经过点。如果单个工人作为单独的人要再恢复对生产条件的所有制，那只有将生产力和大规模劳动发展分离开来才有可能。资本家对这种劳动的异己的所有制，只有通过他的所有制改造为非孤立的单个人的所有制，也就是改造为联合起来的社会的个人的所有制，才可能被消灭"。[①] 这里讲的所有制，都是指"生产条件所有制"。并明确说明：资本家的所有制与劳动者的所有制是对立的。劳动者要恢复自己的所有制，不是通过将资本家的所有制改造为被资本家否定了的孤立的单个人的所有制，而是改造为"联合起来的社会的个人所有制"，也就是归全体劳动者所有的生产资料社会所有制。这里讲的"个人所有制"，排除了将其错解为消费品个人所有制的可能。

---

① 马克思恩格斯选集（第二卷）[M]. 北京：人民出版社，2012：842－843.

在《共产党宣言》中讲：消灭私有制，将"全部生产集中在联合起来的个人的手里"，① 这里明确指明，归联合起来的个人所有的是"全部生产资料"，与"消费品的个人所有制"无关。

在《法兰西内战》中，讲到巴黎公社革命："公社是想要消灭那种将多数人的劳动变为少数人的财富的阶级所有制。它是想要剥夺剥夺者。它是想要把现在主要用做奴役和剥削劳动的手段的生产资料，即土地和资本完全变成自由的和联合的劳动的工具，从而使个人所有制成为现实。"② 这里同样是讲要把资本家用以剥削和奴役劳动者的生产资料变为联合体的个人所有制。

在写于1845～1846年的《德意志意识形态》一书中讲："随着联合起来的个人对全部生产力的占有，私有制也就终结了"。③ 又说："共产主义和所有过去的运动不同的地方在于：它推翻一切旧的生产关系和交往关系的基础，并且第一次自觉地把一切自发形成的前提看做是前人的创造，消除这些前提的自发性，使这些前提受联合起来的个人的支配。"④ 又说："在无产者的占有制下，许多生产工具必定归属于每一个个人，而财产则归属于全体个人。现代的普遍交往，除了归属于全体个人，不可能归属于各个人。"⑤ 又说："共产主义和所有过去的运动不同的地方在于：它推翻一切旧的生产关系和交往关系的基础"（指推翻生产资料私有制）。接着说，"使这些前提受联合起来的个人的支配"。⑥ 也就是指由公有制联合起来的社会的生产资料个人所有制。

上引论述中有两处提法需要说明。一处是讲"消除这些前提的自发性"是指什么？从整个前后文联系起来看，是指消除生产资料私有制。因为经济自发性的"前提"是私有制，也就是要消除以私有制为基础的自发性。另一处是讲"生产工具必定归属于每个个人，而财产则归属于全体个人"。其中"生产工具"代表生产资料，"归属于每个个人"，就是全社会的每个个人都

---

① 马克思恩格斯选集（第一卷）[M]. 北京：人民出版社，2012：422.
② 马克思恩格斯选集（第三卷）[M]. 北京：人民出版社，2012：102－103.
③ 马克思恩格斯选集（第一卷）[M]. 北京：人民出版社，2012：210.
④⑤⑥ 马克思恩格斯选集（第一卷）[M]. 北京：人民出版社，2012：202.

是生产资料的主人，但财产（包括生产资料和社会产品——作者注）则归由"全体个人"组合成的联合体所有，即公共所有。还可以举出更多的有关论述，这里就从略了。就从上面的引证来看，马克思凡讲"个人所有制"的地方，都是与生产资料所有制相联系，没有一处可解读为消费资料个人所有制。对于把"重建个人所有制"错解为"重建消费资料个人所有制"的观点，完全可以运用马克思的上述观点予以反驳。但是吴文对以上马克思的论述避而不谈，因为以上论述并不能为其观点服务，但这正是马克思的本意所在，也是我们论点的主要根据。作为理论辩论，这些马克思的论述是不能避开的，必须原原本本地予以解读。

第二，在马克思的著作中，始终讲取代资本主义私有制的是生产资料公有制即社会所有制，没有在所有制中涵盖消费资料所有制。马克思讲社会主义所有制，有三种具体提法。第一种是总的较普遍的提法，如生产资料公有制或社会所有制。在《共产党宣言》中还讲无产阶级取得政治统治后，把一切生产工具集中在国家手中。国家是代表全社会的。第二种提法是"联合起来的社会的个人所有制"。通过什么联合起来？当然是通过实行公有制。第三种提法是现在争论的在公有制的基础上重新建立个人所有制。后两种提法的内涵是一致的。第三种提法是第二种提法的简括延伸。只有从总体上系统地把握这三种提法的统一，才能准确解读"重新建立个人所有制"的真谛。

只要系统研究和总体上把握马克思关于"个人所有制"的有关论述，就能准确解读《资本论》中所讲的否定的否定的真实涵义：资本主义私有制，否定了个体劳动者的私有制，就是否定孤立的单个人的所有制。社会主义要否定资本主义私有制，恢复劳动者的所有制，但不是恢复个体劳动者的私有制。而是将被否定了的孤立的单个人的所有制，重新建立为联合起来的即以公有制为基础的全社会的个人所有制。

第三，在马克思的著作中，讲社会制度的更替，首先和主要着眼点是生产资料所有制的变更，以及与所有制相联系的生产资料与劳动力相结合的生产方式的区别。划分社会制度或生产关系的差异，主要是这一条和分配方式。我国宪法规定了现阶段所存在的两种经济制度。一种是"中华人民共和国的经济制度的基础是社会主义生产资料公有制,即全民所有制和劳动群众集体所有制"。实行"各尽所能按劳分配"。另一种是社会主义初级阶段的基本经济制度:"公有制为主体,多种所有制经济共同发展""按劳分配为主体,多种分配方式并存"。并未规定什么消费资料的个人所有制。只要生产资料所有制和分配方式变更了,也就决定了消费资料归个人所有的情况。而且消费资料个人所有的数量和质量,与生产力的发展水平紧密联系。资本主义国家发展五百年左右了,归劳动者个人所有的消费品的结构和水平,前后大有差别。我国处于社会主义初级阶段,20世纪50年代到70年代的个人消费水平与目前相比是两重天地。但还应看到,我国目前的人均GDP只及美国的1/6左右,还不及世界平均水平,依然是发展中大国。因此,根本不存在消费资料个人所有制的"重新建立"问题,因而也不存在消费资料个人所有制的否定的否定问题。

生平介绍

卫兴华同志生平

卫兴华，男，汉族，中共党员，1925年10月出生，山西五台县人，中国共产党优秀党员，"人民教育家"国家荣誉称号获得者，"最美奋斗者"荣誉称号获得者，第四届吴玉章人文社会科学终身成就奖、第九届中国经济理论创新奖获得者，我国杰出的马克思主义经济学家，中央马克思主义理论研究与建设工程首席专家，第三届国务院学位委员会经济学学科评议组成员，全国综合性大学《资本论》研究会原会长，中国人民大学荣誉一级教授、原经济学系主任。出版学术著述40余部，发表文章1000多篇，荣获国家级、省部级教学与科研奖励20余项。

卫兴华同志1946年于太原进山中学加入中国共产党，投身地下革命工作，被捕后严守党的机密。1948年由组织安排转赴北平，后在解放区的华北大学学习。1950年中国人民大学成立后，转读于中国人民大学经济系，后进入中国人民大学政治经济学教研室就读研究生，1952年以全优成绩毕业留校任教。卫兴华同志在中国人民大学辛勤从事教学科研工作整整68个春秋。即使"文化大革命"期间受到政治运动的冲击，他仍始终达观忘我，潜心置身于马克思主义政治经济学基础理论研究的浩瀚学海中，时刻关注着国家的前途与命运。改革开放后，积极投身改革开放伟大事业，用坚实深厚的马克思主义经济学功底，致力于中国特色社会主义经济理论与实践探索。历任《经济理论与经济管理》副总编辑、中国人民大学经济学系主任、校学术委员会副主任、校学位委员会理论经济学分会主席、《中国人民大学学报》总编辑等职。

卫兴华同志是中国共产党的优秀党员。自青年时期就追求真理，投身革命，怀着坚定的共产主义信仰，立志为振兴中华而努力奋斗。自参加革命以来，历经抗日战争、解放战争、中华人民共和国成立后的社会主义建设初期和改革开放等各个时期，始终不忘初心、牢记使命，对党忠诚、为党尽职、为党分忧，永葆共产党人的政治本色，表现出一名共产党员崇高的理想信念和高尚的道德情操。即使年事已高，仍"燃烧"自己，积极为国家培养栋梁之材，倾力于马克思主义经济学理论及其中国化的学术研究，为中国特色社会主义政治经济学的建设、发展和创新，奉献了他的全部光和热。

卫兴华同志是立德树人的教师典范。他爱岗敬业，坚守三尺讲台传道授业解惑。他长期从事《资本论》教育教学，为马克思主义政治经济学的传播与发展作出了重要贡献，他主编的《政治经济学原理》是全国影响力和发行量最大的教材之一。"为人正，为学真，为文美"，他关爱学生、扶掖后学，春风化雨、诲人不倦。半个多世纪以来，他为国家培养了大批栋梁之材，桃李满天下。卫兴华同志追求真理、坚持真理、为真理献身和解放思想、实事求是、与时俱进、求真务实的治学报国精神，以及热爱教育事业、甘做人梯的师德师风，赢得了广大师生们的由衷爱戴和敬仰。1997年他荣获国家级教学成果一等奖，1998年荣获宝钢优秀教师特等奖。2016年他将所获第四届"吴玉章人文社会科学终身成就奖"的100万元奖金全部捐出，用于支持马克思主义政治经济学的教学和科研、人才培养以及优秀成果奖励。2019年他又将所获中国经济理论创新奖的100万元奖金全部捐出，设立经济学奖励基金，真正无愧于"人民教育家"的荣誉称号。

卫兴华同志是严谨治学的马克思主义经济学家，始终以严谨科学的态度研究马克思主义经济学理论及其中国化，不唯上、不唯书、不唯风、不唯众，只唯实，敢于和善于独立思考、探索真理，不做"风派理论家"。卫兴华同志始终坚持理论联系实际，以中国经济改革与发展的重大问题为主攻方向，锐意推进中国特色社会主义经济理论创新与发展。

卫兴华同志长期深耕于马克思主义经济学领域。熟谙《资本论》等马克思主义经典文献，一生致力于科学阐释马克思主义经济学基本原理和方法。他强调，马克思主义经济学需要发展，但必须首先把握其本意，不能错解、曲解甚至编造马克思的观点。他敢于对马克思《资本论》中个别观点提出自己的看法。早在 20 世纪 50 年代，卫兴华同志就指出了当时苏联科学院经济研究所编写的《政治经济学》权威教材存在的一些问题。他还对学术界错解马克思关于"普照的光"的思想、某些教材将货币的本质定义为"作为一般等价物的特殊商品"等进行辩驳和澄清。改革开放伊始，针对流行的生产力二要素、三要素论的观点，提出生产力多要素论；指出马克思的过渡时期不是从资本主义到共产主义的整个社会主义阶段，只是从资本主义过渡到共产主义第一阶段——社会主义这一历史时期；他还针对"唯成分论"，阐述了马克思不要资本家和地主个人对资本主义关系负责的历史唯物主义观点。卫兴华同志一直讲授马克思主义经济学基本原理，但他的研究并没有停留在对马克思主义经典著作的一般解读上，而是紧扣时代脉搏，应用马克思主义经济学基本原理和方法研究中国现实问题，推进马克思主义经济学的中国化、时代化。卫兴华同志是国内较早认识到社会主义经济具有商品经济属性的学者。他因在国内较早提出社会主义经济运行机制理论，而荣获 2019 年中国经济理论创新奖。随着中国特色社会主义进入新时代，卫兴华同志撰写了一系列探索和构建中国特色社会主义政治经济学理论体系的论著，影响广泛而深远。因为其卓越的经济学贡献，他于 1984 年和 1986 年两度荣获孙冶方经济科学奖，1994 年荣获北京市哲学社会科学优秀成果一等奖，1998 年荣获教育部第二届人文社会科学研究成果二等奖，2013 年获世界政治经济学学会马克思经济学奖。在近 70 年教学与科研事业中，卫兴华同志始终与中国特色社会主义经济建设、改革与发展事业同呼吸、共命运。

卫兴华同志的一生，为马克思主义经济学研究与人才培养、为中国特色社会主义政治经济学的理论创新作出了重要贡献。他的一生，是为共产主义事业奋斗的一生，是坚定捍卫马克思主义真理的一生，是为马克思主义经济学理论及其中国化事业奋斗的一生，是为中国人民大学的建设和发展事业无私奉献的一生。我们要学习他的崇高人格风范，弘扬他的教育精神，继承他的学术遗产，共同为推进中国特色社会主义经济建设事业、实现中华民族伟大复兴作出应有的贡献！

图书在版编目（CIP）数据

致敬！人民教育家卫兴华教授/中国人民大学经济学院编. —北京：经济科学出版社，2020.11
ISBN 978-7-5218-2069-0

Ⅰ.①致… Ⅱ.①中… Ⅲ.①卫兴华-生平事迹 Ⅳ.①K825.31

中国版本图书馆 CIP 数据核字（2020）第 223032 号

责任编辑：齐伟娜　侯晓霞　杨　洋　赵　蕾
责任校对：杨　海
责任印制：李　鹏　范　艳

致敬！人民教育家卫兴华教授
中国人民大学经济学院　编
经济科学出版社出版、发行　新华书店经销
社址：北京市海淀区阜成路甲 28 号　邮编：100142
总编部电话：010-88191217　发行部电话：010-88191540
网址：www.esp.com.cn
电子邮箱：esp@esp.com.cn
天猫网店：经济科学出版社旗舰店
网址：http://jjkxcbs.tmall.com
北京季蜂印刷有限公司印装
787×1092　16 开　19.5 印张　280000 字
2020 年 11 月第 1 版　2020 年 11 月第 1 次印刷
ISBN 978-7-5218-2069-0　定价：99.00 元
（图书出现印装问题，本社负责调换。电话：010-88191510）
（版权所有　翻印必究　举报电话：010-88191586
电子邮箱：dbts@esp.com.cn）